実践に学ぶ

経営学【改訂版】

風間信隆・松田 健 編著

文眞堂

改訂版はしがき

　2020年初めに起きた新型コロナウイルスの感染拡大は依然として止まらず世界の感染者数は同年12月末現在，8千万人を超え，ロックダウン（都市封鎖），外出自粛，行動自粛に追い込まれた結果，日米欧の国内総生産（GDP）は一時戦後最悪の記録的なマイナス成長に陥るところとなった。我が国でも感染の再拡大の脅威の中で，交通・インフラ，旅行・レジャー，宿泊・飲食業，アパレル業などの経営に大きな打撃を与えており，記録的な赤字額が拡大しており，倒産や失業者も増加している。中小企業やそこで働く人々，とりわけパートやアルバイト，派遣といった非正規で働く人々の暮らしに深刻な影響を及ぼしつつある。また多くの人々が「新たな生活様式」の下で在宅勤務やテレワークを求められ，こうした初めての経験に戸惑いつつも歯を食いしばって頑張っておられる。こうした現場で汗を流し，働く多くの人々が企業経営で価値を生み出している。

　これまで世界的に「株主価値重視経営」・「株主第一主義」が標榜されてきたものの，これが社会的不平等・格差の拡大や環境問題の深刻化などから根本的な見直しを求められており，2019年8月，米国経営者団体のビジネスラウンドテーブルは従業員，顧客，地域社会等のステイクホルダー（利害関係者）重視の経営に転換すべきであるとの声明を出し，これに米国の主要大企業の181社の経営者が署名するまでになっている。

　また2050年までに「脱炭素社会」を目指す世界的取り組みが米国を含めて世界的規模で新たなイノベーションを伴いつつ，加速度的に具体化されている。その実現に不可欠な再生可能エネルギーの拡大，自動車の電動化などがさまざまな政策的支援を受け推進されつつある。この動向は産業構造の転換，企業経営の抜本的な転換をもたらすことは間違いない。すでにこうした動きと連動して，資本市場でもESG（環境・社会・統治）投資が世界の機関投資家から支持を集め，30兆ドルを超えるまでに拡大している。

こうした状況を踏まえると，日本の企業経営は大きな転換点を迎えていると
いっても過言ではない。こうした視点からも，転換期を迎えた企業経営の実践
を説明できる経営学の社会的意義は大きいものと考えられる。経営学を学ぶこ
とは社会の中で生きていく上での不可欠な道具であるといっても過言ではない。

若い学生諸君は大学の入校制限やオンライン授業の中で他の同学年や先輩・
後輩の人間関係からも断ち切られて一人で学ぶことを求められる孤独な学習者
であることを余儀なくされている。オンラインでは十分理解できないところ
を，書物を読むことで理解し，自分で考える思考習慣を身に着けることでより
深い洞察力や論理構築力を高めることもできる。本書においては初版刊行から
こうした初学者を念頭に分かりやすく企業経営の実践・基礎を理論的に学べる
教科書づくりが目指されてきた。また企業経営の現実を説明する理論を学ぼう
とする実務家の皆さんにもきっと役立つ構成と内容となっている。

2018年3月に初版が出版されてから，多くの読者を得て版を重ねてきたが，
3年も経たずに改訂版のお話を頂き，ここに刊行することができた。編者並び
に執筆者にとって大きな喜びであり，これまでの多くの読者の皆さんに心より
お礼を申し述べたい。改訂版においては執筆者に各章の内容の再検討・データ
の更新をお願いし，すべての執筆者から期限内に各章の改定原稿をお送りいた
だいた。この改訂版においても引き続きご協力・ご支援を頂いた各執筆者の先
生方にも心よりお礼を申し上げたい

最後に，改訂版においても，㈱文眞堂代表取締役社長の前野隆氏，専務取締
役の前野眞司氏ならびに編集担当の山崎勝徳氏に大変お世話になった。この場
を借りて厚くお礼申し上げるとともに，同社のますますの繁栄を祈念するもの
である。

2021年初春を迎えて

編者を代表して

風間信隆

はしがき

　本書は，大学の学部生で経営学を初めて学ぶ学生の皆さん，あるいはこれから経営学を専門的に勉強しようとする初学者の皆さんを念頭において書かれている。同時に，大学院修士課程の受験を目指す人が受験勉強用に活用してもらうこともできるし，またビジネスの第一線で日夜奮闘されている方々が自分の関わるビジネスのあり方や仕事の意味を整理し，新たな方向を見出す上でも何らかの知的刺激を与えることができると考えている。本書を読むことで，企業がなぜそのような行動をとるのか，なぜそうした経営を行っているのか，を理解することができるようになる。

　本書は経営学の入門書であり，教科書として執筆されたものである。そのため，極力引用の典拠や参考文献を少なくし，また論理展開も簡単にしようと執筆者会議において確認してきた。そのため，章末ごとに「さらに進んだ学習のために」という項を設けて，読者の皆さんが関心を抱いた研究を深める手掛かりを提示している。また巻末に各章の演習問題をつけて，章ごとの研究課題も示すよう心掛けている。学生の皆さんは，講義の前後に本書を読んで，そこからさらに進んで演習問題を解くことで，一層進んだ学習ができるように企図されている。

　本書の特徴のひとつは，何よりも各章のテーマが疑問形で始まっていることである。通常，企業論，コーポレート・ガバナンス論，経営戦略論，経営管理論，生産管理論，マーケティング論，国際経営論などの科目で教えられているエッセンスを，編者が現代のビジネスの実践で何が最も大きな関心と議論を集めているのかという視点から「問い」という形で表現しているのであり，こうした一連の問題に現代企業の実践は問われているという編者の理解が込められている。各章で取り上げられている概念や知識を知ることで企業経営の全体像をより良く理解することができる。

　また本書は，経営学の入門書という性格から，本文で取り上げた文章の中で

初学者には分かりにくいと執筆者が判断した用語には脚注をつけて「用語の解説」を行っている。この点でも初学者にできるだけ寄り添う教科書づくりを目指している。

　本書の執筆に当たっては，執筆者会議を開き，執筆にあたって注意すべき事項についての確認を行った。その際，何よりも経営学は実践と学問とのインタラクティブな関係が重要であるという視点を強調し，可能な限り事例を盛り込むことを申し合わせた。ドラッカーは「実践なき理論は空虚であり，理論なき実践は無謀である」という言葉を遺した。理論は実践を必要としており，実践もまた理論を必要としている。本書を『実践に学ぶ経営学』と名付けた理由でもある。

　日頃，大学の学部で「経営学総論」を担当する中で，学生の皆さんから先生の講義を体系的に勉強したい，書物で読みたいという希望がたびたび出されてきた。しかし，私の能力不足もあって経営学の体系を踏まえた教科書の執筆は無理だと考えてきた。私の研究室で学び，博士の学位を取得した，もう一人の編者である松田健先生にご相談したところ，すぐに彼の人的ネットワークで執筆に協力いただける，新進気鋭の若手の研究者の方々を組織できた。この意味で，本書は，松田先生のご尽力の賜物であるといっても過言ではない。松田先生をはじめ，本書の執筆にご協力頂いた先生方に心よりお礼を申し述べたい。

　最後に，本書の刊行を強く勧めて頂いた㈱文眞堂代表取締役社長の前野隆氏，専務取締役の前野眞司氏ならびに編集担当の山崎勝徳氏に，この場を借りて厚くお礼申し上げたい。同社のますますの繁栄を祈念するものである。

　2018 年初春

編者を代表して

風間信隆

目　　次

第9章　企業はなぜイノベーションを必要とするのか
──新事業創出──

第10章　企業はどのようにして製品やサービスを販売するのか
──マーケティング──

第11章　企業はどのような仕組みで動いているのか
──組織構造とカンパニー制──

現代社会と経営学
――実践と学問のインタラクション――

本章のねらい

　序章では，経営学はいかなる学問なのかを明らかにする。ここでは経営学は経済学，心理学，統計学，社会学などの隣接諸科学の知識を活用した応用的・学際的科学であり，経営実践と経営学とのインタラクティブ（双方向）な関係が重要であることが強調される。また経営学は 19 世紀末から今日に至るまでにいかに発展を遂げてきたのかを，ドイツと米国そして日本の発展プロセスを概観する。ドイツの経営学が経営経済学と呼ばれる一方，米国で生まれた経営学が組織の管理論としてこれまでに多様な研究アプローチを展開してきたこと，日本の経営学はドイツと米国からの知識の摂取・吸収から出発しながら，特に1980 年代以降の日本企業の高い国際競争力に大きな関心と議論が集まる中で数多くの実証的研究が生まれていることが指摘される。さらには経営学を学ぶ意義を実務者，学生，市民の観点から提示する。

第 1 節　経営学はいかなる学問なのか

　経営学は，現代社会において経済活動の中心を占める企業を研究対象として，その内部で行われるビジネス（経営）と呼ばれている事業活動を，コーポレート・ガバナンス（企業統治），戦略，組織，管理，イノベーション，合併・買収・提携等の様々な概念を用意して説明し，ビジネスの成長・発展のために有効・適切な方法を提示しようとする，社会科学の一領域をなす学問である。

　経営学のもつ概念や知識をもつことで，現実の企業の実践をよりよく理解できるようになる。例えば，本田技研工業（ホンダ）は，これまで「一匹狼」とも呼ばれ，自社内で研究開発・製品開発・新事業創出を完結させる「**自前主義**」に強いこだわりを持っていたと言われるが，最近では日立製作所の子会社「日立オートモーティブシステムズ」との間で，電気自動車（EV）に搭載するモーターの合弁事業を立ち上げ，またGMとの間で燃料電池車（FCV）や自動運転の無人ライドシェアサービスで提携を結ぶことが相次いで報じられている。また「オープン・イノベーション」戦略の下で，有望な技術や特許を有するスタートアップ企業を相次いで買収する動きも表れている。現在，自動車産業は「CASE（Connected, Automated, Sharing, Electricity）革命」（つながる車，自動運転車，共有経済の進展，電動化）と呼ばれる，「百年に一度」とも呼ばれる構造的転換期を迎えており，特に車の電動化や自動運転に必須の情報技術（IT）や人工知能（AI）の分野では，これまでの自動車メーカーのクルマづくりの技術では対応できなくなっているからでもある。なぜ，こうした企業間を越えたアライアンス（提携）の動きが様々な業界で出現しているのか，この提携を成功させるためには何が必要なのかを理解することは極めて重要となっている。

　経営学は企業内部で行われている経営現象を扱うとはいえ，この経営は企業を取り巻く環境の中で展開されているのであり，環境変化に応じて適応せずに

自前主義　これまで日本企業は新製品や新サービスを自社内に蓄積されてきた資源（研究開発や製造技術，さらには人材等）を用いて雇用することが多かった。しかし，市場の変化，技術革新がますます大きくなる一方，国境をこえる競争が激化するなかで，合併や買収，さらにはアライアンス（提携）を通して他社の資源や製品，サービスを積極的に利用し，短時間から低コストで参入する必要性が高まっている。

存続することはできないし，同時に企業は「市場創造」という言葉が端的に示す通り，イノベーション（シーズ）とマーケティング（ニーズ）の新たな結合を通じて新たな商品やサービスを提供したり，新事業を創発したりすることで新たな付加価値を創造し，社会生活を便利で豊かなものにする。その意味で経済・社会・文化・法律環境や製品市場・労働市場・資本市場などとのかかわりの中でしか存続・成長できないという意味では企業と環境の関係は経営学における基軸となる研究対象となる。

　経営学は，「企業」という固有の研究対象を有するとはいえ，それは多面的存在である。企業が人間生活に不可欠な商品やサービスを提供する存在であるという意味では社会的存在であり，経済活動が貨幣計算によって売上高からコストを引いて算出される利益を生み出さなければ存続できないという意味では経済的存在であり，複数の人々が共通の目的に向かって階層的秩序の中で協働する場としては組織的存在であり，そこでは多くの人間が雇用の場として多くの時間を過ごし，豊かな人間関係を構築するという意味では，心理社会的存在であり，また企業がイノベーションの推進を担い，それは技術革新を伴うことが多いという意味では技術的・工学的存在でもある。こうした多面的存在である企業を扱う学問である以上，経営学は，経済学，社会学，統計学，心理学，工学，情報科学等の隣接科学の知識を活用した学際的（インターディスプリナリー）総合科学の性格を有している。

　同時に，経営学は企業の事業ないし経営の現実・実践から出発して，これを説明しようとするとともに，企業の持続可能な成長を目指して経営実践の成功・改善に役立つ知識・技術・技法を提供する学問であるという意味で実践科学である。この結果生み出される企業の利益は，企業活動（事業）を通じた社会の繁栄ないし健全な発展と両立しなければ持続可能性を持たないことがこれまでの企業活動の長い歴史の教訓でもある。経営学の使命は経営実践に学ぶと同時に，経営実践を鍛え，これをリードすることでもある。この点で健全な批判的精神は実践と学問の相即的発展に不可欠なのである。

第2節　経営学はいかに発展してきたのか：ドイツとアメリカ，日本

　経営学は 19 世紀末から 20 世紀初頭にかけて世界において，鉄鋼の量産化技術や電気と化学の発明，機械化・自動化そして流れ作業（assembly line）の登場を柱とする第 2 次産業革命をリードし，急速に工業化を成し遂げてきたドイツと米国でほぼ同時期に生まれた。

　ドイツでは 1871 年にプロイセンによって国家統一が実現され，「ドイツ帝国」が生まれたが，ビスマルク（Otto von Bismarck）宰相による「富国強兵」・「殖産興業」政策の下で「上からの」工業化が進められることになった。この急速な工業化に伴うエリート人材を養成する高等教育機関の新設を求める産業界の要請を受けてドイツ各地に国立の商科大学（Handelshochschule）が設立され，その中心的科目として「個別経済学」ないし「私経済学」と呼ばれる学問（後に第一次大戦後，「経営経済学」（Betriebswirtschaftslehre）と一般に呼ばれるようになった）が誕生することになった。これは企業の経済的側面（価値的・会計的側面）を重視する学問であり，同時に全体経済に対して個別経済，公経済に対して私経済を対象とする学問であると規定された。しかし，この学問が商科大学のカリキュラムに組み込まれようとしたときに，当時の有力な国民経済学者からこの学問は民間企業の「金儲け論」であり，民間企業の金儲けを公的存在たる大学教育の場で論ずることは真理の探究の場である大学教育を冒涜するものとの批判が高まるところとなった。そのためドイツで誕生した経営経済学は**科学方法論**を重視する傾向が強まっていった。しかし，大学という「象牙の塔」の中から生まれ，発展を遂げた学問であるとはいえ，その時々の経営経済学者もその時代の企業が抱える経営問題の解決に取

科学方法論　学問としての科学は，科学の研究方法を必要とする。物事を調査し，結果を整理し，新たな知見を導き出し，知見の正しさを立証するまでの，一定の基準を満たす手続きが求められる。科学が対象と理論の相互関係により成立することから，この意味での科学方法論は命題や法則の定立，理論の構成，演繹，帰納などのもつ論理的構造，実験，観察などの役割の探究などが問題となる。ドイツ経営経済学では伝統的にこうした科学方法論が重視され，経営経済学の方法をめぐって，多くの論争が展開されてきた。特に戦後の第 4 次方法論争では，科学と非科学を区別する境界設定（demarcation）において反証可能性（falsifiability）という考え方を提示したカール・ポパー（K. Popper）の「批判的合理主義」をめぐって展開された（☞『経営学史事典（第 2 版）』22，287 頁参照）。

り組んできたことは紛れもない事実であり，今日でも「動的貸借対照論」を提唱したシュマーレンバッハ（Eugen Schmalenbach）や操業度と費用曲線などの理論的な関係を用いて，生産性パラダイムを確立したグーテンベルク（E. Gutenberg）の経営経済学的業績は大きな影響を与え続けている（☞『経営学史事典（第2版）』参照）。

　これに対して米国で生まれた経営学は，大学教育の場からではなく，経営実践の場から，すなわち最新鋭の機械を導入しながら生産性が向上しないという作業現場の実践問題を解決しようとする取り組みの中から生まれ，組織における**管理**（management）の問題として展開されてきた。特に19世紀末の工場現場における労働者の「組織的怠業」問題を解決することに取り組んだ機械技師（mechanical engineer）たちを中心とした工場能率増進の努力から，テイラー（F. W. Taylor）によって「科学的管理」（scientific management）が提唱されたことで経営学は誕生することになった。テイラーの科学的管理は，作業現場における時間研究や動作研究を通した，事実の収集と分析による管理の科学化を提唱したものであった。さらに，1920年代に，米国シカゴ郊外のウェスタン・エレクトリック社のホーソン工場においてメイヨー（E. Mayo）らによって取り組まれた「ホーソン実験」によって，労働者は経済的動機以上に社会的動機によって動機づけられる存在（ここでは経済学が前提とする，経済的動機によって動機づけられるとする「経済人」仮説に代えて「社会人」仮説が提唱された）であり，生産性向上のためには労働者のモラールが決定的に重要であり，そのためにも職場の人間関係の改善の必要性を主張する理論が登場することになった。その後，バーナード（C. I. Barnard）やサイモン（H. A. Simon）らによる近代的組織論が展開されるところとなった。前者のバーナード理論が人間協働の管理に焦点を当てて組織論を展開したのに対して，サイモ

管理（マネジメント）　管理とは，米国では伝統的にヒトの協働の側面が重視され，「人（部下）に仕事をさせること（getting things done through (and with) the people）」とされてきた。しかし，この定義は，部下が自律的存在で，上司の指示だけで動く存在ではなく，自ら考えて行動する能動的・主体的存在であるという側面からすれば問題点を有している。管理を組織の中で行われる機能として捉えると，管理とは一定の協働目的を効果的，能率的に達成するために，人的・物的諸要素を適切に結合し，その作用・運営を操作・指導する機能もしくは方法と見なすことができる。その中核的機能は調整であるが，対象が人的集団であるときはリーダーシップに，またそれが物的資源であるときはコントロール（制御）と表現される。

ンの理論は意思決定の科学の確立に大きく貢献するところとなった。ここでは「**限定合理性**」を持つ人間（サイモンはこれを「管理人（かんりじん）」と呼んだ）の存在を前提とする理論構築が図られ，その後の理論に大きな影響を及ぼすことになった。また第二次世界大戦後，自己実現欲求を人間の最高次の欲求とするマズロー（A. H. Maslow）らの動機づけ理論，「期待」・「誘意性」・「道具性」から従業員の動機づけを説明しようとするブルーム（V. H. Vroom）らの期待理論やアージリス（C. Argyris）らのリーダーシップ論など「行動科学」という名称の下で展開されるところとなった。こうした多様な研究の進展において，研究対象は拡大し，ミドルの管理者ないしトップの経営者の管理ないし経営にまで広がっていくことになった。こうした理論において，一方で管理者・経営者の仕事を「計画－実行－統制」（Plan-Do-See）ないし「計画－実行－チェック・アクション」（Plan-Do-Check-Action）と捉える考え方が広がっていくとともに，組織をオープン・システムとして捉え，環境変化への主体的・能動的適応を論じる企業戦略論や条件適合理論（contingency theory）が 1960 年代以降大きな関心と議論を集めるところとなっていった（☞『経営学史事典（第 2 版）』参照）。

　こうした多様な理論的研究の拡大と深化はクーンツ（H. Koontz）によって「マネジメント・セオリー・ジャングル」とも形容されることになった。

　こうしたドイツと米国の経営学の展開に大きな影響を受けながら，日本の経営学は発展してきた。日本の経営学はこの点で戦前から戦後にかけてドイツと米国で展開されてきた経営学の摂取と吸収により発展を遂げることになった。しかし，例えば，1980 年代以降，世界のモノづくり現場で日本発の管理手法として理解されている「**カイゼン**」活動もその源流は，米国で生まれた統計的

限定合理性　サイモンは経済学で基礎とされてきた，「全知全能の人間」が経済的合理性を最大化することを目指して行動するという人間モデルを批判するとともに，人間の認知能力の限界により合理的であろうとしてもその合理性は限定されていると主張し，そこでの人間の意思決定は「満足基準」に基づいて行われていることを明らかにしている。

カイゼン　米国の統計的品質管理手法を導入する過程で QC・ZD 運動から始まったが，特に競争力の基盤となる「品質向上（Q），コスト削減（C），納期厳守（D）」の観点から問題・課題を発見し，課題・問題の解決を通じて仕事の改善を継続的に行う取り組みであり，日本企業の「現場主義」と表裏の関係にある。今日では「KAIZEN」は世界共通のモノづくり現場のスローガンともなっている。

品質管理（Statistical Quality Control）技法にあり，戦後米国からわが国が学んだものであった。またコンビニとしてすでにわが国の生活に欠かせぬ存在となっている業態も，その源流は米国にあったことはつとに知られている。1970年代に「大規模小売店舗法」により出店規制が掛けられる中で，わが国の総合スーパーがその持続的成長を図る多角化の一環として相次いで導入したコンビニ業態も米国ですでに広く展開され，米国社会において定着していた小売業態であった。しかし，日本で導入されて以降，おにぎり・弁当などの総菜や**プライベート・ブランド（PB）商品**の開発，POS システム，多頻度・小口物流の展開等により独自の進化を遂げてきた。つまり，わが国の経営学自体は「輸入学問」としての性格を強く持っていたものの，企業経営の実践の場では単なる模倣ではなく，絶えず日本の企業風土に根付かせ，独自のイノベーションを創発する「**創造的吸収**」を図る努力を積み重ね，これによって独自の競争力を進化させてきたのである。また経営学の分野でも 1980 年代以降，当時の日本企業の高い国際競争力が注目される中で日本企業の経営の特質を実証的に明らかにする研究が盛んに行われるところとなった。

　同時に，わが国が戦後の廃墟から立ち上がり，高度経済成長期にわが国の企業は大きく成長を遂げる一方，公害問題・有害食品・欠陥商品・超過密長時間労働，過労死等でなお克服すべき様々な深刻な問題も相次いで顕在化させるところとなった。こうした負の側面に向き合いつつ，独自の発展を遂げてきた経営学として批判的経営学の存在がある。この批判的経営学は，マルクス経済学を理論的基盤として，なぜこうした負の問題が生じるのかを説明し，企業経営の実践を批判的に捉えようとしてきた点で大きな独自性を有している（☞『経営学史事典（第2版）』78-79 頁参照）。

PB 商品　メーカーのナショナル・ブランド（NB）に対して，大規模流通業者が自己の商品に独自につける商標であり，セブン＆アイ・ホールディングスの「セブンプレミアム」，イオンの「トップバリュ」などが知られている。導入当初は，NB 商品に対する価格訴求力で顧客の支持を集めたが，その後，安全性・品質などの差別化を図り，独自のブランド力を有するまでになっている。

創造的吸収　「最良の実践」（best practice）に学ぶことは企業経営ではごく普通のことである。しかし優れた技術，優れた知識を導入するだけでなく，そこに新しいものを加えることではじめて競争力は生まれる。日本企業は戦後の発展過程でつねに優れた技術，知識に学びながらも自分たちの知見を加えそれを越えようとしてきたのであり，それは「単なる模倣」ではなく，「創造的吸収」とも捉えうるものであった。

さらに近年では，経済のグローバル化や株式市場における機関投資家の台頭とともに，「会社は株主のものとする」立場から株主による経営者への牽制・監督のあり方がコーポレート・ガバナンス（corporate governance：企業統治）論として大きな関心を集める一方，現代企業が及ぼす社会に対する影響の大きさから企業の社会的存在に注目し，企業の社会的責任（Corporate Social Responsibility：CSR）や企業倫理（Business Ethics）を巡る議論が世界的に大きな注目を集めている。こうして，経営学の多様な研究は，その時々の企業社会の主要な関心・課題と絡めて，これに応える形で展開されてきたことが分かるのであり，この点でも実践科学としての経営学の性格を反映したものと言えるように思われる。

第3節　経営学を学ぶ意義は何か

経営学を学ぶことは以下のように学生の皆さんばかりか，社会で暮らす多くの人々にとって大きな意義がある。

特に学生の皆さんは，アルバイトとして働く中で企業や経営のあり方に関心をもつ方もいるであろうし，これから起業家になることを考えている方もいるであろう。また本書を手に取る学生の皆さんの多くは卒業後の進路選択として企業ないし会社への就職を考えている方も多いはずである。こうした学生の皆さんにとって会社やビジネスをより良く理解しておくことは必須と言っても過言ではない。これから社会人となって過ごす会社の仕組み，仕事の意義を理解することは自分の将来を主体的に切り開くうえで絶対に必要なのである。さらにもう少し一般的に経営学を学ぶ意義を考えると以下の3つの点を挙げることができる。

第1に有名な米国の経営学者であったドラッカー（P. F. Drucker）は「実践なき理論は空虚であり，理論なき実践は無謀である」という言葉を残した。この理論と実践とのインタラクティブな関係こそ経営学という学問の大きな特徴となっている。すなわち，理論は実践を基盤とするものであると同時に，実践も理論的知識を必要としている。今日の企業経営は，属人的な経験や勘に委ねるにはあまりにリスクが大きすぎる。経験や勘はビジネスでも依然重要であ

り，場合によればビジネスの成功には幸運・偶然の要素が絡むことも多いことは否定できない事実であるにせよ，成功の確率を高める，経営の近代化・合理化は，理論や科学に基づく経営でもある。またビジネスに関わる人々（特に経営者）の決定や行動は昨日（過去）のことより明日（未来）にかかわることであり，自分のこれまでの経験にない，未知の世界での不確実性の高い決断や行動を常に迫られている。その決断において理論的知識を基盤にすれば，成果の不確かな意思決定の不確実性を減らすことはできる。自分の決定の正しさを論理的に示し，他人に働きかけ，他人の共感を得る力ともなる。

　第2に経営学を学ぶことによって，企業がなぜそのような行動をとるのか，その背後の論理は何かを知ることができる。さらに企業の持続可能な成長・発展のために何が課題であるのか，そうした課題を克服するためにはいかなる行動・決定をすることが求められているのかを大きな見取り図の中で理解することができる。またそうした思考習慣を身につけることで経営実践のなかでの考え抜く力や論理的構築力を培うことができる。これは経営者だけでなく，社会人として生きていくための基礎力となる。企業社会の中で，主体的に生き，新しい実践を創造することができる。

　第3に経営学を学ぶことによって，「企業社会」だけではなく，「市民社会」に生きる人々にとっても大きな意味がある。今日の経営学は単に営利企業だけではなく，非営利企業を研究の射程に捉えるようになっており，経営学の知識は，例えば，自治体の組織，学校，病院，ボランティア組織，地域社会などを含む多様な集団を運営する上でも役立つのである。またこうした市民の目線から企業が単に効率的に運営されているだけでなく，その経営が社会の持続可能な発展にとってどのように貢献しているのか，自然環境や人権・社会正義の観点から適切に運営されているかどうかという「市民社会」の視点からの「企業社会」のあり方を批判的に評価することも可能となる。

第4節　経営学と本書の構成

　本書は，大学で学ぶ学生諸君だけでなく，社会に出て職業についておられる方々あるいは企業経営に関心を持つ市民の方々でも，経営学を初めて学ぼうと

意欲を持った人々を読者として念頭に構想されている。そのため単に理論を学ぶことだけではなく，理論を具体的に説明するケースを盛り込むことに努めている。また各章は経営学を構成する各論領域（例えば，コーポレート・ガバナンス論，企業論，生産管理理論，経営財務論など）から，現代企業にとって大きな経営課題となっていると思われるテーマを疑問形で表している。本書を通じて，現代企業の経営課題を包括的・全体的に理解することができる構成となっている。

【さらに進んだ学習のために】

経営学史学会監修（2011〜2013）『経営学史叢書 全14巻』文眞堂（第1巻：テイラー，第2巻：ファヨール，第3巻：メイヨー＝レスリスバーガー，第4巻：フォレット，第5巻：バーリ＝ミーンズ，第6巻：バーナード，第7巻：サイモン，第8巻：ウッドワード，第9巻：アンソフ，第10巻：ドラッカー，第11巻：ニックリッシュ，第12巻：グーテンベルク，第13巻：日本の経営学説Ⅰ，第14巻：日本の経営学説Ⅱ）。

　　　[note]　経営学を生み出し，発展させてきた代表的な学説が詳細に考察されており，こうした学説の考察を通じて，現代企業の経営についての一層深い理解を獲得することができる。

経営学史学会編（2012）『経営学史事典（第2版）』文眞堂。

　　　[note]　経営学史研究の意義と方法，経営学研究の史的展開が，各国別に，また主要問題領域別に展開されており，経営学全般の基本知識を理解することができるだけでなく，経営学に関する専門用語について詳しく説明されている。

コラム　格差問題と反グローバル化

　ジョー・バイデン（Joseph Robinette Biden, Jr.）が大統領選挙に勝利し，2021年に1月に米国の第46代大統領に就任する。「米国第一主義（America First）」を掲げたトランプ前大統領が2017年1月の就任当日に環太平洋経済連携協定（TPP）から離脱して以降，メキシコとの国境の壁の建設，パリ協定（気候変動抑制に関する多国間の国際協定）からの離脱，世界保健機関（WHO）からの脱退等の過激な方針を打ち出し，米国社会や世界を混乱させてきた。この点でバイデン次期大統領がこうしたトランプ前大統領の時代に広がった米国社会内部の分断や国際社会との摩擦を収束させることが期待されている。

　「トランプ時代」に世界に拡がった，反グローバリズム，自国優先・保護主義の動きの通奏低音となっているのは，技術革新やグローバル競争に取り残された労働者・大衆の不満であったと言われている。トランプが2016年の大統領選挙で勝利した要因のひとつとして，「ラスト・ベルト（rust belt）」と呼ばれる「錆びついた（衰退した）工業地帯」の白人労働者の不満・不安があったと言われる。「トランプ時代」には何よりも「米国第一」のスローガンの下で製造業（モノづくり）の再生・復活を目指し，中国製品への高い関税率により，米国への製造拠点の回帰を促し，これまでのグローバリズムの見直しを迫ってきた。

　1990年代以降のグローバリゼーションの進展とともに「株主第一主義」が米国企業のスローガンとされてきた結果，株主還元が強化される一方，労働分配率は低下し続け，広がる経済的格差が分断を深めてきたとも言われている。2019年8月に米国主要企業の経営者団体であるビジネス・ラウンドテーブルは，これまでの「株主優先主義」を見直し，会社が幅広い利害関係者（stakeholders）に配慮した経営を行うことを推奨する声明を発表し，アマゾンのジェフ・ベゾスCEO（最高経営責任者）やJPモルガンのジェイミー・ダイモンCEO等，米国を代表する大企業181社の経営者が署名することになった。「会社は株主のために存在する」という伝統的な考え方は今日の企業社会の実態にそぐわなくなったとして，株主だけではなく，顧客，従業員，取引先，地域社会といった多様な利害関係者に配慮する必要があることを強調している。これは「株主資本主義」から，SDGs（「持続可能な開発目標」）を取り込む「ステイクホルダー（公益）資本主義」への転換を目指す動きでもある。

第1章

企業とは何か，
社会の中でどのような役割を果たしているのか
─企業と社会─

本章のねらい

　市場経済体制の下で経済活動の中心を占めているのは株式会社という形態をとった企業である。企業は，民間の資本を基盤として活動する私的存在でありながら，その活動を通じて顧客に商品やサービスを提供することで，われわれが社会生活を送るうえで不可欠な存在であるという意味で社会にとって不可欠な社会的制度である。また企業は社会から経済活動に必要な各種資源をインプットし，社会が必要とする商品やサービスに変換している資源変換の場でもある。同時に企業の活動は常に売上高，コスト，利益でコントロールされる経済的存在でもある。また企業は複数の人々が協働することで初めて商品やサービスの生産・販売が可能であるという意味では組織的存在でもあり，人間生活の場として心理社会的存在でもある。本章は，こうした多面的存在である企業が社会の中でどのような役割を果たしているかを学ぶ。同時に企業は，その事業の結果，利益を上げる経済的責任を果たすだけではなく，そのステイクホルダー（利害関係者）の諸利害をも満たし，イノベーションを通じて社会的課題にも挑戦する社会的責任を果たすことが企業の存続と発展のためにも必要不可欠となっている。

第1節　企業とは何か

　市場経済体制における経済活動単位は，家計部門，政府部門，そして企業部門から構成され，このうち商品生産・販売活動を担う経済主体は企業と呼ばれる。日本の企業社会では多くの企業は株式会社形態を採用している。平成30年度の国税庁の会社標本調査によれば，わが国の約274万法人のうち株式会社数が圧倒的に多く255万社（93.1％）を占めている。そのうち資本金1,000万円以下の株式会社は219万社（85.9％）に上り，資本金1,000万円超から1億円以下の33.8万社を含め，中小企業が大部分を占めている。しかし，資本金1億円超の企業は僅か2.1万社に過ぎないとはいえ，その雇用者数は株式会社全体（4,052万人）の約4割（1,682万人）に達しており[1]，さらにはわが国の経済活動に占める巨大株式会社はそれ自体の規模だけではなく，その取引先への影響力を含めその経済的プレゼンスは極めて大きい。

　こうした企業の行う経済活動が，人々の暮らし（消費生活）を支えている。食卓に上る多くの食品も，これを日々買い求めるのは，近くのスーパーであったり，商店街にあるお店であったりする。大学に向かうためにバスや電車を使う。昼食をとるために大学の外に出て立ち寄る牛丼屋・ラーメン店に入ることもあろう。これらはすべて企業であり，企業がいかにわれわれの生活に不可欠な存在かが分かる。

　しかし，一方で，企業は**市場**において激しい競争にさらされている。企業は利益を含む一定の適正価格で自己の製品やサービスを提供し，その価格で消費者にお金を出して購入してもらえなければ，在庫が積み上がるだけであったり，開店休業状態に陥ったりする。あるいは生産に費やしたコストをも下回る価格でしか買ってもらえなければ，企業は生き残ることはできない。市場での激しい生存競争において消費者ないし顧客の支持なくして淘汰される。例えば，回転寿司業界を見てみよう。1958年に「廻る元禄寿司」1号店が契機と

市場　市場とは売り手と買い手が出会う場であり，いずれの市場参加者も自己の効用極大化を目指して行動するが，市場経済において競争による価格調整により資源配分が行われる。こうした資源配分の自律的調整メカニズムを英国の18世紀の経済学者であったアダム・スミス「神の見えざる手」と呼ばれた。

なって立ち上がった業界であるが，その後，激しい競争の中で進化を続けている。寿司をコンベアに載せて1皿100円の圧倒的な低価格を実現することで，デフレ経済の下で外食産業全体の売り上げが落ち込んでいるにもかかわらず成長を続け，ここ10年で業界の売り上げは約2倍にもなったが，ここでも多くの参入があり，熾烈な競争の結果，撤退・倒産は後を絶たない。現在でも全国で約500社もあると言われるが，「あきんどスシロー」，「くら寿司」，「かっぱ寿司」の大手3社が5割強を占める（「あのとき　それから」『朝日新聞』2017年2月15日）。例えば，「かっぱ寿司」の店名で多店舗展開を図ってきたカッパ・クリエイト・ホールディングは，数年前まで業界ナンバーワンの多店舗展開と売上高を上げてきたが，1皿88円など過度な低価格戦略で業績が悪化した結果，2014年には50店舗に上る不採算店の閉鎖に踏み切らざるを得なかった。業界トップになった「スシロー」を展開しているスシロー・グローバルホールディングスは，2020年度，グループで国内外611店舗を従業員数2,220名（アルバイト・パート数：4万名弱）で2,050億円もの売り上げ（当期利益64億円）を上げている（同社HPを参照）。同社は2009年に**投資ファンド**による**株式公開買い付け（TOB）**を経て上場廃止になっていたが，2017年3月に東京証券取引所に株式を再上場している[2]。激しい企業間競争のなかで企業の栄枯盛衰は激しい。

　企業の商品・サービスの生産・販売活動は事業ないしビジネスと呼ばれる。このビジネスを継続的に可能にする仕組みを考え，それを多くの人々の協力を得ながら実行することが「経営」であり，そのビジネスにおける全ての最終的責任者が経営者である。経営者は，激しい企業間競争の中で競争優位性を獲得し，絶えず激変する環境に主体的・能動的に適応しながら，企業の持続的な成長を実現する責任を負っている。企業は，企業間の熾烈な競争に鍛えられながら，ますます快適で便利な，新しい商品やサービスを市場に提供することで社会の物質的・精神的豊かさに貢献する。

投資ファンド　複数の投資家から集めた資金を用いて投資を行い，その収益を分配する機関投資家の「基金」およびその運営主体である。
株式公開買付（Take-Over Bid：TOB）　ある株式会社の株式等の買付けを「買付け期間・買取り株数・買取り価格」を公告し，不特定多数の株主から現金で一括して買い集める制度のことである。

　企業は生き残りのために必死に消費者ないし生活者の顕在的・潜在的ニーズ
に適合した商品やサービスを提供しようとする。この点で顧客の欲求・価値を
起点とするマーケティングと新しい顧客満足をもたらすイノベーションは経営
の基本であり，出発点となる。「顧客は何を買いたいのか」，「顧客が価値あり
とし，必要とし，求めている満足は何か」を見出さなければならない（ドラッ
カー 2001）。顧客は，自社と競合他社との価値・効用の，顧客の主観的基準に
よる比較を通じて購買行動を決定する。市場における数ある商品・サービスの
中から何を買うかを決めるのは顧客である。この点で競合他社との差異化抜き
にその商品やサービスは顧客に選ばれることはない。この差異化のためには他
社を圧倒する低コスト・低価格を実現するか，価格以外のブランド力・機能の
豊富さ・故障の少なさ・耐久性などの面で，あるいは特許等で守られることで
価格は高くても「指名買い」してもらう差別化を実現する場合もある。

　こうした企業の経済活動が一国の経済の富を生み出している。戦後の廃墟か
ら立ち上がり，高度経済成長期を経て，わが国の経済の GDP（国内総生産）
が 1968 年に当時の西ドイツを追い抜き，2010 年に中国に追い抜かれるまで，
世界第 2 位の経済規模を実現したのも企業の効率的（インプット当たりのアウ
トプットの比率）かつ効果的（市場の変化に対応しているかどうか）な経済活
動の成果である。

　今日，企業の境界が薄れ，企業をどのレベルで区分するかは難しくなってい
る。とりわけ，1990 年代にわが国の企業においても**連結決算**制度が導入され，
経営の国際化（海外直接投資の拡大：海外子会社の設立の増加）が進む中で，
国内外の子会社を含むグループとしての企業の収益力が極めて重要となってい
る。また**純粋持ち株会社**が 1997 年に「原則解禁」されて以降，事業を行わず，
子会社からの配当・経営指導料・ブランド使用料収入などで収入を得ている企
業が生まれ，管理・統制の範囲が会社の境界を越えるようになると，明確な企
業の境界区分が難しくなってきている。図表 1-1 はセブン＆アイ・ホールディ

連結決算　連結決算とは親会社・（関連会社を含む）子会社のような支配従属関係にある企業集団を
　単一の事業体とみなした連結財務諸表を作成するために行う決算を指す。
純粋持株会社　純粋持株会社とは自ら事業を行わず，他の事業会社の株式を保有することで支配下に
　置き，配当収入，ブランド使用料，経営指導料などによって収入を得ている会社で，自ら事業を行
　いつつ企業の株式を所有している事業持株会社と区別される。

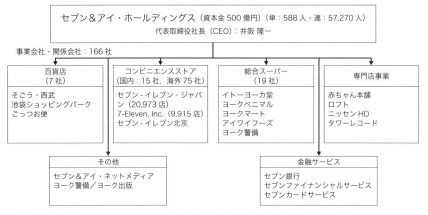

図表 1-1　連結経営とグループ会社

出所:セブン＆アイ・ホールディングス HP 及びセブンイレブン HP を参照。（https://www.7andi. com/group.html, https://www.sej.co.jp/company/summary.html, 2020 年 12 月 3 日参照)。

ングスのグループ会社である。セブン‐イレブンもイトーヨーカ堂も会社としてはそれぞれ別会社であるとしても，グループ全体の戦略，子会社の主要な人事・管理・統制は持ち株会社の支配下にあるのである（図表 1-1 を参照)。この場合には企業の境界はグループレベルに拡大していると言っても良い。

第2節　資源変換の場としての企業

　起業を志す上で何よりも求められるのは，事業を通して社会を変える，社会に貢献する明確なミッション（志）であり，多くの人々の協力・モラール（貢献意欲）を引き出す上で企業理念は決定的に重要である。しかし，このミッションをビジネスないし事業として具体的に展開するためには何よりも「元手」と呼ばれる「資本」ないしビジネスへの投資を必要としている。株式会社形態をとって株式の発行を通して資本を調達する場合にも，起業家は自分や仲間，家族・親族で株式を引き受け，資本金を拠出する。会社法の成立により最低資本金規制は撤廃されたとはいえ，事業活動に必要な最低限の資本なしには創業できない。もっとも，今日では，**ベンチャー・キャピタルやエンジェル**と

　呼ばれる投資家が現われ，創業に必要な資本を拠出するケースや会社法の施行により最低資本金規制の撤廃や，資本を持つ人と資本を持たないが技術力・特許を保有する人と組み合わせ，運営・利益配当も柔軟な会社形態を利用するなど企業の資本調達面でのハードルは下がっている。事業に必要な資本はこうした自己資本だけではなく，銀行等からの借り入れによって集められた他人資本も活用される。しかし，どれほど企業への資本調達面でのハードルが下がっても失敗・破綻という事業リスクから企業は逃れることはできない。事業が発展し，一定の上場基準を満たすようになると，株式を証券取引所に上場させ，そのことで機動的に金融市場から資本を調達することができるようになる。わが国を代表する証券取引所である東証には，現在3,732社（2020年10月31日現在）がその株式を上場している。

　こうした資本を使って，当該事業を行うに必要な従業員を採用し，工場・事務所・機械等の購入が行われる。こうして資本・労働・原材料市場から調達された資源は，経営者・管理者の指揮の下で顧客のニーズを満たす製品やサービスの生産・販売活動に充当される。こうした事業活動の結果，商品やサービスの生産・販売活動に費消されたコストを上回る売上高を計上する，すなわち利益を上げることで企業は存続できる（図表1-2を参照）。

　こうして，企業は自らの経済事業を営むに際して必要な各種資源を取り込み，これを変換して顧客価値（効用）を満足させる製品・サービスに変換している。この際，激しい競争の中で生き残り，競合に対して競争優位を確立する上で決定的に重要となるのは，競合他社よりも相対的優位をもたらす資源（例えば，顧客からの信頼，優れたサプライヤーや優秀な人材など）を取り込めるか，その複製コストが大きく，その代替性の低い希少かつ模倣困難な経営資源（特許や優れた生産ノウハウなど）を保有できるかに係っている。またこうし

ベンチャー・キャピタル　ベンチャーキャピタル（venture capital）とは，ハイリターンを狙ったアグレッシブな投資を行う投資会社（投資ファンド）のこと。主に高い成長率を有する未上場企業に対して投資を行い，場合によっては投資リターンの極大化を目指して経営に介入し，経営者を後退させたり，経営合理化を要求したりするケースもみられる。

エンジェル　創業間もない企業に投資する個人投資家はしばしば"エンジェル"と呼ばれる。エンジェル投資家の多くは引退した起業家や経営者であり，純粋な経済的追求を超えた理由で投資を始めることが多い。

図表1-2　資源変換の場としての会社のシステム

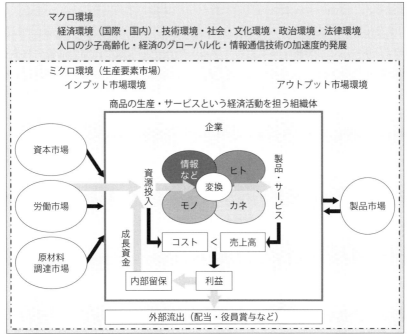

出所：筆者作成。

た資源変換を行う際の組織的要素，公式の命令・報告システム，報酬体系，さらには組織文化や組織内の人間関係もまた持続的競争優位を生み出す**「見えざる資産」**となる。

第3節　価値づくりの場としての企業：企業の経済的側面

　私たちの暮らしは，企業の活動によって支えられている一方，企業はそれ自

見えざる資産　「見えざる資産」とは，「知的資産」（Intellectual Assets）とも呼ばれている。新たな技術革新を生み出すために費やされた研究開発支出の蓄積である知識資産や，製品をより魅力的にするデザインやブランド力，そして，新しい技術革新をビジネスにつなげるための人材育成や組織体制など競合他社などにとって模倣しづらい差別化のポイントとなる。

身が供給する商品・サービスを顧客が対価を支払ってくれることで売り上げを計上でき，商品やサービスの供給に費やしたコストを引いた後の差がプラスの利益を生み出すことで生き残ることができる。こうした点では，企業活動は価値づくりの場として捉えることができる。企業が生産した商品の品質・性能がどれほど良いと企業が考えていたとしても，顧客に買ってもらえなければ在庫の山であり，買ってもらったとしてもそのコストさえ下回ってしまうような値引き販売では価値が作られたとは言えないのである。

　われわれ個人でさえ，社会生活を営む上で，所得を上回る消費支出を続けることができないように，企業もコストを上回る収入を売上高として計上しなければならず，利益を出すことは企業の存続・発展の基盤となる。

　ドラッカーは企業の目的を「顧客の創造」とした。この場合，顧客とは製品やサービスを価値に変える存在であり，市場における最終判定者なのである。ドラッカーによれば，利益は目的ではなく，その企業がどれほど的確にマーケティングを行い，どれほど他社とは異なるイノベーションを起こし，企業の資源をどれほど効率的に使用したか（資源生産性）の結果である。つまり，企業活動の結果として測定される利益は過年度との比較，業界他社との比較を通して，マーケティング，イノベーションそして資源生産性の当該事業の成果の判定基準となる。またこの利益から，**残余請求権者**である株主への配当が行われ，その内部留保によって研究開発や設備投資を通して未来への投資が可能となり，利益を上げることで賃上げや賞与も可能となり，利益があるからこそ法人税を支払うことで国家財政にも貢献できるのである（ドラッカー 2001, 21頁）。

　その際，企業の利益は，企業間競争において社会や市場のルールを誠実に遵守し，社会の繁栄との調和の中でしか持続可能ではない。また企業活動の安定した秩序ある展開のためには企業活動に影響を及ぼし，また影響を及ぼされる

残余請求権者　株主は会社の出資者として会社債務に対して出資額を限度とする「間接有限責任」を負うが，同時に債権者に対して株主の権利は劣後するため，会社の売上高からすべての費用（原材料費・賃金・利子・税金等）を差し引いた利益にのみ利益配当請求権が与えられ，その利益配当は未確定であり，利益の増減や会社の配当政策によって変動する。しかし，同時に株主は有限責任であり，会社債務弁済義務は自己の出資額に限定されているばかりか，上場会社の場合には株主はその会社の株式を売却することで投資リスクを免れることもできる点で株主が最大のリスク負担者であると言えるのか議論の余地がある。

各種利害関係者（ステイクホルダー）の理解・信頼なくして持続可能な利益の実現は可能ではない。こうした各種利害関係者の信頼を獲得する上でオープンな対話と経営の透明性向上は不可欠であるし，各種利害関係者と一緒に価値づくりを実現することが重要となっている。まさに企業の経済事業活動において「社会性」を組み込むことが求められている。

　こうした観点からすれば，経営者は企業の活動において常に長期の時間軸と短期の時間軸をバランスさせながら，持続可能な収益力の向上を目指すものと捉えられる。すなわち，絶えず，売上高とコストの関係から利益をどう確保するかと同時に，長期の目線でわが社の事業は何か，何になるべきかを問い続けなければならないし，環境変化にどのように対応するかという視点を必ず持っていなければ持続可能な成長は実現できない。

第4節　協働の場としての企業：企業の組織的側面

　企業はその経済活動において多くの人が一緒に働いている。企業が成長するのに伴って必要な仕事量は増え，働く人々は増加していく。こうした複数の人々が企業の目的達成に向かって協力しながら分担して仕事を行う必要があり，企業は分業と調整を伴う人間協働の組織でもある。この組織は各個人の強みを引き出し，その強みを組み合わせることで，その単純総和以上の力を生み出す。企業のなかで各個人が実際に遂行すべき仕事は「職務」と呼ばれ，その職務の遂行において職責（responsibility）と権限（authority）が与えられている。「職責」は，企業のなかで果たすべき，特定の職務遂行責任のことを言い，「権限」は職責を果たすために組織により公的に認められた職務遂行上の権利ないし任務遂行に必要な決定・指令・行動の権利である。組織の仕事は垂直的方向と水平的方向で分業化されることになる。多くの企業組織は製品別，顧客別，地域別，工程や技能別などの専門化によって仕事の分業が行われる。しかし，同時に組織内分業が進めば進むほどその分担された仕事の調整，すなわち管理（マネジメント）が必要とされ，図表1-3のような垂直的・階層的秩序（指揮命令系統）の中で仕事は遂行されるのである。図がトップ・ミドル・ロワー・一般従業員との関係を両方向の矢印で示しているように，現代の

図表 1-3　企業組織の階層構造

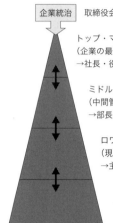

企業統治　取締役会→企業戦略の決定・経営者の監督・企業経営への監視

トップ・マネジメント
（企業の最高経営層）
→社長・役員層→全般的経営管理→企業戦略の立案・実行

ミドル・マネジメント
（中間管理者＝業務部門の管理責任：部課長）
→部長・課長層→部門管理

ロワー・マネジメント
（現場管理者ないし職場監督者：係長・主任）
→主任・係長層→現場の監督

一般職員→作業の実施・任務の遂行

出所：筆者作成。

企業では，この指揮・命令系統は上から下への一方向のみではなく，下から上の意見具申・現場情報の提供・上司と部下の意思の疎通が極めて重要である。同時に，市場や環境の不確実性が高まっている企業において現場への権限委譲（empowerment）が行動や意思決定のスピードを高めるために不可欠である。しかし，現場が判断に迷ったときには直ちに決断して具体的判断を下すことも上司には求められる。

第5節　人間生活の場としての企業：企業の心理社会的側面

　総務省統計局の『平成 26 年 経済センサス』によれば，わが国には経済活動に従事している従業者数をみると，全体では 6,179 万人であるが，このうち**「雇用者」**は 5,550 万人（従業者全体の 89.8％），「有給役員」が 366 万人（同 5.9％），「個人業主・無給の家族従業者」が 263 万人（同 4.3％）となっている。「雇用者」

雇用者　雇用者とは，就業者のうち，会社・官公庁または個人事業主に雇われて給料・賃金を得ている者をいい，会社や団体の役員も雇用者に入る。会社等に属し，雇用関係にある場合は，雇用する側は雇い主・使用者，雇用される側は被用者・従業員などと呼ばれる。

の内訳をみると，「正社員・正職員」が 3,347 万人（雇用者全体の 60.3％），「正社員・正職員以外の雇用者」が 2,203 万人（同 39.7％）となっている。

　この点で企業は社会において多くの人が雇用される場であると言ってよい。企業の中で働くということはいかなる意味を持つのであろうか？　何よりも企業で働くことは生計を立てる手段であり，これによって得られる賃金とか給与と呼ばれる報酬によって消費を行うことができる。この報酬は業種・規模・企業・勤続年数によっても大きく異なっている。国税庁の『令和元年分民間給与実態統計調査』によれば，給与所得者数の平均給与は男性 540 万円，女性 296 万円であり，正規 503 万円，非正規 175 万円となっている。特に正規と非正規との格差の是正は日本の企業社会にとって大きな課題となっている。さらに事業所規模別給与では事業所規模が 10 人未満の給与は 5 千人以上の事業所規模の給与を 100 とすると男性では 75％（特に賞与は 17％と低い）に止まっている（国税庁 2020，16 頁）。さらに法定外福利費（住宅手当の支給・住宅ローンの補助・医療・レクリエーション施設など）の差は極めて大きい。この点で，大企業と中小企業との格差は大きい。しかし，大企業といえども安泰である保証は全くない。長い間業績不振にあえぐ企業は賃下げ，賞与カット，希望退職などが行われる可能性は高い。また今日「日本的経営」からの脱却や「同一労働・同一賃金」の原則の実現が大きな経営課題となり，**年功賃金**から**成果主義賃金**制度への移行が進んでいる状況にあってこれまでの規模別格差から企業内での格差が拡がりはじめている。

　しかし，こうした生計を得るための手段としてのみ「働く」ことはあるのではない。「人はパンのみに生きるにあらず」なのである。企業のなかで働くことは，「働くことが人と社会をつなぐ絆」（ドラッカー 2001，59 頁）であり，また企業内での人間関係を構築することも意味している。同僚，部下，上司と

年功賃金　年功賃金とは「日本的経営」の下で大企業の男子正社員の多くに見られた賃金制度を指し，学歴別・定期・一括採用された従業員の賃金が入社後，勤続年数が長くなる過程で一定年齢まで次第に上昇を続ける点で長期・安定雇用における賃金制度となってきた。

成果主義賃金　成果主義賃金とは，年功賃金とは異なり，勤続年数ではなく，仕事の成果に応じて給与を決定する賃金であり，これは昇進等の処遇を反映する場合に能力主義人事とも呼ばれる。ここでは，仕事で成果をあげれば給与アップや昇格が約束される一方，成果をあげられなかったものは，降格・降給のリスクが高まる。

の関係の中で助け合い，教え合い，励まし合う関係は，その人の喜びともなり，社会生活を豊かにする。同時に仕事は自己実現の場であり，自分の夢を実現し，自分の能力を高める場であり，成長させてくれる機会も提供してくれる場でもある。仕事は「遊び」ではなく，悩み，辛く，苦しいと感じるときもあるが，癒しにも楽しみにもなる。

　1980年代から急速に企業活動のグローバル化は進展しており，日本の企業は成長市場を求めて海外進出を加速させてきた。こうした経営の国際化が進展する中で「内なるグローバル化」も求められている。高度経済成長期において日本企業の職場は日本人男子中心であったが，ますます多くの外国人が一緒に職場で過ごすようになっている。また女性の高学歴化が進み，日本社会の少子化が注目される中で，ジェンダーフリーや異文化共生の**ダイバーシティ（多様性）**マネジメントが企業の競争力強化のためにも欠かせないものとなっている。また近年では，格差の拡大に伴う貧困問題の深刻化や**長時間労働による過労死**（☞第13章参照）が大きな課題となる中で，非正規雇用の処遇改善や長時間労働是正の取り組みも本格化しつつある。

第6節　企業が社会において果たす責任（企業の社会的責任）

　企業は顧客にとって価値ある財やサービスを供給する経済活動を行ううえで，社会のなかで大きな権限を行使し，また大きな影響を及ぼしており，その影響や権限が大きくなるに伴い，製品やサービスを供給することで利益を実現する経済的責任を果たすだけではなく，誠実かつ公正な事業活動を通じて社会に貢献する企業の社会的責任（corporate social responsibility：以下 CSR と略記）を果たすことが求められるようになる。当初，CSR は，企業の犯罪行為・法令違反，社会的非難を招く不正や不適切な企業活動とこうした不祥事に対する企業批判の高まりを契機としてこうした活動を起こさない仕組みづくり

ダイバーシティ（多様性）　組織のダイバーシティとは「多様な人材を活かす戦略」であり，年齢，性別，国籍，人種，LGBT（性的マイノリティ）など様々な違いを尊重して受け入れ，「違い」を積極的に活かすことにより，変化しつづけるビジネス環境や多様化する顧客ニーズに最も効果的に対応し，企業の競争優位性を創出することが目指されている。

と「良き企業市民」としての取り組みのために展開されることになった。そこで何よりも求められたのは，コンプライアンス（法令順守）であったり，地域におけるボランティア活動，フィランソロピー（寄付などによる慈善活動）あるいはメセナ（芸術・文化への支援活動）といった利益の社会還元活動であったりといった活動として理解されてきた。その後，これらは受け身の「戦術的CSR」と呼ばれるようになっており，今日ではより戦略的・主体的にCSRに取り組む重要性が認識されるようになっている。つまり，ステイクホルダー（利害関係者）との対話を通じて，社会からの期待に応え，社会から信頼される経済事業それ自体を展開することが企業の持続的な競争力・収益力を高めるものと理解されるようになった。ステイクホルダーとは企業経営に影響を及ぼされ，また影響を及ぼす各種利害関係者を意味し，具体的には株主，顧客，取引先，債権者，従業員・労働組合，地域社会などを指す。こうした利害関係者の諸利害は企業経営の在り方によって影響を受けるし，またそれゆえ企業経営に自己の利害を反映させるべく影響を及ぼそうとする。こうしたステイクホルダーの利害はしばしば対立することも多く，ステイクホルダーの利害の調和は困難を伴うことも多い。顧客重視を追求するあまり，従業員に過剰な残業を求める場合もあるし，株主への利益還元を重視するあまりに，経費削減の圧力の下で取引先や従業員に悪影響が及ぶ場合もある。例えば，2019年現在，ネット通販市場の拡大などによって宅配便は業界全体で年間43億個を超えるまでになっている。その上，日本流のきめ細かな時間指定のために不在のための再配達などによる従業員の労働環境は悪化している。こうした労働環境の悪化を受けて，ヤマト運輸は残業抑制や荷受けの総量抑制・送料値上げの方針を発表した（『日本経済新聞』2017年3月2日）。ステイクホルダーの諸利害の均衡を企業経営においてどのように実現するかは，企業が存続していく上での最も重要な課題となる。こうしたステイクホルダーの諸利害の均衡を実現する上で，企業は，何よりもステイクホルダーとの対話とともに，イノベーション等によって諸利害の均衡を実現する努力が求められる。例えば，宅配便のケースでは，「置き配」，IT技術やロボット・ドローンの利用，料金体系の見直し（配達回数に応じた料金設定）などによって労働条件の改善との両立も可能かもしれない。

　CSR は，企業活動において社会的価値と経済的価値の統合を目指す自主的な取り組みである。ここでは何よりも事業活動そのもののあり方が問われている。具体的には製品の品質や安全性，環境対策，採用や昇進上の公正性，人権対策，各種ステイクホルダーに対する情報公開，あるいは途上国における労働環境・人権問題への対応などが求められている。その際，法令順守やリスク管理を徹底すること以上に，こうした取り組みにおいてイノベーションを組み込むことが強調されるようになっている。例えば，育児休暇制度を導入する際に，社内保育施設を作ったり，地域の行政や NPO（非営利組織）などと連携して取り組んだりすることで，会社の魅力を高めるような仕組みづくりが期待されている（谷本 2006，68-69 頁）。

　自動車業界の場合を取り上げてみれば，現在，確かにコロナ・ショックによる世界的経済不況により，自動車需要は急減速しているものの，世界の自動車販売市場は新興国のモータリゼーションの急進展も背景に拡大し続けている。しかし，これほどまでに自動車販売が地球規模で拡大する一方で，地球環境の温暖化が原因とみられる自然災害や大都市の大気汚染や交通渋滞も深刻化している。ドライバーが高齢化した先進国では，ペダルの踏み間違い，車線の勘違いによる事故も頻発している。この点で自動車メーカーは二酸化炭素などの温室効果ガスの排出抑制や燃費の低減，安全の問題への適切な対応も企業の存続と発展の上でも求められている。こうした社会的課題に，自動車メーカーは，現在，走行時に二酸化炭素を出さない電気自動車や燃料電池車の開発を急いでいる。またこれまでメーカーが蓄積してきた先進安全運転支援技術と人工知能や各種センサーなど最新の情報・通信技術との融合により完全自動運転がもうすぐ実現されると言われている。企業はイノベーションを通じて社会的課題の解決に取り組んでいる。ここに本来の企業の社会的責任を見出すことができる。

　こうした取り組みは，世界的潮流となっており，国際的企業行動規範が策定されてきた。例えば，国際連合（UN）の**グローバル・コンパクト**や米国非政

国連グローバル・コンパクト　グローバル・コンパクトとは 1999 年の世界経済フォーラムにおいて，当時国連事務総長であったコフィー・アナンが企業に対して提唱した企業行動規範であり，企業に対し，人権・労働権・環境・腐敗防止に関する 10 原則を順守し実践するよう要請している。近年では，持続可能な開発目標（SDGs）への貢献も要請されている。

図表 1-4　世界の ESG 投資の動向

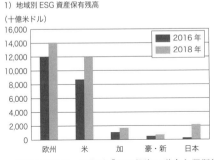

1) 地域別 ESG 資産保有残高

2) ESG 資産世界合計の種類別内訳

出所：田村怜・石本琢『ESG 投資の動向と課題』：財務省広報誌『ファイナンス』2020
年 1 月号，67 頁。

府組織（NGO）の **SA8000**，さらには国際標準化機構（ISO）の社会的責任
のガイドライン（ISO26000）が知られている（谷本 2006, 88-97 頁）。こうし
た進展を背景として，日本企業も経営活動が国際化する中でこうした CSR を
巡る世界的動向を無視することはできなくなっている。新興国に多くのサプラ
イチェーンを構築している企業は新興国の労働環境の改善も求められるように
なっている。米国のギャップやナイキ，英国のマークス・アンド・スペンサー
に続いて，2017 年にはユニクロ・ブランドを展開しているファーストリテイ
リングも全ての取引先リスト・工場を公表し，労働環境を監査し，サプライ
チェーン全体の透明性を高める努力を行っている（『日本経済新聞』2017 年 3
月 1 日）。

　こうした CSR を資本市場の面から支えようとする活動も「社会的責任投資
（SRI）」あるいは「環境・社会・統治（ESG）」投資〔環境（Environment），
社会（Social），企業統治（Governance）に配慮している企業を重視・選別し
て行う投資〕も機関投資家を中心として広がりつつある。この契機をなしたの
は，2006 年に国連事務総長のコフィー・アナン（当時）が提唱した，投資に
ESG を考慮する「責任投資原則（PRI）」であった。同原則に署名した投資家
や助言会社などは，日本の年金積立金管理運用独立行政法人（GPIF）をはじ

SA8000　米国の NGO SAI（Social Accountability International）が中心となって取り組んでい
　る，児童労働，強制労働といった問題に関する企業行動規準を定め，企業の取り組みに対して第三
　者機関が認証する仕組みを構築している。

め，2019年3月末時点で2,370と，過去10年で5倍に増え，その運用資産総額は86兆ドル（約9,400兆円）に増大しており，ほぼ世界の国内総生産（GDP）に匹敵するまでに増大している（『日本経済新聞』2020年1月28日）。またグローバル・サステイナブル・アライアンス（GSIA）の調査によれば2018年にはESG投資残高は31兆ドルにも達している[3]。このうち，欧州が最大で14兆ドル（46％）を占め，次いで米国が12兆ドル（39％）となっている。日本のESG投資残高も急増しており，2016年の474億ドルから18年には2.2兆ドルに拡大し，世界のESG投資の7.1％を占めるまでになっている。こうした動向は，機関投資家自身がESG観点からの企業評価と中長期の企業価値（企業収益力）の向上とが強く結びついていることを見出したからだと考えられる。例えば，「米マッキンゼーが米上場企業を対象に投資の安定度などから『長期志向』の企業を抽出し，経営成績（2001年〜14年の累積）を調べたところ，他の企業の平均よりも売上高が47％，利益が36％多いことが分かった」（『日本経済新聞』2020年5月2日）。まさしくCSRは長期の視点から企業の永続・繁栄を考えることに繋がっているものと考えられる。

　こうして，ESGやCSRが機関投資家に重視され，これが企業評価に組み込まれるようになると，企業も，財務情報だけでなく，環境・社会・ガバナンスといった非財務情報も合わせて提供し，中・長期的な企業価値について投資家とコミュニケーションを図るために，財務報告書と社会的責任報告書を統合した「統合報告書」を発行する企業が増えており，2019年末の時点でソニーや日本製鉄をはじめ発行企業数は500社を超え，上場企業の13％にまで広がっている（『日本経済新聞』2020年2月18日）。

【注】

1）国税庁長官官房企画課『令和元年分民間給与実態統計調査』7頁。なお，同調査結果によれば，給与所得者数全体は5,990万人で，個人企業の307万人（5.1％），その他法人1,631万人（27.2％）であり，株式会社の資本金階級別では，10億円以上は923万人（15.4％），1億円以上10億円未満は707万人（11.8％）となっている。

2）株式会社あきんどスシローは，創業者の引退，内紛，敵対的企業買収等の混乱があり，投資ファンドによるTOBで一旦上場廃止になったが，その後，最終的に英国の投資ファンド「ペルミラ」の傘下で，スシローグローバルホールディングという持ち株会社の事業子会社に位置づけられることになった。今回，上場したのはこの持ち株会社であり，その後，ペルミラはその所有株式を売却し，代わって米穀・食品大手の神明HDが33％を握る筆頭株主となっていた。しかし，その後，神明HDはその子会社の元気寿司との経営統合交渉が暗礁に乗り上げたことから，その株式を売却し

たが，2020 年 12 月時点でも 6.6％を握る筆頭株主となっている。

3 ）このデータは，Global Sustainable Investment Alliance の調査に基づいている。参照 URL：
　　http://www.gsi-alliance.org/newsletter/latest-newsletter/ （最終参照年月日：2020 年 4 月 30 日）

【さらに進んだ学習のために】
片岡信之ほか（2010）『アドバンスト経営学』中央経済社。
　　［note］経営の理論と現実を体系的に学ぶことができる。
P. F. ドラッカー（2001）『エッセンシャル版 マネジメント 基本と原則』ダイヤモンド社。
　　［note］マネジメントの基本と原則が体系的に提示される。
谷本寛治（2006）『CSR―企業と社会を考える』NTT 出版。
　　［note］日本と世界の CSR の動向を理解するうえで有益な示唆を与えてくれる。
延岡健太郎（2006）『MOT（技術経営）入門』日本経済新聞出版社。
　　［note］日本のモノづくり経営の今後のあり方に示唆を与えてくれる。

> ## コラム　自動車メーカーの社会的責任：社会的課題とイノベーション競争
>
> 　1908年に発売された米国Ford社の「モデルT」が米国社会での1910年代から20年代にかけてのモータリゼーションを実現し，一家に一台の自動車の普及は人々の生活様式までも大きく変えるところとなった。この「モデルT」が現代の自動車のデファクト・スタンダードとしての地位を確立して以降，自動車のパワートレインとしてガソリンもしくはディーゼルの内燃機関が主流を占めてきた。
>
> 　これまでも自動車メーカーは燃費の改善やABS（アンチロックブレーキングシステム）やエアバック装着など様々なイノベーションに取り組み，快適・安全な自動車の生産・販売で社会の発展に貢献してきたが，新興国のモータリゼーションとともに世界的規模での自動車販売が拡大するなかで，ますます環境・安全規制は強化されてきた。こうして，二酸化炭素などの温室効果ガスの排出抑制や燃費の低減，安全の問題への適切な対応は自動車メーカーの中・長期の企業価値向上のために求められている。
>
> 　現在，走行時には二酸化炭素を出さない電気自動車（EV）や燃料電池車（FCV）の開発が急がれている。欧州自動車メーカーは，特に2015年のVWのディーゼル不正事件により，ディーゼル・エンジンの排ガス（NOx・PM法）問題から開発の重点を電気自動車に移しており，これまで普及のネックとなっていたバッテリーのコスト・充電時間・走行距離の問題も急速に改善されつつある。また燃費改善のための車体の軽量化も炭素繊維，アルミ，超ハイテン，エンプラなどの新素材の活用も進められている。
>
> 　さらに各種センサー，人工知能（AI）など最新の情報・通信技術との融合により自動運転車の可能性が注目されている。現在までに，すでにレベル2（SUBARUの「アイサイト」などの自動ブレーキなど）もしくはレベル3（日産「セレナ」の高速道路走行時の単一車線での車両の減加速・ハンドル操作をシステムが行う自動運転車）が実現されているが，2020年代には緊急時にのみドライバーが対応するレベル4，さらには運転にはドライバーが関与しない完全自動運転のレベル5が実現されると言われ，米国のGoogleや中国の百度などこれまで自動車業界とは全く関係してこなかった企業をも巻き込んで熾烈な開発競争が行われている。こうした社会的課題を克服するイノベーションは，同時に通信セキュリティの確保，自動運転中の事故の責任，自動車と信号機の通信などのインフラ整備などの新たな社会的課題をも突き付けている。またこうした自動運転車の登場により，これまでの「所有」を前提とした自動車ビジネスが，「シェアリング・エコノミー」の下で大きく転換する可能性が注目されている。さらにこうしたイノベーションの登場により電気自動車のTesla（米国），配車アプリサービスのUber（米国）や滴滴出行（中国）などの新興企業が急速に台頭している。

第2章

企業にはどのようなものが存在するのか
──企業の種類──

本章のねらい

　資本主義社会には，3類型の経済社会セクターがある。1つ目は，私的に所有され所有者への利潤の提供を目的として活動する「私的セクター」である。「私的セクター」では，私企業，民間企業と呼ばれる資本主義企業が活躍する。その中心を占める企業は，前章で取り上げた株式会社である。どのような特徴をもつ株式会社が，日本経済の発展を導いたのか。2つ目は，社会全体への貢献を目的とする「公的セクター」である。公企業は，公共的福祉の増進を目指して，政府もしくは地方公共団体が管理する組織である。近年では，公共性のさらなる発揮に加えて，どのような方向性に向かっているのか。3つ目は，集団的に所有され経済事業そのものを通じて所有者に貢献する「共的セクター」である。その起源は世界的には協同組合企業として知られているが，今日の日本では社会的使命を持つ種々の非営利組織がどのように社会貢献し，いかなる課題に直面しているのか。本章では，資本主義社会における様々な企業（組織）の制度と実態を3つのセクターに分けて学ぶ。

第1節　資本主義社会の経済社会セクター

　われわれが暮らす資本主義社会において，企業は財・サービスの生産と販売という経済的機能を持つ組織体である。市場経済体制のもとで経済活動の中心を占めているのは，私企業や民間企業と呼ばれる資本主義企業（Private Enterprise）が活躍する「私的セクター」である。中でも，巨大な株式会社は，大規模化・多角化・多国籍化・グループ化を通じ大きな影響力を持っている。例えば日本企業の時価総額上位ランキング（2017年8月日本経済新聞社）で上位にならんだトヨタ自動車，NTTドコモ，ソフトバンクグループ，三菱UFJフィナンシャル・グループなどの巨大株式会社が，輸送業界，通信業界，金融業界からグループ会社化や海外進出，異業種参入などを通じ日本経済をけん引し，われわれの日常生活を多方面で支えている。総務省・経済産業省が発表した『平成28年 経済センサス─活動調査─』によれば，平成27年の資本主義企業の経済規模は，約294兆8,000億円に上った[1]。このように，私的セクターは市場経済社会における中心的な経済活動を担う経済部門となっている。ただし，図表2-1において私的セクターと公的セクター，共的セクターという3セクターの発祥が示されているように，私的セクターは，市場経済において利潤最大化を目指すため事業規模の拡大など競争激化のあまり，環境破壊，公害，失業，貧困などの問題を発生させる可能性がある（**市場の失敗**）。

　社会全体への貢献を目的とする「公的セクター」において，公企業（Public Enterprise）は，主には教育や福祉，国防などの分野で貢献する企業である。それは，株式会社のような収益性や事業規模を期待できないため，政府の介入が認められる。主として公企業は，設立母体の違いにより政府公企業もしくは地方公企業に分けられ運営されている。公的セクターの活動規模としては，GDP対比で37％を占める[2]。1980年代以降は，レーガノミクスやサッチャリ

　市場の失敗　完全競争市場の成立条件を満たさない状況下で生じる様々な非効率性のことである。例えば，莫大な固定費用のために新規参入が難しく利用価格が高止まりしている通信産業（寡占），法が未整備であることに乗じて過大な生産量により周辺環境を汚染する化学薬品工場（外部不経済），車検時に顧客から不当に多くの利益を得ようとする業者（情報の非対称性）などである。ただし，市場が上手く機能しないからと言って政府が常に社会の厚生水準を上げるとは限らないことに注意（政府の失敗）。

ズムを推し進めた欧米と同様に**新自由主義**（ないしは市場原理主義）の流れから，公的セクターでも民営化・規制緩和に伴う諸改革があった。政府公企業のうち現業官庁（行政の一環に位置付けられた経済事業を担当する組織）については，橋本政権時の中央省庁再編と独立行政法人の発足（2001年）が記憶に新しい。公共企業体（政府が出資し，自己の行政組織から独立の組織を設けて間接的に経済事業を営む組織）については，中曽根内閣時におけるNTT（1985年）とJT（1985年），JR（1987年）の発足，小泉政権時に着手された郵政民営化（2007年）が知られている。そのほかにも，公庫（社会政策的融資を行う政府全額出資の金融機関）では日本政策金融公庫（2008年統合），政府系銀行（産業政策的融資を行う銀行）では日本政策投資銀行の発足（2008年に政府全額出資の株式会社に転換後，民営化），公団（国家的土木事業を行う特殊法人）では政府全額出資の日本道路公団の分割・民営化（2005年），および政府と地方公共団体との共同出資の独立行政法人都市再生機構の発足（2004年），営団では政府と東京都の共同出資による東京地下鉄株式会社の発足，などがある。このように公的セクターは，非効率的経済活動と財政赤字の拡大（政府の失敗）を解決すべく，マネジメントが見直されている。政府が社会にとっての忠実なエージェントとなり，適切な予算獲得と予算執行をすることが問われる。

　他方，公的セクターと私的セクターの利点を活かした第三の道として「共的セクター」が生まれている。それは，公的・私的セクターによってでは解決できない教育，環境，貧困，健康など世界中の社会問題の解決を果敢に目指している。共的セクターの活動規模としては，民間非営利団体の全団体合計収入が約43兆6,000億円である[3]。共的セクターは，株式会社で認められるような所有者と経営者との分離が認められないため，集団的に所有され経済事業そのものを通じて所有者に貢献する。協同組合企業を発祥としながらも様々な非営利組織（Nonprofit Organization：NPO）が確固たるミッションをもち事業を営んでいる。1995年の阪神・淡路大震災以降，特定非営利活動促進法人の増大が著しい。

新自由主義　国による市場への介入を減少させ，「小さな政府」を目指すことである。

図表 2-1　資本主義社会における企業

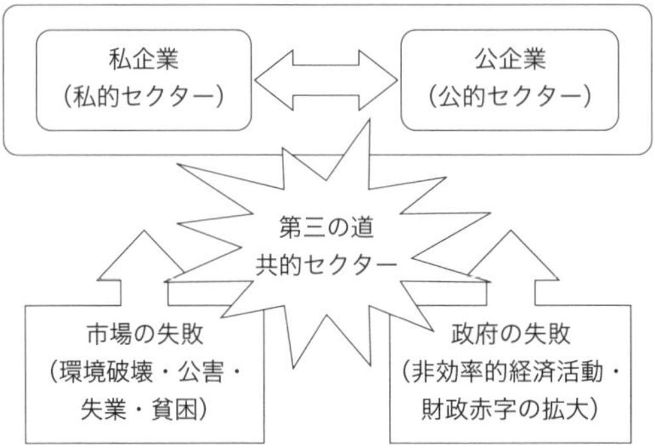

出所：筆者作成。

第2節　私的セクター

　「私的セクター」の資本主義企業（「私企業」・「民間企業」）において中心を占めるのは株式会社である。世界初の株式会社としては，大航海時代の香辛料の貿易を永続的に行うために広く出資を募ったオランダ東インド会社（1602年）が知られているが，日本初の株式会社は 1873（明治6）年に文明開化と富国強兵のために設立された第一国立銀行（旧第一勧業銀行，現みずほ銀行）[4]である。第一国立銀行の設立に際しては，**合本主義**に基づく複数出資者による資金還元のしくみが整備された[5]。それゆえ株式会社は，**会社（共同）企業**（そのうち公開的共同企業）とも呼ばれる。商法が制定されて約 100 年が経った 2006 年には，会社法[6]が施行された。これに伴い，資本金1円での株式会社の設立が話題になったように，株式会社の影響力が一気に高まっている。

　図表 2-2 によれば，我が国には約 255 万の株式会社が存在し，法人企業全体の約 93％を占めており，次いで会社法の施行に伴い新たに新設された合同会

合本主義　日本の産業発展のために，個人の富の増大を追求するのではなく私的セクター全体が豊かになることをめざす考え。

会社（共同）企業　複数個人による所有の企業を指す。個人企業は単独個人による所有である。会社（共同）企業には，封鎖的共同企業として，出資者の無限責任を課す合名会社，出資者を複数人とし無限責任と有限責任をミックスした合資会社，有限会社（2006 年廃止），2007 年に新設された合同会社があり，公開的共同企業として株式会社がある。

図表 2-2　国税庁　我が国法人企業の実態調査（平成 30 年度）

区　分	1,000 万円 以下	1,000 万円超 1 億円以下	1 億円超 10 億円以下	10 億円超	合　計	構成比
（組織別）	社	社	社	社	社	％
株式会社	2,195,273	338,461	15,174	5,674	2,554,582	93.3
合名会社	3,197	151	9	14	3,371	0.1
合資会社	13,666	502	−	2	14,170	0.5
合同会社	97,865	672	101	14	98,652	3.6
その他	50,230	16,438	676	430	67,774	2.5
合　計 構成比	2,360,231 (86.2)	356,224 (13.0)	15,960 (0.6)	6,134 (0.2)	2,738,549 (100.0)	100.0

注：「その他法人」とは「企業組合，相互会社，医療法人」を指す。また「有限会社」は廃止された
　　ものの，そのまま商号を変更しない有限会社は株式会社に含められている。
出所：国税庁『税務統計から見た法人企業の実態』（平成 30 年度）「概要」14 頁。

社が約 10 万社弱となっており，戦前からある合名会社や合資会社は未だに存
在しているものの，ほとんど数は変わっておらず「死んだ法律形態」とも言わ
れる。しかし同表から伺えるように，我が国法人企業の圧倒的多数は資本金 1
千万円以下の法人企業（約 86％）であり，資本金 1 千万円以上 1 億円未満の
法人企業（13％）と併せて中小企業が我が国において極めて大きな経済的役割
を果たしている事実も確認できる[7]。

　さて，今日の日本企業も，終身雇用と年功序列，企業別組合という「日本的
経営[8]」を行っているのだろうか？　このうち従業員の「終身雇用」に関わっ
て，欧米との違いも検討しながら，日本企業の制度的特徴を確認しよう。図表
2-3 で示すように，欧米では，米国を中心として会社を資本概念で捉える。そ
こでは会社の法律上の所有者である株主と経営者との関係性が極めて重要とな
るため，経営者は所有者のために（短期）利益を生み出すことに注力する傾向
がある[9]。一例を挙げるならば 2016 年だけでも，マイクロソフト（Microsoft
Corporation），フォルクスワーゲン（Volkswagen Group），ラルフローレン
（Ralph Lauren Corporation）といった巨大株式会社で大規模なリストラクチャ
リング[10] が実施された。それぞれの理由は，スマートフォン市場でのシェア
拡大の失敗による業績低迷，電気自動車への集中投資と新規事業に伴う既存事
業部門の縮小，ファストファッションの台頭に伴う売り上げ低迷，といった具

図表2-3　資本主義企業（「私企業」・「民間企業」）の概念と構造

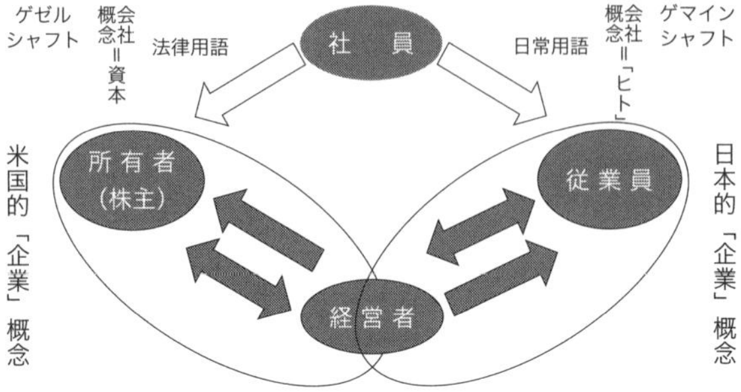

出所：筆者作成。

合である。要するに，利益面で会社の経営方針に沿わない事業や部門があれ
ば，人員削減を行ったり，事業の「選択と集中」による事業の再構築が行われ
たりしている。一方，日本の会社では，日本型雇用慣行が確立され，「ヒト」
概念が重んじられる傾向にある。そこでは企業に（長年）勤務する従業員[11]
と経営者との関係性が重視されるため，経営者は従業員のために運営する側面
が強く，企業成長の面でも欧米のように（短期）利益を追求するのではなく，
売り上げが重視される。近年でも，パナソニック，大丸松坂屋百貨店，東芝と
いった巨大株式会社でのリストラ敢行[12] がセンセーショナルなニュースとし
て取り上げられている。このように，経済性と社会性の間が両立していた日本
的企業観は，経済性と社会性がトレードオフの関係である欧米的企業観に向か
いつつあるが，実際には従来の経営体制が色濃く残る企業[13] が多い。

　また日本企業の欧米型へのシフトは，トップ・マネジメント改革を促してい
る。所有と経営の分離が認められる株式会社では所有者から経営を委託された
専門経営者がトップ・マネジメントの一員として舵取りをする。図表2-4は，
今日の日本企業が採用できる3種類のトップ・マネジメントの体制を表してい
る。従来の日本企業で採られてきた「監査役会設置会社」では，3名以上（過
半数が社外監査役）で構成される監査役会が設置される。日本企業では，1990
年代のバブル経済崩壊を契機として，カネボウや雪印，西武鉄道など巨大株式
会社での不祥事が顕在化した。また，1997年のアジア通貨危機や21世紀初頭
から10年近くにわたるアメリカの巨大株式会社の破綻[14] など，日本企業を

図表2-4　日本企業のトップ・マネジメント体制

監査役会設置会社	・特徴：従来型 ・主たる構成要件：3名以上（過半数が社外監査役）で構成される監査役会の設置。取締役の任期（2年），監査役の任期（4年）。
指名委員会等設置会社	・特徴：欧米型（2003年商法特例法，株式会社の監査等に関する商法の特例に関する法律に基づく） ・主たる構成要件：監督と執行の分離。取締役と委員の任期（1年）。
監査等委員会設置会社	・特徴：折衷型（2015年改正会社法） ・主たる構成要件：指名や報酬などを取締役全員で審議する利点を残す。監査役に代わり，監査等委員が監査等委員会（取締役3名以上，過半数が社外取締役）で監査を担う。取締役の任期（2年），監査役の任期（4年）。

出所：2003年商法特例法，2015年改正会社法および日本経済新聞（2017年7月24日付）を基に筆者作成。

とりまく情勢も一変した。アメリカのサーベンス・オクスレー法（Sarbanes-Oxley Act）に倣い，内部統制の強化や透明性などを強化した「指名委員会等設置会社（当初は委員会設置会社）」では，報酬，指名，監査という3委員会を設置したことにより，執行と監督とを分離できるという特徴を持っている。ただし，諸外国の機関投資家からの良き反応に反して，日本企業にとって指名委員会等設置会社を採用することは，公正な社外取締役の人選や，社外取締役の取締役会での貢献など，実務面を熟慮すると難しいと言える。そこで最終的に2015年の改正会社法の施行に伴い，少なくとも2名以上の社外取締役の設置を要件とする「コーポレートガバナンス・コード[15]」に基づく「監査等委員会設置会社」が設置された。「監査等委員会設置会社」は，従来型に比べて意思決定と執行の分離が明確となる一方で，社外の取締役に全権をゆだねるような委員会の設置を求めない，折衷型のトップ・マネジメントである。以上から，日本企業において，所有者である株主（機関投資家）からの監視を意識しつつも，日本の文化・慣習になじむ日本型のトップ・マネジメントが構築されつつあると言えよう。

第3節　公的セクター

　「公的セクター」は，モノやサービスによっては私的セクターが行うと効率的資源配分に失敗し，最悪の場合市場そのものが成立しない可能性がある際に，市場で政府が存在する役割を担う。例えば，橋や一般道路，地上波テレビ放送などは，誰かが使うことを排除できない性質（公共財）を持つが，「タダ乗り」を避けるために政府が管理する。より厳密に区分すると，主として公企業は，① 元来収益率が低く，従って民間資本の経営には向かない事業で，しかもその事業内容が市民の生活必需品的な場合（例：ガス・水道・市電などの低収益の都市公益事業），② 事業が極めて大規模で，民間資本の枠を超えているため国が経営する場合（例：郵便，電信電話，鉄道などの分野），③ 戦争の遂行，恐慌対策，国家プロジェクトの名の下に設立される場合（例：軍需産業，金融・産業開発などの分野），といった3種類の事業の運営が任されることが多かったが[16]，1980年代の新自由主義の台頭とともに分割・民営化が世界各国で進められている。

　図表2-5は，日本の公企業の性質と実態とを表している。1つ目の性質は，「公共性」の発揮である。公企業は，公共的福祉の増進を通じて社会の厚生水準を上げることを目的としている。その目的にかなうように，国・県など行政が規制当局となり，利益配分の規制を行う。2つ目の性質は，「企業性」の発揮で

図表2-5　日本の公企業が持つ性質と実態

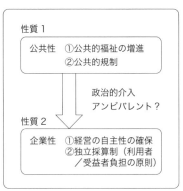

出所：筆者作成。

ある。公企業が，自らの計画に基づいて意思決定をするには，その自主性を確保するのに独立性を必要とする。このため採用する独立採算制では，政府からの補助金を期待できないため，利用者／受益者負担の原則が用いられる。ただし，「公共性」を発揮するために政治的介入が起こると，その政治的規制が「企業性」の発揮を阻むという二律背反が起こりうる。

　第2節で述べた政府公企業のほかに，地方公企業を取り上げて「公共性」と「企業性」の実態を理解しよう。地方公企業には主として，地方公営企業法に基づき地方公共団体が営む経済事業体と，地方公共団体が出資し自己の行政組織の外部設立した経済事業組織とがある。それらの運営を巡っては，ガス事業の規制緩和や上下水道の料金見直し，市電・都電の廃止，公立病院改革などが知られている。とりわけ，料金収入と職員数で最大規模である病院事業では，へき地医療や救命救急，臨床研修，災害拠点など他の経営形態の病院では十分に果たしえない公益的な役割を担っているものの，都道府県立病院や市町村立病院など公立病院の半数以上が黒字化を達成できていない[17]。そのため近年では，個々の公立病院における事務作業等の外部委託や人件費の見直しなどを推し進めつつ，より広域な視点で基幹となる公立病院を定めた上での周辺の病院・診療所のスリム化など統廃合を行うことで「企業性」が追求されている。例えば夕張市立総合病院や銚子市立病院は，市の人口規模から推測される医療サービスに対する需要が小さい自治体で運営されているが，市の財政難ゆえに一般会計からの繰入も多くを期待できない結果となり，運営が市から民間病院に移譲されている。医療サービスに対する需要が大きい都市部の病院でも，経営の柔軟度が高い医療法人などの病院との競争に勝つことができなければ料金収入を期待できず赤字につながるため，「企業性」の推進に関する議論が続いている。ただし，すでに学んだように公企業が本来「私的セクター」では果たしえない公益的な役割をもつ組織体と言えるため，公立病院にかかる費用[18]よりも地域社会の便益（地域の平均寿命・健康寿命の延伸やQOL（Quality of Life，生活の質）やADL（Activities of Daily Living，日常生活動作）の向上，労働力や社会参加の増加など）が高ければ，公立病院の存在意義と必要性はより高まる。このように公立病院における「公共性」と「企業性」の両立をめぐって，長きにわたり議論が続いている。

第4節　共的セクター

　第三の道として現れた「共的セクター」では，社会貢献をミッション
とする**非営利組織**が活躍している。非営利組織の発祥は，協同組合企業
（Corporative, Corporation）である。協同組合企業は歴史的には，イギリス
で19世紀の産業革命期に，資本主義企業に対抗しロバート・オーウェン（R.
Owen）の思想的基盤を持った経済的弱者によって労働者の長時間労働や，階
級闘争，失業の不安などを背景にして労働者の生活の保護などを願い誕生し
た。1844年発祥のロッジデール公正先駆者組合は，1）購買高による剰余金の
分配，2）品質の純良（食の安全），3）適正な利益を得て剰余金を分配するた
め，また安売り競争で商品の品質を犠牲にすることを防ぐため取引は市価で行
うこと，4）現金での販売制度，5）組合管理での組合員の平等（投票は，一
人一票で委任不可の原則），6）組合の政治的，宗教的な中立の原則（組合員
の信仰と思想の自由の原則），7）組合員教育の推進，との7つの原則（近代
的協同組合の経営原理）をもっている（日本生活協同組合HP）。以上を要約
すると図表2-6が示すように協同組合企業は，集団的に所有され，経済事業そ
のものを通じて所有者に貢献する企業であり，相互扶助（自立協同）の精神を
持つ共益追求型の非営利経済事業組織であると理解できるだろう。日本でも，
戦後に協同組合が発展したが，組合員の性格により分類するならば，生産者

図表 2-6　協同組合企業の考え方

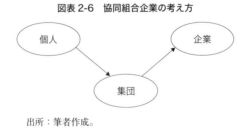

出所：筆者作成。

非営利組織　社会問題の解決を目指す非営利の団体である。その組織運営上の特徴は，私的セクター
　の企業と異なり，利益・残余財産の私的分配ができない点である。日本では，NPOを中心として
　学校法人，社団法人，財団法人，社会福祉法人，医療法人，宗教法人，協同組合，労働組合など
　様々な組織が広く非営利組織と考えられている。

視点の生産協同組合としては，中小零細業者のための協同組合，農業協同組合（Japan Agricultural Cooperatives：JA），漁業協同組合（Japan Fisheries Cooperatives：JF）があり，消費者視点の消費協同組合としては，消費生活協同組合，住宅組合，医療組合がある。しかし，今日，生協運動は農業協同組合あるいはその連合組織である全国農業協同組合連合会がTPP（Trans-Pacific Strategic Economic Partnership Agreement）や人口減少社会の下での第1次産業の生産性向上という視点から生産者重視から消費者重視への政策転換の下で大きな改革努力を迫られる一方，消費生活協同組合も私的セクターである流通企業のPB（Private Brand）の台頭等により大きな転換を迫られている。

　非営利の事業組織の中心的役割を担っているのはNPOである。NPOは，市民が自由・自発的に社会的使命（ミッション）を持って社会的財・サービスの供給を行う組織である。具体的には，福祉，教育・文化，まちづくり，環境，国際協力など，社会の多様化したニーズに応えるために社会貢献活動を行う。国際的には，イギリスで生まれたキリスト教精神に基づき教育・スポーツ・福祉・文化などの事業を展開するYMCA（Young Men's Christian Association，1844年創立）と第二次世界大戦下で国際的な飢饉救済支援を開始したオックスファム（OXFAM，1942年創立），フランスの医師らが立ち上げた医療・人道援助を行う非政府組織である国境なき医師団（Médecins Sans Frontières，1971年創立），アメリカで教育の貧困地域に一流大学卒の教師を派遣し，教育格差の是正を目指すティーチ・フォー・アメリカ（Teach For America，1989年創立）と障害者やホームレスなど社会的弱者に対し職業訓練等の機会を提供し自立と尊厳の回復を促すグッドウィル・インダストリーズ（Goodwill Industries International，1902年創立）などが有名である。日本でも阪神・淡路大震災を契機として，1998年に特定非営利活動促進法が施行された。今では，法人格を取得したNPOは，51,041法人（2020年12月末現在，内閣府国民生活局）[19]。ただし，2005年の内閣府調査によると，NPO法人が抱える課題の上位3項目は，1）資金調達，2）人材管理，3）活動場所の確保である。また，NPO法人の40.9％は年間の事業規模が500万未満で，全法人の約52％がスタッフ10人以下の小規模の団体である（内閣府NPO HP）。要するに，今日のNPOは，資金繰りやボランティアリズムの欠如に代表され

る，運営上の様々な問題を抱えている（「ボランタリーの失敗[20]」）。

　こうした問題点が認識される中で，今日では社会的課題の克服を目指すソーシャル・ビジネス[21]　が注目されている。例えば，ノーベル平和賞を受賞したムハマド・ユヌス（Muhammad Yunus）は 1983 年，母国のバングラデシュにおける貧困の解決というミッションを持ち，無担保で少額資金を貧しい女性に貸し出すマイクロファイナンス（Microfinance）というビジネスをするグラミン銀行（Grameen Bank）を設立した。2017 年には，貸付額が約 2 兆 2,776億円に達している[22]。さらにグラミン銀行は，フランスのダノン社やベリオア社，日本のユニクロなどと合弁会社を設立し，食料品や水，衣料品などの工場を貧困地域に設立させ，現地での雇用問題の解消や環境の整備，販売・流通網の構築なども促しながら包括的に貧困地域での生活水準の向上に貢献できるような事業展開を私的セクターの力を借りながら行っている。以上のように，ミッションの実現を達成するために継続的な事業活動を行い，それを通じて新しい社会的な価値を生みだすビジネスが始まっている。

第5節　各セクターの関わり

　最後に，本章で学んだ各セクターの相互関係を，図表 2-7 を用いて明らかにする。われわれの資本主義社会では，私的セクターの企業活動だけではなく，公的セクターと共的セクターの企業（組織）活動があり，さらには各セクターが互いに関係し合うことで，豊かな経済・社会が作り上げられていることを実感できるだろう。

　私的セクターでは，民間営利企業を中心とした企業が経済活動を営む過程で，法人の所得に課される法人税等の支払いを，公的セクターに対して行っている。それは公的事業の原資などになっているだろう。併せて，公企業をめぐる「企業性」の発揮を学んだ際に触れたように，私的セクターは公共事業の民営化にあたり，半官半民である PFI（Private Finance Initiative）や民間営利企業等への運営委託である指定管理者制度等を通じて，公企業に対し技術とスキルの提供を行っている。一方私的セクターは，共的セクターに対しサービスの提供をしたり，寄付を行ったりする。私的セクターが培った技術やノウハウ

図表 2-7　セクター間の関わり

出所：奥林・貫・稲葉（2002），13-17 頁に基づき筆者作成。

などは，共的セクターにおける新たなソーシャルビジネスの誕生を促すかもしれない。併せて，私的セクターは，CSR（Corporate Social Responsibility）活動の一環で，乳がんの撲滅，被災地支援，地球環境保全といった社会活動を行う際に NPO と連携する。

　公的セクターでは，政府もしくは地方公共団体が，私的セクターに対し公共財を提供している。公共財は，企業の経済活動の基盤となっているだろう。また公的セクターは，私的セクターの企業活動に関して，企業活動における企業の独占行為を禁止したり（独占禁止法），労働者の一般的な労働条件と安全・健康を守るために監督・規制をしている（労働基準法）。一方公的セクターは，共的セクターに対し，各種活動に対する助成や免税を行っている。前節で学んだように日本の共的セクターは，中核である NPO を基準とすれば，世界に比べ歴史が浅い。このため公的セクターによって，多くのソーシャル・アントレプレナーの誕生を促すようなプラットフォームづくりをすることが大いに期待されよう。

　共的セクターでは，協同組合企業と NPO が，反公害運動，反差別運動，消費者運動などに代表されるように，私的セクターに対して，交渉・提案，パートナーシップを行っている。特に日本の NPO は，医療や教育，子ども，まちづくりなど時代のニーズに即した分野を主たる活動とすることが多いため，企業の CSR 活動と容易に結びつきやすい。一方，共的セクターは公的セクター

に対し，市民社会の実現のため，専制国家に対するアンチテーゼ[23]となりうる。また現代では，共的セクターは，公的セクターと補完関係となっている。例えば日本でも，性差や所得格差などから生まれる社会的弱者が抱える問題は，共的セクターからの発信によって法律と環境の整備がなされるケースが多い。

【注】

1）付加価値額（売上高から費用を差し引き給与総額と租税公課を足した金額）である。資本主義企業全体の単純な売上額は約 1,603 兆 4,500 億円に上る。

2）公的セクターに関しては，GDP 対比でみた政府支出の規模は 37% と言われる（2016 年度内閣府『国民経済計算』）。

3）平成 27 年度『民間非営利団体実態調査』（内閣府）より。

4）明治政府での会社共同企業の設立を通じた経済発展の取り組みは産業界に継承され，今もなお存在する巨大グループが勃興している。関東地方では資本主義の父と言われた渋沢栄一らにより，東京製綱会社（1887 年，現東京製綱株式会社），目黒蒲田電鉄（1992 年，現東京急行電鉄株式会社），東京瓦斯会社（1885 年，現東京ガス），大阪紡績株式会社（1882 年，現 TOYOBO），東京海上保険会社（1879 年，現東京海上日動）など，関西地方では五代友厚により，大阪株式取引所（1878 年，現大阪証券取引所），大阪青銅会社（1881 年，現住友金属工業），大阪商船（1884 年，現商船三井），大阪堺鉄道（1925 年，現南海電鉄）などが創業した。

5）現在の会社制度として適用される有限責任や株式譲渡などが整備された。

6）2005 年公布，2006 年施行。同法では有限会社の新規設立が廃止された。このため今日，合名会社，合資会社，合同会社（持分会社と呼ばれる）そして株式会社の設立が認められている。

7）また総務省『平成 26 年経済センサス‐基礎調査』を用いて産業別での企業の割合を見ると，どの産業においても，大企業（資本金 5 億円以上もしくは負債 200 億円以上の株式会社）の占める割合は 1% 未満ほどである。特に工業，運輸業，金融業，不動産業などでは，中小企業が 90% 以上を占める（再編加工）。さらに中小企業庁が発表する『2017 年度版 中小企業白書』が表すように，地域別で企業数をみると，日本各地には様々な地場産業が発達している。例えば，古くから人やモノが行きかう商人の街と言われた大阪では，安土桃山時代の鉄砲技術を生かした堺の刀，自転車産業，江戸時代から栄えた堂島の米市場，同時代から大阪の自然環境を活かし道修町を中心に栄えた製薬，医薬品産業，第二次世界大戦後に本格化したねじ，家電などモノづくり，明治時代初期に官営工業から出発した泉州の繊維産業など実に多彩な産業形成がある。このように多角的に日本企業を考察すると，巨大株式会社の支配力は確かに大きいが，産業別と地域別に企業を捉えると，地域特性を活かしつつ歴史を重ねる中小企業，もしくは株式会社形態をとらない会社の貢献も大きい。

8）日本的経営の特徴として，日本企業において雇用主による従業員の終身雇用が強調されている（J. アベグレン／占部都美監訳（1958）『日本の経営』ダイヤモンド社）。

9）社会学者テンニース（Ferdinand Tönnies）が，社会組織の関係性を「家族的な共同体」を表すゲマインシャフト（Gemeinschaft）と「利益集団」を表すゲゼルシャフト（Gesellschaft）と対比させた理論を展開している。この理論は，現代企業の在り方に関する議論に発展している。

10）マイクロソフト社ニュースセンター 2016 年 3 月 25 日，FORTUNE 誌 2016 年 11 月 18 日号，ラルフローレン社ニュースリリース 2016 年 7 月 7 日より。

11）一般労働者では，男性平均勤続年数 13.5 年，女性平均勤続年数 9.4 年である（厚生労働省『平成 27 年賃金構造基本統計調査』）。

12）『日本経済新聞』2017 年 3 月 25 日付，2016 年 12 月 27 日付，2016 年 4 月 15 日付。

13) 近年，度重なる過労死問題を背景にして，日本企業では「働き方」改革が始まっている。

14) 2001 年のエンロン（Enron Corp），2002 年のワールドコム（WorldCom），2008 年のリーマンブラザーズ（Lehman Brothers Holdings）の破綻が知られている。

15) 2015 年に金融庁と東京証券取引所が取りまとめ，日本の上場企業に適用されるコーポレート・ガバナンスに関する行動規範である。株主（投資家）への説明が最低限求められるなど（Comply or Explain），株主との対話などが強調されている。トップ・マネジメントには，2 名以上の社外取締役を設置することが求められる。

16) そのほか，労働運動の要求に基づいて老朽化した低収益の基幹産業を国有化する場合もある。

17) 総務省が発表した『平成 27 年地方公営企業年鑑　病院事業』によると，全公立病院改革により病院の総数は減少傾向にあり。全 812 病院のうち，純損失を生じた病院数の割合は 57.1％，累積欠損金を有する事業数は 71.7％である。

18) 日本の医学生は自由に診療科選択ができる。また医師が開業する場合は，都道府県基準を満たせば，自由に開業できる。一方公立病院は，地域医療の確保のために開設されているため，離島，へき地など不採算地区における医療や高度医療，特殊医療を行う役割がある。このため他の経営形態による病院より，明らかにコストが大きい。

19) 活動範囲の上位は，「保健，医療又は福祉の増進を図る活動」，「社会教育の推進を図る活動」，「子供の健全育成を図る活動」である（平成 29 年 3 月 31 日 内閣府国民生活局集計）。日本の NPO 組織の特徴は，欧米よりも歴史が浅く規模も小さいものの，社会のニーズに即した活動が生み出されている。

20) Salamon, Lester M. and Anheier, Helmut K. (1997), *Defining the nonprofit sector: A cross-national analysis*, Manchester University Press.

21) ソーシャル・ビジネスは，本来貧困国で発達したビジネスの概念である。貧困に代表される社会問題の緩和，金銭的損失のない持続的な経営，利益が利害関係者への分配より事業に再投資されること，という 3 要件を有する（Yunus, M., Dalsace, F., Menasce, D. and Faivre-Tavignot, B. (2015), "Reaching the Rich World's Poorest Consumers," *Harvard Business Review*, 40 (9), p. 11.）。

22) グラミン銀行 HP の『Monthly Reports 09-2017』より。事業開始以降の累積支出金額（Cumulative Amount Disbursed Since Inception）である 22,775.58 million $ を 1 ドル＝100 円で換算している。

23) 奥林・貫・稲葉（2002），17 頁。

【さらに進んだ学習のために】

奥林康司・貫隆夫・稲葉元吉（2002）『NPO と経営学』中央経済社。
　　[note] NPO が抱える諸問題を，経営学の視点に基づき事例を挙げながら易しく説いた理論書である。

海道ノブチカ・風間信隆（2009）『コーポレート・ガバナンスと経営学―グローバリゼーション下の変化と多様性』ミネルヴァ書房。
　　[note] 欧米のアングロサクソン・モデルとの比較を通じ，日本のコーポレート・ガバナンスの在り方が解説されている。

谷本寛治編（2015）『ソーシャル・ビジネス・ケース―少子高齢化時代のソーシャル・イノベーション』中央経済社。
　　[note] 少子高齢化時代に必要とされる様々な社会問題の解決を行っている新しいイノベーティブなビジネス・モデルが解説されている。

吉森賢（2008）『企業戦略と企業文化』放送大学教育振興会。
　　[note] グローバルな視点で企業戦略や企業文化など経営者に必要とされる機能が比較・分析されている。

コラム　日本企業のこれから

　かつて「日本的経営」として世界から脚光を浴びた日本企業の競争力が，バブル経済の崩壊以降，アジア通貨危機，リーマンショックなど，「失われた20年」を通して低下している。他方，躍進著しい中国企業が注目されている。日本と中国の注目度合いを，ビジネスマンの愛読書である『Harvard Business Review』の論文掲載件数で比較してみよう。日本企業を取り上げた論文は現在までに計338件あった。内訳は，6件（'30），4件（'40），4件（'50），18件（'60），26件（'70），131件（'80），90件（'90），40件（'00），19件（'10〜）である（2017年12月時点，EBSCO Hostを用いた筆者の調査。検索ワードを"Japan"とした）。一方中国企業の論文は計1,877件の掲載があった。内訳は，5件（'30），4件（'40），2件（'50），4件（'60），3件（'70），7件（'80），20件（'90），129件（'00），1,711件（'10〜）である（検索ワードを"China"とした）。

　あくまでも筆者の主観であるものの，論文掲載件数からは，日本企業のプレゼンスが低下しており，中国企業が世界的な関心を集めていることが分かる。その論文の内容を精査すると，中国企業の製造業の発展が取り上げられつつ，アリババやバイドゥ，テンセントなどの躍進に伴う中国の情報技術の向上・情報社会の構築などにも大きな関心が寄せられている。筆者もアメリカでの在外研究中にニューヨークへしばしば赴いたが，電気屋には日本の製品でなく，ハイアールやマイディアの白物家電，レノボのパソコン，シャオミやファーウェイのスマートフォンなど，中国の電気製品が所狭しと並んでいたのが印象的であった。東南アジアの電気屋でも同じ状況らしい。

　日本企業が市場シェアや販売戦略等の面では中国企業に遅れをとっていることは否めない。では今後，どのような舵取りでビジネスのあり方を描くべきか。例えば，日本政府が平成28〜32年度の科学技術基本計画として提唱した「Society 5.0」という政策がある。「Society 5.0」は，「サイバー空間（仮想空間）とフィジカル空間（現実空間）を高度に融合させたシステムにより，経済発展と社会的課題の解決を両立する，人間中心の社会（Society）」（内閣府HP）と定義される。日本企業は，これまで培った個々の技術や経験を統合し，貧困や健康，環境などの社会問題に対するソリューションを提供するようなパラダイムシフトが求められる。既存の枠組みにとらわれない柔軟な思考が，次代のリーダーには不可欠であろう。

第3章

企業はどのような理念や文化を有しているのか
─企業理念と企業文化─

本章のねらい

　会社では，それぞれに価値観が異なる多くの人々が従業員として働いている。経営者は，それらの多様性ある人々をまとめあげ，組織として統一的に動かさなければならない。このとき企業理念や企業文化の果たす役割が重要である。組織を構成しているのは生身の人間である。正しいと思える理念・行動基準を欲し，自身の存在意義・社会的貢献を問う存在である。経営者は，企業の理念的目的・基本方針を明確に示し，それがすべての従業員に納得され，共有され，その思考・行動様式に影響を与えるまで深く浸透するよう，組織の文化の形成に努力を払わなければならない。

　それでは，企業が有する理念・文化とはどのようなものなのだろうか。それらはどのような役割を持つのだろうか。また，企業理念が企業文化として定着するまでの過程はどのようなものだろうか。本章ではこれらの点について学んでいく。さらに，企業文化の逆機能についても学び，どのようなことが課題となるかを考えてみよう。

第1節　企業理念とは何か

1.　企業目的と企業理念

　企業理念がいかなるものかを，企業目的との関係から見てみよう。企業の目的が利潤追求であると誤解されることがある。ドラッカー（P. F. Drucker）は著書『マネジメント：課題・責任・実践』（邦訳書 2008）の中で次のように述べている。「企業とは何かを聞けば，ほとんどの企業人が営利組織（利益を得るための組織）と答える。経済学者もそう答える。だがこの答えは，間違っているだけでなく的はずれである」（上巻，70頁）。

　ドラッカーは決して利益を不要なものだと考えているわけではない。次のように述べている。「利益は，個々の企業にとっても，社会にとっても必要である。しかしそれは，企業や企業活動にとって，目的ではなく条件である。利益は企業活動や企業の意思決定にとって，原因や理由や根拠ではなく，その妥当性の判断基準となるものである」（上巻，71頁）。

　利益を上げることは，企業の目的ではなく条件である。それならば，企業は何を目的として活動するのだろうか。ドラッカーは，企業の目的はただひとつ，顧客の創造であるという。「企業をはじめとするあらゆる組織が社会の機関である。組織が存在するのは，組織それ自体のためではない。社会的な目的を実現し，社会，コミュニティ，個人のニーズを満たすためである」（上巻，42頁）。

　企業は，利益を出すために存在するのではなく，社会的な役割を果たすために存在するのである。あらゆる企業は，製品・サービスの提供という自らの経済活動を通じて，社会の人々の役に立つために存在している。利益はその結果であり，企業活動を継続させ，企業を発展させていくための原資となるものである。こうして企業は自らの社会的使命を，経済的成果である利益と結び付けることで存続・発展していく。この企業の社会的使命，いわばその企業の存在理由としての理念的目的を表明したものが企業理念（または経営理念）である。

　実際に掲げられる企業理念の中には，そのような社会的使命を果たすための企業活動がどうあるべきかということに関する基本的な考え方もまた示されることが多い。企業活動は，そこで働く人々の協働によって成り立つものであ

る。しからば，その人々をまとめ上げ，統制のとれた組織として効率的に動かすための行動規範もまた必要不可欠のものとなる。

　従業員が数人程度の小規模な企業であれば，企業としてどうありたいかという経営者の考えは日常会話の中でも伝わるため，あえて企業理念として明確な言葉にする必要はないのかもしれない。しかし，従業員が何百・何千・何万人，あるいは連結会社を含め何十万人ともなる大企業であれば，多様性ある人々をまとめあげ，組織として統一的に動かすために，企業としての価値観を明確に示すことが必要になる。

　例として，トヨタ自動車の企業理念を図表 3-1 に示した。「豊田綱領」は，創業期の経営者である豊田喜一郎らが，創業者・豊田佐吉の考えを遺訓としてまとめたものであり，同社の経営の「核」として受け継がれてきた創業理念である。1992 年に社会情勢や事業構造の変化を受け，この「豊田綱領」は「トヨタ基本理念」としてまとめ直され，企業としてのあるべき姿がより明確にさ

図表 3-1　トヨタ自動車の企業理念

トヨタ基本理念（1992 年制定、1997 年改定）

1. 内外の法およびその精神を遵守し、オープンでフェアな企業活動を通じて、国際社会から信頼される企業市民をめざす
2. 各国、各地域の文化、慣習を尊重し、地域に根ざした企業活動を通じて、経済・社会の発展に貢献する
3. クリーンで安全な商品の提供を使命とし、あらゆる企業活動を通じて、住みよい地球と豊かな社会づくりに取り組む
4. 様々な分野での最先端技術の研究と開発に努め、世界中のお客様のご要望にお応えする魅力あふれる商品・サービスを提供する
5. 労使相互信頼・責任を基本に、個人の創造力とチームワークの強みを最大限に高める企業風土をつくる
6. グローバルで革新的な経営により、社会との調和ある成長をめざす
7. 開かれた取引関係を基本に、互いに研究と創造に努め、長期安定的な成長と共存共栄を実現する

豊田綱領

一、上下一致、至誠業務に服し、産業報国の実を挙ぐべし。
一、研究と創造に心を致し、常に時流に先んずべし。
一、華美を戒め、質実剛健たるべし。
一、温情友愛の精神を発揮し、家庭的美風を作興すべし。
一、神仏を尊崇し、報恩感謝の生活を為すべし。

　出所：トヨタ自動車ホームページ（http://www.toyota.co.jp/jpn/company/vision/philosophy，2017 年 8 月 31 日）。

れている。

　トヨタ自動車の社会的使命は，「豊田綱領」では「産業報国」という言葉で表現されている。自動車産業を確立・発展させていくことで，日本の経済・社会の発展に貢献するというトヨタ自動車の社会的使命が，このひとことに示されている。「トヨタ基本理念」では，例えば，「国際社会から信頼される企業市民をめざす」，「経済・社会の発展に貢献する」，「住みよい地球と豊かな社会づくりに取り組む」といった言葉で表現が改められている。

　また，そうした社会的使命を果たすための企業活動のあり方が，例えば，「内外の法およびその精神を遵守」，「オープンでフェアな企業活動」，「各地域の文化，慣習を尊重」，「地域に根ざした企業活動」，「クリーンで安全な商品の提供」といった言葉で表現されている。

　このように，企業理念とは「企業のあるべき姿」に関する信念，理想，哲学を表明したものであり，第1にその企業の社会的使命，第2にその企業の行動規範の両者から構成される。

2．事業経営の根幹となる企業理念

　企業理念を重視してきたことで有名な企業には，例えばパナソニック株式会社（旧・松下電器株式会社）がある。創業者の松下幸之助は，著書『実践経営哲学』の冒頭で次のように述べている。

　「私は60年にわたって事業経営に携わってきた。そして，その体験を通じて感じるのは経営理念というものの大切さである。いいかえれば『この会社は何のために存在しているのか。この経営をどういう目的で，またどのようなやり方で行っていくのか』という点について，しっかりとした基本の考え方をもつということである。事業経営においては，たとえば技術力も大事，販売力も大事，資金力も大事といったように大切なものは個々にはいろいろあるが，いちばん根本になるのは，正しい経営理念である。それが根本にあってこそ，人も技術も資金もはじめて真に生かされてくるし，また一面それらはそうした正しい経営理念のあるところから生まれてきやすいともいえる」（12-13頁）。

　この引用の中にもあるとおり，企業理念は事業経営のもっとも根本的な指針となるものである。企業理念と企業目的，企業戦略，企業文化の関係を整理す

図表 3-2　企業目的，企業理念，企業戦略，企業文化の関係

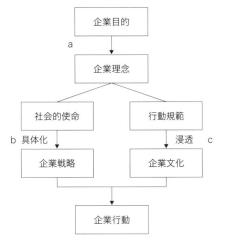

出所：筆者作成。

ると図表 3-2 のようになる。

　ａ．企業は顧客を創造し，付加価値を創出するという社会的目的を持つ機関
　　である。個々の企業は，そのための自らの社会的使命を企業理念のうちに
　　掲げている。それは先に見たトヨタ自動車の「産業報国」のように，包括
　　的で抽象度の高いものであり，組織の人々を深部で方向づける目的となる。
　ｂ．この企業理念に示された社会的使命に方向づけられ，「○％の市場シェ
　　アを獲得する」，「○％の ROI を達成する」といった企業目標が設定され
　　る。企業理念が「企業としてどうありたいか」ということの価値的・哲学
　　的側面であるのに対し，企業目標は売上高，利益率など客観的に測定可能
　　な到達状態を表したものである。その企業目標を達成するための具体的な
　　シナリオとして，企業戦略が打ち立てられる。
　ｃ．一方，企業理念には企業の行動規範も示されているのであり，これが組
　　織全体に浸透していくことで企業文化の一部を成す。これについては後述
　　する。

　こうして企業理念は，企業戦略や企業文化に反映されることで，事業活動を
深部で方向づけるものとなる。

3．企業理念の役割

　それでは，企業理念が果たす役割とはいかなるものか。名のある多くの経営者は，なぜしばしば企業理念の重要性を強調するのだろうか。企業理念の役割には，少なくとも以下の2つのことが考えられる。

　第1に，企業のあらゆるレベルで意思決定が行われるとき，企業理念が判断基準を提供するということである。企業理念は，組織の中で人々が行動し，物事をいかに処理すべきかを判断するときの拠りどころとなるものである。企業理念が明確であれば，各人は上司など他の人にその都度相談しなくとも，企業の指針に沿った意思決定を迅速に行うことができる。

　この企業理念の役割は，組織構成員を倫理的に方向づけ得ることをも意味する。倫理規範が示された企業理念であれば，各人の行動を倫理的に正すことにもなる。例えば，京セラでは，創業者・稲盛和夫の人生経験に基づき作成された指針「京セラ・フィロソフィー」の中で，「人間として何が正しいか」を判断基準とし，誰にも恥じることない公明正大な業務運営を行っていくことの重要性が繰り返し説かれている。各人はこれに従い，「嘘をつかないこと」，「人を騙さないこと」，「正直であること」といった，人間として当然守るべき基本的な倫理規範の遵守のもと日常の意思決定を行う。

　第2に，企業理念が組織で働く人々のモチベーションを高める効果を持つということである。企業が掲げる価値を，従業員もまた重要なものであると考え共感するならば，その企業理念は従業員に対するインセンティブとしての効果を持つ。自分自身が正しいと思える理念を持って働くことは，労働意欲の向上に繋がる。また，その「正しい」理念の共有は，職場の仲間に対する信頼感と結束感を生ぜしめ，職場全体の士気を高めることにもなる。ひいては企業へのコミットメント，帰属意識，忠誠心を喚起することにも繋がる。

　さらに，明確な企業理念の確立は，従業員のみならず経営者自身にとっても，自らの価値観を強固なものにし，モチベーションを高めるという点において重要な意味を持つ。松下幸之助は，企業理念を確立したことの意義を次のように述べている。

　「それはまだ戦前の昭和7年のことであったけれども，そのように1つの経営理念というものを明確にもった結果，私自身，それ以前に比べて非常に信念

的に強固なものができてきた。そして従業員に対しても，また得意先に対しても，言うべきことを言い，なすべきことをなすという力強い経営ができるようになった。また，従業員も私の発表を聞いて非常に感激し，いわば使命感に燃えて仕事に取り組むという姿が生まれてきた。一言にしていえば，経営に魂が入ったといってもいいような状態になったわけである。そして，それからは，われながら驚くほど事業は急速に発展したのである」(15-16 頁)。

　このように，企業理念とは組織の人々にとってただ遵守すべき義務であるというだけでなく，励みにもなるものである。

　ただし，企業理念が組織の人々や社会に受け入れられないものである場合には，逆に従業員のモチベーションは低下する。企業の構成員であることを誇りに思えるような理念であることが重要である。

　これらの役割は，企業理念をただスローガンとして掲げていれば自動的に得られるというものではない。立派な企業理念を掲げていても，従業員が建前の美辞麗句としてしか受け止めず，それが実際の企業行動に結びついていないのであれば意味がない。企業理念が内実を伴うものとなるためには，それが組織の人々に共有され，企業文化の一部として定着していなければならない。企業理念と企業文化の間に断絶ができてしまうと，企業理念は組織として機能しなくなる。それでは，次に企業文化について見ていこう。

第2節　企業文化とは何か

1．企業文化への注目

　企業文化とは，企業組織の内部で時間の経過とともに生成され，組織の成員に共有される一連の価値体系のことである。組織の人々が共有する価値観，ものの見方，考え方，感じ方といったものがそれである。しばしば潜在的であり，必ずしも明確に意識されるものではないが，成員の行動パターンを規定する強い力となるものである。

　企業文化が注目されるきっかけとなったのは，1980 年代初頭，アメリカ企業の生産性が低迷する中，好業績の日本企業の中核的要素として強い企業文化が導き出されたことであった。

　有名な先駆的研究としてまず挙げられるのは，ピーターズとウォーターマン（T. J. Peters and R. H. Waterman）の 1982 年の著書『エクセレント・カンパニー：優良企業の条件』である。同書は，戦略策定の際，機会と脅威の徹底的な分析，適合的な組織構造と経営資源配分の決定といったハードウェアにばかり気を取られ，生身の人間が持つ価値観や文化といったソフトウェアが忘れられてしまっている状態を「分析麻痺症候群」という言葉で批判している。そして，成長性・収益性といった業績が著しく高い超優良企業に共通する特徴として以下の 8 点を導き出している。すなわち，① 計画より行動を重視すること，② 顧客の声に熱心に耳を傾けていること，③ 失敗に寛容になり挑戦を推奨するような，企業家精神を尊重する空気があること，④ 従業員を生産性向上の源泉として重視していること，⑤ 企業の価値観を組織に行きわたらせていること，⑥ 非関連多角化を避け，基軸から離れないこと，⑦（マトリックス組織のような複雑な組織構造ではなく）単純な組織構造を採用し，本社管理階層が少人数であること，⑧ 従業員の自主性を尊重しながらも，企業理念によって徹底的に統制されていることである。このような企業文化を確立している企業こそが，好業績を達成していたのである。

　ディールとケネディ（T. E. Deal and A. A. Kennedy）もまた，1982 年の著書『シンボリック・マネジャー』（邦訳書 1983）において，常に好業績の企業には強力な企業文化が見られることを示している。同書は日本企業の成功理由について次のように言う。「日本人が成功している大きな理由のひとつは，彼らが常に，国全体として，ひとつの非常に強い，緊密な文化を維持していることだと思う。個々の企業がそれぞれ強い文化を持つばかりでなく，企業と銀行と政府との連係そのものがまたひとつの文化であり，それもきわめて強力な文化なのである。日本株式会社とは実に，企業文化の概念を全国規模に拡大したものである。アメリカではこのような理念の同一化を，全国的な規模で適用することはできないが，個々の会社では非常に効果的であると思われる。事実，アメリカの企業の持続的な成功のかげには，ほとんど常に，強い文化が推進力として働いている」（5 頁）。

　この考えは，次の調査結果に基づくものであった。すなわち，① 調査した 80 社近いアメリカ企業のうち，明確に表現された理念を持っていた企業はわ

ずか25社であったこと，② これら25社のうち，18社は「IBM はサービスを意味する」といった文化的な理念を持っていたのであるが，残りの7社は金銭面の目標を掲げているだけであったこと，③ 文化的な信念を持つ18社はすべてめざましい業績を上げていたのに対し，残る7社には業績の良い企業と悪い企業とが混在しており，有意な相関関係が認められなかったことである。こうして，同書は強い企業文化が好業績を生み出すことを主張するに至っている。

　以上のような「強い企業文化が好業績を生み出す」仮説をきっかけに，1980年代以降，企業文化への注目は学界でも実務界でも高まっていった。

2．企業文化の役割

　それでは，企業文化のいかなる役割が好業績を支えるものとなり得るのだろうか。企業文化が組織内部の人々に対して果たす役割には，判断基準の提供，モチベーションの向上，コミュニケーションの円滑化という3つのことが挙げられる。前2者は企業理念の役割と同様である。企業理念が組織の人々に共有され，企業文化として定着すれば，その役割はより強まることになる。

　第1に，組織の中で意思決定を行う際，判断基準となる価値観や考え方が，ただ理念として存在するばかりでなく，職場の人々の間で共有されていれば，個々の従業員の仕事に対する迷いや不安が軽減されるということである。その結果，企業の指針に合った意思決定が，より迅速かつ効率的に行われるようになる。

　第2に，すでに述べたとおり，自分自身が正しいと思える企業理念を共有することが，仲間への信頼感や組織への帰属意識を高めることに繋がるということである。それによって組織の人々が仕事をより楽しく感じられるようになれば，個人だけではなく職場全体のモチベーションが高まることにもなる。

　第3に，同一の価値観や考え方が共有されていれば，多くの言葉を尽くさずとも意思疎通が図りやすく，コミュニケーションが円滑化するということである。同じ価値観を持つ者同士であれば，協力体勢をとりやすく，対立が起こりづらい。

　以上の3点は，企業文化の対内的な役割であるが，企業文化には対外的な役割もある。それは，ステイクホルダーが抱く企業イメージの形成である。その

企業の製品・サービスを購入するか否か，その企業に投資するか否か，その企業と取引を行うか否かといった各種ステイクホルダーの意思決定において，企業イメージの影響は重要である。

　一般に，企業イメージは実体的なものではなく，広告・宣伝といった仮想的なもので決まると思われがちであるが，実際には，経営者の姿勢や言動，顧客と対峙する従業員の態度，企業不祥事などの問題を起こした際の対応といった様々な要因から形成されるものである。それゆえ，企業イメージの形成に関して，組織としての企業行動を規定する企業文化が果たす役割は大きい。

第3節　企業文化の生成と伝承

1．企業文化の中核的要素

　企業文化を構成する中核的要素には，大別して2つのものがある。

　第1は，人々が共有する組織の価値観である。これは企業理念への共感や共通体験に基づき形成されるものであり，組織の人々が意思決定したり行動する際の価値基準として機能するものである。

　第2は，組織の人々が共有する基本的な認識枠組みであり，いわば組織のパラダイムとも呼べるものである。これについて説明しよう。

　人は，自身の経験から無意識の領域において様々な意味・情報を読み取り，その積み重ねに基づき世界を認識するようになり，思考し，判断し，行動するようになる。この個人が有する基本的な世界観・認識枠組みは，認知心理学の領域で「メンタル・モデル」と呼ばれるものである。いわば，個人のものの見方の土台となる部分のことである。

　これを規定する要因はかなり多様である。例えば，国や地域の文化，風習，しきたり，常識，言語といった比較的多くの人々に共有される経験から，家庭環境，教育，知識，所属している（あるいは所属したことのある）組織の文化，人間関係，食生活，健康状態といった個人的な経験まで幅広いものがある。これらのあらゆる経験的要素が複雑に絡み合い，無意識の領域において個人の認識枠組みが形成されていく。

　この認識枠組みが純粋に個人的なものだけかといえば，そうとは限らない。

組織の中の様々な共通経験を通じることで，成員間にも一定の共通の認識枠組みが生じうる。企業，事業，顧客，市場，ステイクホルダー，仕事などに関して，その組織の人々に特有の見方が形成されていくと，それが組織のパラダイムとなる。ただし，それは企業文化のもっとも深部の要素であり，組織の成員間でも意識されることのない暗黙の前提となるものである。

　以上の２点が企業文化の中核的要素である。

２．創業期の企業文化の生成

　企業文化はいかに生成され，いかに伝承されていくのだろうか。まずは，創業期における企業文化の生成から見ていこう。

　すでに述べたとおり，企業とは元来，創業者の社会的目的のために設立される組織である。設立当初は，創業者＝経営者の考えに賛同した少数の仲間内で事業が展開されていくのであり，経営者が有する価値観とパラダイムそのものが企業文化の内容となる。創業期のまだ小規模な企業では，経営者と従業員の距離は近く，明確な企業理念を掲げずとも，経営者の考えは共有されやすい。

　シャイン（E. H. Schein）は著書『企業文化：生き残りの指針』（邦訳書1989）において，企業文化の始まりが創業者集団が形成されていくプロセスにあるとし，そのプロセスを次のように説明している。「① 1 人の人間（創業者）が新事業に関するアイディアを抱く。② 創業者は，1 人またはそれ以上の人々を集め，創業者と共通のビジョンをもつ中核的集団を創る。③ 創業者集団は，資金を集め，特許を入手し，会社を設立し，用地を定めるなどにより組織を創設するため協調行動をとりはじめる。④ さらに他の人々がこの組織に呼び込まれ，共通の歴史が構築されはじめる」（邦訳 268 頁）。

　事業が軌道に乗り始め，徐々に従業員の数が増えていくと，企業文化は創業者集団から他の従業員へと次第に広まっていく。このとき，経営者が強力な**リーダーシップ**をとり，企業理念が企業文化として定着していくための努力を懸命に行うことが重要である。属人性が強い創業期では特に，経営者のコミッ

リーダーシップ　指導者としての統率力のことであり，信頼に基づき，組織の人々を付き従わせることである。その仕事においてリーダーは，組織の使命に沿った明確なビジョンを示し，目標の設定，仕事の割り当て，部下への動機づけ，評価基準の設定，人材の育成などを行う。

トメント不足は致命的である。企業理念を提唱する経営者自身が真剣にならなければ，そこに着いていこうとする仲間もいないはずである。

　企業理念を企業文化として組織に根づかせようとするとき，経営者のリーダーシップと並び，いまひとつの大きな推進力となるものは，過去の成功体験である。企業理念に基づき打ち出された事業戦略が大きな成果を生み出したという経験があれば，その背後にある企業理念に対する人々の信頼感は高まるだろう。さらに成功が二度三度と繰り返されていけば，経営者が打ち出す戦略の正しさのみならず，その背後にある企業理念の正しさもまた強く認識されるようになり，次第にその価値観は人々に内面化されていく。組織の成員に企業理念の正しさを訴えようとするとき，成功体験は何よりも説得的である。

　ただし，成功を体験したというだけでは不十分である。成功とその背後にある企業理念とを結びつけるロジックを分かりやすい言葉で説明したり，そこから得られた教訓を象徴的な言葉で表現したりと，成功体験を価値観として人々に根づかせるための意図的な努力は必要である。

3．企業文化の伝承

　創業期を通じてひとたび生成された企業文化を，組織の大規模化に適応させ，さらには世代を超えて伝承させていくためには，どのような点を意識する必要があるのだろうか。

　創業期には経営者のリーダーシップが企業文化の定着を促す。とりわけ大きな要因となるのであるが，成長期に入れば，企業規模の拡大とも相俟って，経営者のみならず中間管理者（ミドル・マネジメント）が果たす役割もまた重要なものとなる。中間管理者であれば，成功体験から得られた教訓を言語化し，公式的にも非公式的にも，組織の人々に直接伝達することができる。また，指揮・命令，監督，教育，評価などの日常業務や，非常時の意思決定・対応などを通じ，職場の人々に企業の価値観を浸透させていくこともできる。

　組織構造や企業内制度のあり方もまた，企業文化の共有メカニズムとして機能する。組織の指揮・命令系統，賃金制度や昇進制度といったインセンティブ制度，雇用制度，各種の職務規定，研修制度などがそれである。それらは，「いかなる地位にいかなる権限を与えているのか」，「いかなる能力・実績が評価さ

れるのか」,「いかなる働き方をすべきなのか」といった企業内の価値基準が反映されたものである。それらを通じ,組織の人々は意識的にも無意識的にも企業の価値観を学習し,組織のパラダイムを共有していくことになる。

　もちろん,創業期を脱したとはいえ,経営者のリーダーシップが果たす役割は依然として重要である。組織の人々はトップに立つ人間の背中を見て学習するものである。経営者が率先して企業理念に沿った行動を「見えやすい」形でとることもまた,企業文化の共有を促進するものとなる。

第4節　企業文化の逆機能

1．環境適応の弊害

　これまでは企業文化が企業経営に与える正の影響を前提に議論してきたのであるが,企業文化には逆機能もある。価値観やパラダイムの共有の程度が深まり,強い企業文化が形成されれば,組織の人々の思考様式が均質化し,世界の客観的認識が妨げられるような事態が起こりやすくなる。また,成功体験が繰り返されることで,組織の人々が自分たちの文化を正しいものだと信じて疑わなくなれば,新たな価値観を創出したり受容したりすることが困難にもなる。企業文化の共有が深まるということは,このような思考様式の均質化や自己保存の性格が強まることでもある。

　企業文化の役割として説明した判断基準の提供,モチベーションの向上,コミュニケーションの円滑化といった正の機能は,経営環境が安定しているときに表れやすい。逆に,グローバル化,技術革新,規制緩和の進展など,経営環境が激しく変化する状況のもとでは,企業文化の負の影響の方が顕在化しやすくなる。現実に起きている環境変化を認識できない,環境変化に対応できる戦略が創造されない,新たな戦略が創造されたとしても組織の人々が拒否反応を起こす,新たな戦略を実行に移そうとしてもうまく実行されない,といった問

逆機能　順機能が「事象Aが事象Bを促進する」というような正の作用であるのに対し,逆機能とは「事象Aが事象Bを阻害する」というような負の作用のことである。組織の目標,システムの存続,人々の欲求などにとって好ましくない作用のことであり,意図しなかった結果として生ずるものである。「官僚制組織の逆機能」として,社会学者マートン（R. K. Merton）によって提起された概念である。

題が起こりやすくなるのである。強い企業文化が環境適応の弊害となれば，企業競争力は低下し，「強い企業文化が好業績を生み出す」仮説とは裏腹に，業績低下が引き起こされる。

2．反社会的行動の喚起

　企業文化に潜む思考様式の均質化や自己保存の性格は，他方で，企業の反社会的行動を喚起する要因ともなり得る。強い企業文化は，従業員が自ら思考することなく，これまでのやり方を踏襲したり，上司の言いなりになったりするような状況や，組織のために失敗や不具合を隠蔽するような状況として表れることがある。このことが企業に社会規範から逸脱した行動をとらせる。

　社会的には非常識であったり，反倫理的であると思われるようなことが，企業内部では「当たり前の論理」として幅を利かせていることが少なくない。企業文化として根づいた価値観が必ずしも社会規範と一致するとは限らない。

　社会規範から逸脱した企業文化が強力である場合，構成員の倫理的知覚・批判能力の低下が招かれる危険性がある。上司に指示された業務や職場の慣行が明らかな反倫理的要素を含むものであっても，それが自身の任務の一部として慣行化すれば，次第にその実行を疑わなくなる。反倫理的な企業の価値観が，日常の反復行動を通じて，時間の経過とともに人々に内面化されることで，個人としてのモラルが機能しなくなるのである。

　もちろん，バーナード（C. I. Barnard）が著書『経営者の役割』において，**組織人格**と**個人人格**を区別したとおり，組織の成員といえども全人格を組織に投入しているわけではなく，社会通念やモラルに従う個人としての価値観も持ち合わせている。だが，組織の内部では**斉一性**の圧力が生じやすく，一個人として異を唱えることが困難になりやすい。さらに，強い企業文化が生み出す同

組織人格／個人人格　組織人格と個人人格とは，C. I. バーナードが組織の中の人間が持つ二重の人格について表現したものである。組織という協働体系に組み込まれた人間は，あるときには組織の一員として組織の役割に規定された行動をとり，あるときには全人的存在として個人的な目的から行動をとる。前者が組織人格であり，後者が個人人格である。

斉一性の原理　団結が強い組織では，組織の規範に従うような圧力が成員に掛かり，組織内部で生ずる異論や反論は無視されたり排除されたりする傾向が見られる。この個人と組織の双方が感じる同調圧力ゆえに，価値観の多様性が押し込められ，全体がひとつの方向へと進んでいく傾向を斉一性という。

調行動は，協働において重要なものではあるが，行き過ぎれば**グループシンク**の問題を引き起こす原因ともなる。

　以上のような企業文化の逆機能は，客観的に見れば企業を存続の危機に陥らせる要因以外の何ものでもないのであるが，企業内部の人々からすれば合理的な機能なのである。だからこそ根が深く，問題が繰り返されやすい。

　順機能と逆機能とはどちらも企業文化の本質的な機能であり，根源を同じくする表裏一体のものである。企業文化を組織に定着させることだけでなく，この企業文化が抱えるパラドックスの解決を図っていくこともまた課題となる。

【参考文献】

E. H. シャイン／金井壽宏監訳（2004）『企業文化：生き残りの指針』白桃書房。
P. F. ドラッカー／上田惇生訳（2008）『マネジメント：課題・責任・実践』ダイヤモンド社。
松下幸之助（2001）『実践経営哲学』PHP研究所。
松村洋平（2006）『企業文化：経営理念とCSR』学文社。

【さらに進んだ学習のために】

T. J. ピーターズ＝R. H. ウォーターマン／大前研一訳（1983）『エクセレント・カンパニー：優良企業の条件』講談社。
　[note] 好業績を上げている超優良企業の共通点が数々の事例から示されている。
T. E. ディール＝A. A. ケネディ／城山三郎訳（1983）『シンボリック・マネジャー』新潮社。
　[note] 常に優れた業績を上げている企業には「強い文化」が見られることが明らかにされている。
E. H. シャイン／清水紀彦・浜田幸雄訳（1989）『組織文化とリーダーシップ：リーダーは文化をどう変革するか』ダイヤモンド社。
　[note] 企業文化とリーダーシップの関係が綿密に考察されている。
J. P. コッター＝J. L. ヘスケット／梅津祐良訳（1994）『企業文化が高業績を生む：競争を勝ち抜く「先見のリーダーシップ」』ダイヤモンド社。
　[note] 207社の実証研究に基づき，企業文化と長期的業績の関係が検証されている。

グループシンク（集団浅慮）　グループシンクとは，集団であるがゆえに生ずる，大きな過ちに繋がるような意思決定のことである。人間は集団として意思決定を行うとき，個人として意思決定を行うときよりも，過ちを犯す危険性が高まる。一人で考えれば当然気づくはずのことが，集団の中にいると見落とされてしまうという現象がしばしば起こる。

コラム　繰り返される三菱自動車の不祥事

　2016 年 4 月，三菱自動車工業が自社の軽自動車について虚偽の燃費データを国土交通省に提出していたことが発覚した。同社は，2000 年と 2004 年にもリコールに繋がる重大な欠陥を隠蔽していたのであり，不正が発覚するのはこれで 3 度目となる。

　同社は，2 度のリコール隠し事件を契機に，企業倫理委員会を設置し，新たな企業理念を制定している。そこには，「大切なお客様と社会のために，走る歓びと確かな安心を，こだわりをもって，提供し続けます」とある。それにも拘らず，2016 年に発覚した事件では，軽自動車 4 車種の燃費データ改ざんのみならず，1991 年から 25 年間にわたって燃費の不正測定が隠蔽されていたことが明らかとなった。

　もとより三菱グループには「三綱領」と呼ばれる根本理念（「所期奉公，処事光明，立業貿易」）があり，「公明正大で品格のある行動を旨とし，活動の公開性，透明性を堅持する」ことが明言されている。1998 年にも，前年に起こした総会屋への利益供与事件を受け，「オープンでクリーンな企業として誠実に行動する」という文言を記した企業行動指針を定めている。しかし，結局このような企業理念は単なる美辞麗句でしかなく，実際には会社全体として反倫理的な企業文化を育み続けてきたのである。

　本来，経営者が組織のリーダーとして企業理念を定着させるべく尽力しなければならないのであるが，その経営者が逮捕・起訴されていることからも分かるように，同社の不正は会社ぐるみのものであった。日本企業の場合，経営者の大半は内部昇進者であることから，反倫理的な企業文化が根づいた組織であれば，その中で長い年月を経て評価され昇進してきた経営者こそが，その文化の価値観・思考様式に強く染まっているものと考えられる。

　それゆえ，倫理的企業文化を確立するためには，経営者のリーダーシップに期待するだけではなく，外部のステイクホルダーからのチェック体制が必要不可欠のものとなる。企業統治を強化すると同時に，社会からの批判や要求に即応的な風通しの良い文化を意図的に作り上げていくことが求められる。

第4章

企業（の経営者）を規律づける仕組みには どのようなものがあるのか

──企業統治──

本章のねらい

　こんにちの企業（≒会社）は経済的，組織的そして社会的な側面を有する多面性を持った存在であり，私たちが生活する上で不可欠なしくみ（制度）である。しかし，企業が社会的な制度になったことで，巨大企業が社会に存在することの正当性が問題になっている。

　「しくみ」というものは，本源的には人々がより良い生活を実現するために知恵を絞って自ら考え出したものである。こうした考え方に立脚すれば，「しくみ」たる企業は人々によってうまく「コントロール」され，より良い社会の構築に寄与しているはずである。しかし，現実世界に目を向けると「企業組織の暴走」や「企業不祥事」などの言葉をよく聞くように，実際にはなかなか上手くいっていないようだ。大規模化し，非常に強大なパワーを持つようになった企業との関係を，私たちはどのように構築していくべきなのであろうか？

　こうした基底的問題意識の下，本章ではまず企業とはどのような存在であり，どのようなしくみになっているのか，また，社会との関係はどのようなものなのかという点について確認し，企業統治の諸課題について整理した上で，企業の羅針盤を握る経営者を規律づける様々な規制や制度（ハードロー・ソフトロー）について検討していくことにしよう。

第1節　「会社」の誕生と企業統治

1．会社の誕生

　会社[1]の誕生には諸説あるが，一般的な理解では，会社というしくみが生まれたのは欧州，それも地中海を臨む地域であったとされている。

　一説には，"Company"（会社）の語源は中世のイタリア語での"Compania"（コンパーニャ）であるとされる。Com は「共に〜をする」，pania は「パン」を表す。つまり，みんなで一緒にパンを作り，それを共に頂くというところから，元手を出し合って「商売」を行い，それを元に共存共栄する仲間，集団と位置づけられようか。このような事業を行う「仲間，集団」は現在のような精緻な会社制度にまではならなかったが，それでも現在の合名会社に非常に近いしくみを持っていた。出資者は経営に直接的に関わることが多く，出資者＝経営者という性格を強く持っていたのである。時代が下がるにつれ欧州では事業体が会社として発達していったが，これは「出資者の有限責任」と「資本の証券化」とを通じて株式会社として展開されたからである。

　有限責任とは端的に言えば，「出資者は出資した金額以上の責任（損失）は負わなくてもよい」ということであり，これと対置する概念である無限責任とは，「会社が倒産し，さらに債務（借金）を会社の財産だけでは弁済できなかった場合，その会社に出資しているものは自己財産を会社債務の弁済にあてなければならない」というしくみである。こうした違いから，会社設立時の資金調達の際には無限責任が適用されるしくみ（会社）よりも有限責任が確立されているしくみ（会社）の方が資金を集めやすくなる。

　近代の株式会社のモデルとなったのは，オランダ東インド会社である。絶対王政期に展開された「特許会社」と呼ばれたこうした株式会社は，主として王室により交易独占権を保障されていたが，市民革命前後に事実上力を失い，南海泡沫会社事件を経て一度下火になった。しかし，社会に遊休している資本を吸引する大きな力を持つ有限責任が確立された会社，すなわち株式会社のしくみはその後徐々に社会に受け入れられていき，資本の集中を可能にしたことで大きな投資を必要とするような様々な事業の展開に寄与し，その後の欧州の経済発展に大きく貢献したのである。

2．株式会社の有限責任

　この株式会社の有限責任については古くから様々な批判もある。例えばア
ダム・スミス（A. Smith）は『国富論』の中で「株主は有限責任であるがゆ
えに会社から受取る配当金のことだけ考え，会社の業務については関心がな
い」，「取締役は「他人の貨幣」を管理しているので，自分の貨幣のように注意
深く管理しない」と批判しているし，J. S. ミル（J. S. Mill）も「資本の充実，
財務内容の公開という条件下にあれば，大規模生産に必要な多額の資金を調達
できる」と株式会社のしくみを評価しつつも，「会社の支配人＝経営者の忠実
と熱意の不足，放漫と浪費とが問題である」として，全社員有限責任の株式会
社よりも無限責任社員と有限責任社員との両者から成立している合資会社のほ
うが望ましいと指摘している。つまり，株式会社はその責任が「有限」である
が故に，経営者の監視・監督という点で初期段階から様々な批判に晒されてき
たのである。

　一方で，株式会社というしくみは（物質的に）豊かな社会を作り出す動力源
となって現在に至り，これが人々の働き方のみならず社会構造をも大きく変え
たということには着目すべきであろう。巨額の資金を集められることができ，
同時に支配体制も容易に確立できるこのしくみは 1920 年代以降巨大な会社を生
み出すに至り，特に公開株式会社では「所有と経営の分離」の一層の進展と共
に専門経営者の登場が指摘されている。

　有限責任とともに，資本を一定額に分割しかつそれを証券化できるという特
徴を持つ株式会社の中でも，とりわけ公開株式会社で生じるこうした「所有と
経営の分離」は効率的な企業経営に資するという利点もあるが，所有と経営と
が分離している状況下では「誰が企業を監視，監督するのか？」という点が常
に問われる。アダム・スミスらがかつて指摘した通り，株式会社のしくみはそ
の成立要件—有限責任と資本の証券化—ゆえに，常に企業統治の問題を孕むの
である。

第2節　企業統治に関する広狭二義の概念

1．企業統治をどのように捉えるか

　企業統治の問題は，その根幹の部分において上述のように長く議論の対象になってきた。とりわけ冷戦構造の崩壊以降の資本主義国家の増加とグローバル化の進展とを契機として，企業活動上の様々な課題が顕在化した1990年代以降，この問題は先進諸国のみならず多くの国々で取り組むべき課題事項として認識され，政策課題としても取り扱われてきた。国家／地域は，法改正や指令等，制度を形作る様々なルールを制定して巨大化する株式会社の力をなんとかコントロールしようとしてこの問題への対応を図ってきたし，他方，企業経営の実践の場では，経済のグローバル化が一層進展する中で，多くの公開株式会社が資金調達問題と絡めながら企業統治問題を経営実践上の最重要課題のひとつとして捉え，市場に評価される統治構造を有した組織作りを志向し―もちろん法律の枠組み内ではあるが―，市場からの評価を競うようにしてそれぞれの組織に適した企業統治のあり方を模索するようになった。

　しかし，2008年に起きたリーマン・ショックは長く続いた規制緩和と資本市場の役割の拡大とに対する再検討を促す重要な契機となり，同時に企業統治のあり方を再考する動きを引き起こした。すなわち「行き過ぎた市場化」により過度な株主主権が志向されることで，株主以外の利害関係者の犠牲の下で「株主利益至上主義」の企業経営が展開されているとの批判である。他方，日本の企業統治はグローバル・スタンダードから乖離しているので，特に外国人機関投資家が日本市場を相手にしなくなるといった所謂ジャパン・パッシング論が喧伝されたこともあり，わが国では投資を呼び込む措置としての金庫株の解禁，外部取締役の導入，株式相互持ち合いの解消の促進などの一連の制度改革が主張された。

　企業統治とは端的に言えば，公開株式会社を主たる対象とし，「巨大化した株式会社の権力をめぐる問題」として理解される。この概念は経済学や法学，あるいは社会学の分野でも議論されており，とりわけ経営学の領域では広義，狭義の両者に区分されながら議論されている。

　広義の企業統治概念とは，「公開企業とは何をするのか，誰が会社を支配す

るのか，企業の活動から生じるリスクやその収益はどのように負担・分配されるのか」といった問題を決定するような法律的・文化的・制度的配置の枠組み全体に対するものである。これは所謂「企業と社会（Business and Society）」の考え方に近く，企業を社会の中に埋め込まれた存在として位置づけた上で，企業と利害関係者との良好な関係構築のためのマネジメントを志向するものとして企業統治を捉えている。具体的には，企業の意思決定，業務執行を司るトップ・マネジメント機構の中で，企業を巡る利害関係者の利益がどのように調整されるのかという視点から社会の安定を図ることをも鑑みつつ，利害関係者の利害を調整し，健全かつ効率的な企業経営を確保するような企業管理のあり方を検討するものである。

　他方，狭義の企業統治概念とは，取締役会に代表されるトップ・マネジメント機関の構造と機能あるいは取締役会の意思決定における株主の権利の問題を中心として，経営の効率化を図り，同時に企業犯罪や不祥事の防止に資することを主たる目的とした「株主の視点からの経営者の監視・監督」の問題を指す。

２．会社支配論と企業統治論

　企業統治の議論が初めて声高に論じられたのは1960年代の米国である。特に1960年代から70年代にかけては，「株式会社の社会的責任」を中心的論点として「会社を支配しているのは誰か」という視点から企業統治の議論が展開された。こうした動きは，巨大多国籍企業に代表されるような社会に極めて大きな影響力を持つようになった私的な存在たる株式会社の権力をどのようにして統制し，これに社会的に貢献できるような側面を持たせられるのかという問題意識から生じたものと理解される。

　1970年代には日本でも「株式会社の社会的責任」「経営者の社会的責任」というテーマが議論されるようになった。したがってこの時期の企業統治論は，会社支配（corporate control）という概念を用いて論じられてきた「会社支配論」の流れを組みながら展開されてきたものと位置付けられよう。

　しかし，1980年代に入ると企業のグループ化や企業間の連関も進み，また資本市場を舞台とした（敵対的）企業買収も目立つようになってきた。1980年代は日本と同様に米国でも規制緩和の道筋がつけられた時代であった。特に

米国の銀行は規制緩和と金利自由化との下で新たな収益源を求め，「総合金融機関化」を図った。すなわち，銀行自身も合併・統合によるスケールメリットの追求や，業務効率化によるコスト削減等を通じて預貸業務からの収入増を図り，同時に証券業務への参入と自行が保有する金銭債権の証券化を図ったのである。こうした銀行の動向によって「証券」のプレゼンスは一層高まり，**機関投資家**の台頭がさらに顕著となった。こうした背景もあり，「株主対経営者」という構図の中で，「株主の利益を経営者が奪っている」という文脈からの企業統治論が盛んに論じられるようになっていった。

　1990年代に入り，企業がますますグローバルに事業展開するようになると，こうした株主利益の問題を中心に据えた企業統治論はより一層重要視されるようになった。本書の第8章で詳述されているのでここでは簡単にしか触れないが，グローバル企業がM&Aを進める中で，株主は経営者の有能さを判断する基準としてROE，ROA，フリーキャッシュフローなどの利益率に関わる指標をより重視するようになり，こうした「数字」は投資家目線に立った企業（経営者）選別の基準のひとつとなっていった。こうして株式市場は経営者を規律づける装置として「資本市場による外部監視メカニズム」の舞台となり，「経営者マーケット」を補完するしくみとしても機能するようになっていったのである。

　株主はリスクマネーたる株式に投資している自分たちに十分な利益が還元されることを求め，株価を押し上げることができないような「能力が低い経営者」を辞めさせ，持分の所有者（株主）としての権利を株主総会で行使することで，会社のかじ取りを任せられるような「有能な経営者」を選ぶ。こうした行動によって経営者に対する規律付けが可能になるというのだ。

　他方で，経営者は自らの地位を保全するためにも，自社がM&Aの対象とならないように株価を高く維持し，同時に株主とのよき関係を構築・維持するための様々な手法を用いるようになった。情報の非対称性が厳然と存在する企業内外の関係性を鑑みれば，経営者の方が株主よりも自社の状況を十分に把握

機関投資家　具体的には年金基金，商業銀行，信託銀行，投資銀行，生命保険会社，損害保険会社，証券会社，ヘッジファンド，投資ファンド，投資顧問会社，その他の資産運用機関など。国内外を問わず機関投資家として位置づけることとする。

している。こうしたことから，本当に有効な経営者へのチェックは一体どのような ものなのか，という問題も指摘されるようになり，例えばストック・オプションの有効性を問う議論や EXIT&VOICE の理論のような政治学の知見，あるいは契約理論やゲーム理論などに代表される応用ミクロ経済学の考え方を用いて，企業統治を巡る様々な議論が展開された。

　2001 年には，株主が経営者を監視するしくみとしての企業統治システムが極めて高く評価されていたエンロン社が破綻した。この事件を通じて，資本市場に提供される企業情報の質と量は必ずしも十分でないことが確認された。会計情報を含む企業情報の開示や外部からの監査の制度にはまだ問題があり，経営者への規律付けを市場だけに任せていてもうまくいかないということが再確認されたのである。しかし，2008 年にはリーマン・ショックが起きている。

　かかる理解の下，後段では市場による経営者の規律づけとは異なる，法や規制，あるいは規範というルールといった制度に焦点を当てながら，これらがどのような構造をもって経営者を規律づけているのかを検討してみよう。

第3節　トップ・マネジメントの機能

1．日本企業の会社機関構造

　以下では前節で確認した企業統治に関する一般的概念を踏まえつつ，日本企業の企業統治がどのように展開されているのかを検討するためにも，まず日本企業の会社機関構造を確認しよう。

　1990 年代後半以降の世界的な企業統治改革の波は，わが国にも大きな影響をもたらし，会社の種類やその機関構造に関する規定は大きく変わった。現行会社法においては，原則として株式会社には取締役会を設置する必要はない。ただし，会社法 327 条 1 項において，公開会社，監査役会設置会社，指名委員会等設置会社，監査等委員会設置会社の 4 種類の株式会社については取締役会

EXIT&VOICE　投資家は，自らが株式を所有している企業の業績が悪ければ，所有株式を売却するという選択（退出）から，「モノ言う株主」（「行動する株主：Activist」）として，自らが株式を所有している企業の経営にコミットを深めることにより，高い配当や株価上昇に基づく利益の実現に繋げていこうとする機関投資家の行動パターンの変化を表したもの。

を設置しなければならない。これら現行 4 種類の株式会社形態についての詳細は後述する。

　さて，従来からある監査役設置会社の会社機関構造を取り上げながら日本企業の企業統治問題を株主と経営者との関係から考察すると必ず指摘される点は，日本企業は株主の権利を毀損しているとの指摘である。「日本的経営」と称される日本企業の経営実践の特徴のひとつである株式持合いを通じた安定株主工作が促進された結果，株主の権利が形骸化し，株主が重視されなくなったという指摘のみならず，そもそも経営者が株主を重視していなかったために株主の権利を形骸化させる目的で株式持合いが進行したとの分析もあるほど，日本企業は長い間，株主をあたかも「外部者」として取り扱ってきた。その結果，市場に占める個人株主の比率は小さくなり，また資本市場を通じた監視という意味における外部監視機能がほとんど存在しないに等しい企業統治システムが構築されたが故に，経営者は相対的に株主による監視に晒されてこなかった。このような株主の存在が企業内部に浸透していなかった現象は，トップ・マネジメント組織の構造からも見てとれる。

　多くの日本企業の取締役会は，従業員が出世の階段を登りつめた先にある組織として認識されてきた，意思決定機関と業務執行機関とが一体化した純粋な内部機構である。取締役会を構成するメンバーの多くは機能的に従業員を兼務する取締役であり，したがって株主の利益を代表する立場の取締役はほとんどいない。そのため，取締役会が経営者を監視する主体として機能することはおろか，株主が主だった役割を果たすことも稀であった。また，純粋な内部機構的性格を持つ取締役会は，多くの日本企業でその規模が大きくなり，大人数化した。こうしたことから，極めて重要な審議案件については一部の上級取締役から構成される「常務会」のような法律上その設置を義務付けられていない組織が作られ，そこが実質的に意思決定することも多々あった（図表 4-1）。

　こうした特徴を持つ日本のトップ・マネジメント組織は，米国や独国におけるトップ・マネジメント組織と比較すると以下のように表すことができる。

　「わが国においては，代表取締役は取締役の資格を前提にしているためにそこでの監督は自己監督の色彩を脱しえず，また人事慣行として代表取締役が従業員の中から取締役候補や監査役候補を適当に選択し，その者はほぼ自動的

図表4-1　伝統的な日本型企業統治モデル（監査役（会）設置会社）

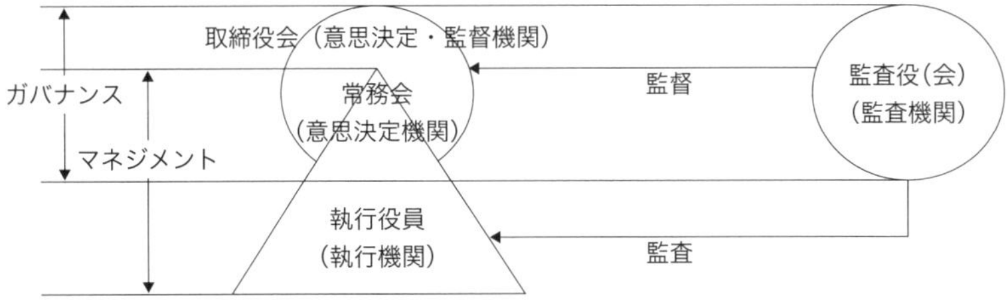

出所：平田光弘（2003）「日本における取締役会改革」『経営論集』第58号，東洋大学，2003年3月，161頁の図を筆者一部改変。

に株主総会で選任されるため，代表取締役は取締役，監査役中の最上位者として認識されることとなる。こうした原因から取締役会は代表取締役に対する強力な監査機能を持ちえないこととなる。その反面，日本の大企業においては取締役の名に値しない従業員兼務取締役が増加したことから，法の建前に反して重要な経営戦略や実質的な討議は取締役中の上位者のみから構成される経営会議や常務会に移管され，取締役会そのものは，事後承認機関となっている。」[2]

　こうしたトップ・マネジメントの構造に起因するわが国の企業統治の主たる問題は，「株主の権利が希薄化される」という外部からの監視機能上の問題点とともに，内部監視機能の観点から見た最も重要な指摘としては，経営者の権限が強くなることで取締役会が組織の階層的秩序構造において代表取締役に対して有効なチェック機関とはなりえないどころか，現実にはトップへの賛同者となってしまうということがある。いうなれば，日本企業における多くの従業員が所謂「役員」になることを「出世のゴール」として認識していたことからも，法律上取締役会あるいは監査役は業務執行に対して監視監督機能を果たす役割を持つ機関として存在し，代表取締役に対してもチェック機能を有するはずであるにもかかわらず，人事権を握られていることもあって代表取締役に対してモノを言えない「ウチ向きの組織」になってしまうということである。つまり日本企業の内部監視機能は実質的に機能不全を起こしているといえるだろう。こうした点は，先の株主の権利の希薄化問題とともに，特に外国の機関投資家を代表とする多くの投資家から批判されてきたのである。

2．会社法制のあり方の変化

　前項で挙げたように，日本企業の企業統治システムの問題点のひとつは，欧米と比較して相対的にウチ向きな体制が構築されてきたことである。

　こうした指摘に対しては，日本企業の競争力確保の観点から様々な施策がとられてきた。そのひとつが一連の会社関連の法改正である。

　1950（昭和 25）年の商法改正で取締役会制度が導入され，代表取締役，株主の帳簿閲覧権ならびに代表訴訟制度が法定されて以来，わが国では戦後から現代に至るまでに商法を度々改正してきた。これは，「経営者の不法あるいは不当な行動を監視ならびに牽制するためにはどのような組織形態が望ましいのか」という点と，「業務執行を監督する機関には，どのような権限を与えることが望ましいのか」という点とのふたつの立場から行われてきたのであるが，2000 年代に入ると，商法上の法制のあり方も従来の「事前規制型法制」から「事後救済型法制」へと転換した。従来は経済活動の際の取引の安全性あるいは取引主体の保護を第一義に考え，債権者や株主を害するおそれがあればこれを一律に規制してきたが，たとえ債権者や株主を害するおそれがあったとしても，それが経済活動に有用なものであれば事前に規制するのではなく，規制緩和やあらたな制度を設けることで対応するという考え方に変わってきたのである。これは競争環境が極めて厳しくなる中で，企業が組織再編に臨む時にはこれを柔軟にできるようにし，同時に積極的かつ迅速な経営判断を具現化できることを目指したものと理解される。

　こうした法制のあり方を巡る考え方の転換は，従来のように，いうなれば一律規制の枠組みのなかで法に「守られ」ながら「安全第一」な経営を標榜すればよいと言うものではなく，自己規制の姿勢を保ちながら，他方では事業上のリスク算定の精度を高め，これをヘッジしながら競争環境で他社と競争しなければならないということに他ならない。様々な利害関係者との関わりを持ち，「よき企業統治」の実践が強く求められるなかで，企業は非常に厳しい競争環境に身を置くことになる。規制が緩和されるということはすなわち，企業側も法理（ハードロー）以外の規制（ソフトロー）を自ら遵守し，自律的に活動していくことが求められるのである。

第4節　経営者への制度的規律付け

1．ハードローによる規律付け

経営者を規律付ける主体として株主という存在が極めて大きなものであることは論をまたない。しかし本章では，株主や市場以外の存在，すなわち制度を通じた経営者の規律付けを考察するという立場に立って，法と規範，つまりハードローとソフトローという視点からこれを整理してみよう。

2000年代に入ると，企業統治の実効性を高める目的の下で，会社組織を規定する会社関連の様々な法律が改正された。まずは企業統治の手段としてのハードローによる規制について，順を追って確認しよう。

2002年の改正商法では，会社機関構造上「①従来型の取締役会と監査役とによる二元的監督機能を持たせた機関設計（3名以上の監査役の半数以上は社外監査役）」か，「②社外取締役を中心とする米国型に準じた取締役会による一元的監督機能を持たせた機関設計」かのどちらかを選択することが求められた。

翌年の2003年4月施行の株式会社の監査等に関する商法の特例に関する法律（商法特例法）改正では，商法特例法上の大会社ないしみなし大会社のみが対象であった委員会等設置会社の導入が，それ以外の会社にも認められた。

商法の一連の改正はさらに進められ，2006年に施行された会社法では，有限会社制度の廃止により，株式譲渡制限会社であるかどうかが制度設計の新たな基準となり，株式会社を言うなれば「公開会社」か「非公開会社」かという基準で区分するようになった。

この法改正で特筆すべきは，先述の2002年の商法改正で設置された「委員会等設置会社」についてである。この「委員会等設置会社」は，2006年施行の会社法にて定款に委員会を置く旨の定めを設けることでその規模を問わず委員を設置できる会社にできるように制度が改められ，同時に「委員会設置会社」に名称変更された。

「委員会設置会社」は，指名委員会，監査委員会および報酬委員会を置く株式会社である。これは伝統的な日本型企業統治システムを有する監査役設置会社とは異なり，その機関設計思想は米国型の株式会社に近い。取締役会の中に過半数の社外取締役から成る委員会を設置し，取締役会が業務執行を監督する

機能を持つ一方，業務執行については執行役に委ねることで，企業統治の合理化と適正化とを志向して，監督機能と業務執行機能とを分離しているのが特徴である。業務執行者に対しても，上記三委員会の設置を通じて監査役会では実現できない高度なガバナンスが可能となるというものである。

　他方，「監査役会設置会社」は監査役会（3人以上の監査役を必要とし，且つそのうち半数以上は社外監査役）を有し，監査役の中から1名以上の常勤監査役を選出する必要がある。

　さらに2015年施行の改正会社法では，監査役会の代わりに監査等委員会を取締役会の中に設置した会社機関構造を持つ，「監査等委員会設置会社」が法認された（会社法331条6項）。これは取締役の職務執行の組織的監査を担うもので，監査等委員会は過半数の社外取締役を含む取締役3名以上で構成される。その一方で，監査等委員会設置会社では監査役（監査役会）を設置することはできず（327条4項），会計監査人の設置が義務となる（327条5項）。また，この法改正では監査等委員会設置会社制度と従来の委員会設置会社との区分を明確にするために，従来の委員会設置会社という名称は「指名委員会等設置会社」に改められた。

　したがって，現在の株式会社は機関構造上大きく3つの主要な形態に分けられる。すなわち「監査役会設置会社」，「監査等委員会設置会社」，「指名委員会等設置会社」の3つである[3]。

　一連の法改正は，ベンチャー企業の資金調達の容易化を図るための環境整備の側面もあり，また間接金融から直接金融への重心移動を促すねらいもあった。つまり証券流通性の確保や投資家保護をも念頭に置きながらも，株式や社債発行を通じて企業が資金調達を円滑にできるように制度整備を図りつつ，比較可能性と公正性とを重視する国際会計基準との調和の観点や，米国あるいは欧州市場でも受け入れられるような国際的に整合性がある制度構築を目指す法改正という位置づけである。しかしその成果は必ずしもグローバル市場に合わせることのみを志向したものにはなっていない。日本取締役協会によれば，「指名委員会等設置会社」形態をとる上場企業は2020年8月時点で77社（東証1部は63社）に留まっており，2015年に前年比プラス10社となったものの導入企業数はほぼ横ばいである。監督と執行とを完全に分離する米国型の会

社機関構造への移行はそれほど進んでいないといえる。他方で「監査等委員会設置会社」を導入する企業は増加している。2015年8月時点では東証1部全企業1,888社中111社であった「監査等委員会設置会社」は，2020年8月には2,172社中661社となった。これは東証1部上場企業の30％強にあたる。経営の監督機能を強化する狙いとともに，監査等委員会設置会社に移行して社外監査役を社外取締役に横滑りさせると結果的に社外取締役を確保できるため，増員を求められている社外取締役を確保する側面もあると推測される[4]。

2．ソフトローによる規律付け

　一方，企業統治上の自己規制ルールたるソフトローにはどのようなものがあるだろうか？　ソフトローの最大の特徴は，その遵守について国家が強制力を持たないところにある。しかし強制力を持たないが故に，ルールの作成主体は被適用集団たる業界団体ないしは企業の利益と消費者の利益（消費者保護）との間で二律背反に直面する。つまりこの場合であれば，消費者の保護に注力すれば企業の利益減少につながり，ルール自体が運用されなくなるであろう。他方，ルールが緩いものであれば自己規制の意味をなさない。

　こうした性格をもつソフトローではあるが，中には「よき企業統治」の実践に資するような様々なソフトローが存在する。諸外国でも同様で，特に英国や独国の企業統治基準や企業統治規範はその有効性が高く評価されている。また国際機関も様々なソフトローを策定している。例えばCSRの面から取り上げられることが多い**国連グローバル・コンパクト**（☞第1章を参照）や**ISO26000**も，広義の企業統治の観点に立てばこれも重要な企業統治関連のソフトローである。とりわけ近年では「企業は利害関係者のために経営されるように改善を図る」活動を企業統治の範疇で論じるようになってきており，またこれに加えてSDGsの考え方に基づいた企業活動が求められるようになってきている。より良い社会の構築という目標に向かって企業自身がどのように変わっていけるのかという視点は，企業統治の問題としてのみならず今後一層重視されるだろう。

ISO26000　2010年に発効した「組織の社会的責任（SR）」に関するガイドライン。

　さて，近年のわが国の企業統治に関する実践的ソフトローとしては，東京証券取引所の『コーポレートガバナンス・コード』がある（以下東証 CG コード）。2015 年 6 月 1 日に発表されたこのコードは，東京証券取引所と金融庁とが共同事務局として運営してきた有識者会議の答申を踏まえ作成されたもので，「**プリンシプルベース・アプローチ（原則主義）**」と「**コンプライ・オア・エクスプレイン**」との 2 点を特徴とし，「株主の権利・平等性の確保」「株主以外のステークホルダーとの適切な協働」「適切な情報開示と透明性の確保」「取締役会等の責務」「株主との対話」の 5 章から構成されている。

　その後，このコードは 2018 年 6 月 1 日に改訂された。この改訂では，実務的な「コンプライ・オア・エクスプレイン」を促すために機関投資家と企業との対話において重点的に議論を深めることが期待される事項をとりまとめた「投資家と企業の対話ガイドライン」も併せて公表されている。

　このコードは上場企業を念頭に作成されていることから，株主の権利の確保については最初の章で言及している。例えば基本原則 1 において，「株主総会における議決権をはじめとする株主の権利が実質的に確保されるように適切な対応を行うべき」とし，さらに補充原則において「株主総会が株主との建設的な対話の場であることを認識すること」，「買収防衛の効果をもたらすことを企図してとられる方策は経営陣・取締役会の保身を目的とするものであってはならない」，「支配権の変動や大規模な希釈化をもたらす資本政策（増資，MBO 等を含む）については，既存株主を不当に害することのないよう，取締役会・監査役は，株主に対する受託者責任を全うする観点から，その必要性・合理性をしっかりと検討し，適正な手続を確保するとともに，株主に十分な説明を行うべき」といった点等を指摘している。

　他方，基本原則 2 では「会社の持続的な成長と中長期的な企業価値の創出

プリンシプルベース・アプローチ（原則主義）　法律や規則等により詳細な細則を制定するルールベース・アプローチ（細則主義）の規制に対し，大きな枠組を構成する抽象的な原則だけを定め，その原則を踏まえてどのように行動すべきかについては，当事者の合理的な判断に委ねるという規制手法。

コンプライ・オア・エクスプレイン　強制力を伴わない，ある規則やルールまたはコードの当事者に対し，そのルールやコードを遵守（コンプライ）するか，遵守しないのであればその理由を説明（エクスプレイン）することを求めるもの。

は，従業員，顧客，取引先，債権者，地域社会をはじめとする様々なステークホルダーによるリソースの提供や貢献の結果であることを十分に認識し，これらのステークホルダーとの適切な協働に努めるべきである。取締役会・経営陣は，これらのステークホルダーの権利・立場や健全な事業活動倫理を尊重する企業文化・風土の醸成に向けてリーダーシップを発揮すべきである」5）としている。

　また経済産業省は，日本企業の企業統治に関する取り組みの深化を促す観点に立ち，各企業において検討することが有益と考えられる事項を盛り込んだ「コーポレート・ガバナンス・システムに関する実務指針」（CGS ガイドライン）を 2017 年 3 月に策定し（2018 年 9 月改訂），2019 年 6 月には「グループ・ガバナンス・システムに関する実務指針」（グループガイドライン）も策定している。これは現代の企業はその多くがグループ化し，グループ経営のガバナンスの在り方もが大きな課題となっている現状を鑑み，グループ全体の価値向上を図る観点から企業統治の課題を検討するべく作成された実務指針である。

　様々な不祥事が後を絶たないこともあり，自らの経営実践が自社を取り巻く環境（自然および社会）に非常に強いインパクトを与えかねないことを，多くの企業は再認識している。企業が人々の生活に決定的な影響を及ぼす社会的制度になっていることを考えると，「ハードローによる規制」と「原則主義に則りながらも一定の明文化を図るソフトローを用いた自主規制」との両者をうまく組み合わせることで，多少なりとも高い次元の企業統治の実現に資するのではないだろうか。「利害関係者を重視した企業経営」とは，言葉としては非常に心地よいものではあるが，実践するとなると極めて困難なものである。しかし，より良い企業統治は，こうした多方面からの不断の検討とその改善の実践活動とを通じてのみ，実現しうるのである。

第5節　企業統治改革に対する現時点での評価

　日本企業のガバナンス強化に向けた取り組みは，一連の法改正はもとより，「日本再興戦略改訂 2014」において成長戦略の最重要課題のひとつとして企業統治改革が位置づけられたことや前述の東証 CG コードや CGS ガイドライン

が発効したことなどを受け，形式から実践へとガバナンスの深化が求められる
次元に入った。この動向について以下で順を追って確認していこう。

　2016年夏，経済産業省は東証第一部・第二部上場企業2,502社（2016年6
月末日時点）を対象に，『コーポレートガバナンスに関する企業アンケート
調査（有効回答社数：874社，回答率34.9%）』を行った。この調査は上場企
業の現場の声を通じて得られた企業統治改革に対する「現場からの評価」で
ある。この調査はその後民間機関に委託され，2020年には「2019年度コー
ポレートガバナンスに関するアンケート調査（調査対象：2019年9月時点に
おける東京証券取引所第一部・第二部上場企業2,633社。有効回答社数：868
社，回答率約33.0%）」が公開されている[6]。以下では紙幅の関係からごく一
部にはなるが，2020年5月に公表された本調査に依拠しながらわが国におけ
る企業統治改革が現在どのように展開されているのかを確認していこう。

　まず，日本の企業統治問題の中で長く議論されてきた取締役会構成メンバー
については，2016年時点での調査で社外取締役が3名以上存在する会社が4
割近くに達することが明らかになった。その一方で，社外取締役が半数以上の
企業は1割弱に留まっていたが，2018年には独立社外取締役を2名以上設置
する東証1部上場企業の割合が9割を超えたこともあり，2019年度調査では
寧ろ社外取締役の員数の問題というよりは社外取締役個々へのアンケートを通
じた定性的調査が行われ，加えて委員会との関わりの中での社外取締役の機能
について言及されている。例えばアンケートの一部では，社外取締役が業務を
行なう上でのサポート体制・環境（現場視察・ヒアリング，約3日前までの取
締役会資料の事前提供や取締役会の事前説明，取締役会以外のインフォーマル
な議論の場の提供等）について60%以上の社外取締役が概ね十分と評価して
いるが，取締役会資料のエグゼクティブサマリーの提供，会社側による費用負
担の下での専門家から助言を得る権限といった，自らの職務を一層精緻に行な
おうとする際に必要となる支援はまだ十分ではないとの評価であった。これか
らはこうしたより質の高い活動を行っていくための制度構築とその運用とが求
められることになるだろう。

　次に取締役会の機能についてみていこう。東証CGコード導入後の1年間で
は（2016年調査），取締役会の重要な業務執行の範囲や取締役会への委任の範

囲の見直しを実施した企業は約4割に達し，また今後見直しを検討している企業は5割存在していた。また，取締役会の運用面や制度面が大きく変わった，またはやや変わったという企業は全体の7割弱を占めていた。その内訳は，「取締役会の議論の活性化」，「取締役実効性評価の実施」，「社外取締役の増員」，「任意の指名・報酬委員会の設置」，「取締役会の役割が監督機能重視へ軸足を移した」といった点であった。その一方で，2018年の「CGSガイドライン」では，取締役会の機能として基本的な経営戦略や経営計画を決定することに加え，経営陣（とくに社長やCEO）の指名や報酬の決定を通じて業務執行を評価することによる監督を行う機能（監督機能）と，個別の業務執行の具体的な意思決定を行う機能（意思決定機能）とを取締役会に要求している。長い間，日本企業の取締役会は経営戦略に関する議論が不十分であり，また意思決定機能に重点が置かれる一方で監督機能が十分に果たされていないとの指摘を受けてきた。しかし2019年度の調査から分かったこととして，「取締役会の機能」に関しては業務執行に関する意思決定機能を重視した「マネジメント型」寄りの回答が63%に達し，監督機能を重視した「モニタリング型」を上回った。依然として業務執行に関する意思決定機能を重視した取締役会である傾向が見られる。しかし株主と企業との関係が変化していく中においては，取締役会の監督機能をより高めていくべきであるとの要請は今後より一層強まっていくことになるだろう。

　最後に，後継者問題と報酬問題とをみていこう。2016年の調査でも次期社長・CEO選定プロセスの改革についてはあまり進んでいないことが明らかになったが，2019年度の調査をみても後継者計画のロードマップ立案未実施の企業は55%に達している。また取締役会や指名委員会で本件を議論していないあるいは社外取締役に情報を共有していない企業も45%あり，依然として後継者計画に関する取組や議論・共有を行っていない企業が多数あることが明らかになった。後継者計画は個々の企業の成立ちや事情が大きく影響することでもあり一律規制にはなじまないところがあることからも，東証CGコードでの対応状況集計結果（2019年7月時点）では，後継者計画の策定・運用に係る補充原則4-13のコンプライ率は71.4%に達している（東証1部上場企業）。しかし，公開株式会社の取締役会の機能と役割といった観点から後継者計画に

関する各企業の取組の実効性を上げるためにも，企業にはCGSガイドラインにより示されている具体的手続きに沿った施策を実行することが望まれる。

　これに加え，CGSガイドラインは，経営者報酬の体系に業績連動報酬や自社株報酬を導入する際には財務指標のみならず非財務指標を適切な目標として選択しているか検討すべきとしている。2019年の調査では，経営者報酬のインセンティブ報酬部分のKPIとして非財務指標を用いる予定なしとした企業が52％あった一方で，ESGやSDGs，顧客・従業員の満足度等の非財務的な指標を用いている企業は8％あった。今後注目していくべき点である。

　前述のとおり，アダム・スミスは「他人の貨幣」を管理している取締役の管理姿勢に疑問を呈した。株式会社はその責任が「有限」であるが故に，経営者の監視・監督という点で初期段階から様々な批判に晒されてきた。株式会社はわれわれが作り出した「しくみ」であり，現代の公開株式会社の統治では，専門経営者が強い影響力／権力を持つ。その専門経営者をどのように規律付けるのかという問題を完全に解決する方策は簡単には見つけられないことも事実だ。会社が社会に埋め込まれたしくみである以上，会社は社会に参加しているすべての人々にとっても何らかの利害を持つものである。もちろんのこと企業統治がうまくいっていれば全てにおいて万々歳というわけではないが，各企業には企業統治改革への不断の取り組みが望まれる。その具体的手段のひとつが東証CGコードの趣旨をよく理解し，CGSガイドラインを参考にしながら各企業にとって最適な企業統治のしくみを構築・運用していくことである。

　そして何よりも，社会全体として企業活動を監視・監督する意識を私達が今以上により強く持つことが，今後一層重要になるだろう。

【注】
1）詳細に見れば，「会社」と「企業」とは異なる。「企業」という言葉には個人企業も含み，したがって登記を済ませた法人格を持つ社団のみを指す言葉ではない。しかし，本章ではこの両概念を厳しく峻別して記述するよりも，本書の目的を重視し，特に断りを入れない限り，「会社」と「企業」という言葉を厳しく峻別せずに取り扱う。
2）久保利英明「構造的欠陥を露呈する日本のコーポレートガバナンス」久保利英明・鈴木忠雄・高梨智弘・酒井雷太『日本型コーポレートガバナンス』日刊工業新聞社，1998年，8-9頁。
3）この他に，監査役設置会社がある。
4）日本取締役協会「上場企業のコーポレート・ガバナンス調査」2020年8月1日ならびに日本取締役協会「指名委員会等設置会社リスト」2020年8月3日。
5）東京証券取引所『コーポレート・ガバナンスコード』2018年6月1日。

6）PwC あらた有限監査法人「日本企業のコーポレートガバナンスに関する実態調査報告書」2020 年 3 月。

【参考文献】

秋坂朝則（2006）『商法改正の変遷とその要点』一橋出版。

稲葉陽二（2017）『企業不祥事はなぜ起きるのか』中公新書。

今西宏次（2005）「書評 勝部伸夫著『コーポレート・ガバナンス論序説 会社支配論からコーポレート・ガバナンス論へ』文眞堂，2004 年」『産業経営研究』（熊本学園大学付属産業経営研究所）第 24 号。

岩井克人（2005）『会社はだれのものか』平凡社。

奥村宏（2003）『会社をどう変えるか』ちくま新書。

勝部伸夫（2004）『コーポレート・ガバナンス論序説』文眞堂。

久保利英明ほか（1998）『日本型コーポレートガバナンス』日刊工業新聞社。

武井一浩編著（2018）『コーポレートガバナンス・コードの実践　改訂版』日経 BP 社。

東京証券取引所（2015）『コーポレート・ガバナンスコード』東京証券取引所。

中央経済社編（2015）『「会社法」法令集〈第十一版〉』中央経済社。

畠田公明（2015）『株式会社のガバナンスと会社法』中央経済社。

松田健（2009）「日本のコーポレート・ガバナンスの特質と課題」海道ノブチカ・風間信隆編著『コーポレート・ガバナンスと経営学』ミネルヴァ書房。

宮島英昭（2017）『企業統治と成長戦略』東洋経済新報社。

A. スミス／水田洋監訳／杉田忠平訳（2001）『国富論』(3) 岩波文庫。

J. S. ミル／末永茂樹訳（1960）『経済学原理』(1) 岩波文庫。

【さらに進んだ学習のために】

加護野忠男（2014）『経営はだれのものか』日本経済新聞出版社。

　　　[note] 協同する株主という概念のもと，日本企業の特質を十分につかみながら，企業統治と経営の実践について，規範的議論の必要性についても言及している。

藤田勉（2015）『日本企業のためのコーポレート・ガバナンス講座』東洋経済新報社。

　　　[note] 外資系証券会社副社長として経験してきた知見から形式論的な企業統治，とりわけ欧米流の企業統治モデルの無批判な受容に対して警鐘を鳴らすもの。

藤原英賢（2017）『内部統制の有効性とコーポレート・ガバナンス』同文舘出版。

　　　[note] ガバナンスのもう一方の手段である内部統制について詳しく言及している。

宮島英昭（2011）『日本の企業統治』東洋経済新報社。

　　　[note] 90 年代後半以降の日本の企業統治改革の全体像を実証的かつ網羅的にカバーしている。

コラム　うまくいかない企業統治

　2017年のノーベル記念経済学スウェーデン国立銀行賞，いわゆるノーベル経済学賞は，米シカゴ大のR. セイラー（Richard H. Thaler）教授が受賞した。彼の専門領域は「行動経済学」であり，その主張は，「ヒトは合理的に行動しようとはするが，その「合理的な判断」には様々な点で限界がある。だから，お金を使う際にも "メンタルアカウンティング（心の会計）" が働いてしまうことがあり，その場合，最終的に悪い結果をもたらしてしまうような選択をしてしまうこともある。したがって伝統的な新古典派経済学にみられるような「完全合理性仮説」を前提とした無謬の経済モデルを考えるのではなく，感情に任せてしまったがために，あとから後悔することもあるということを想定した上で経済モデルを考えてみよう」というスタンスに立っている。

　この考え方は，1978年に同じくノーベル経済学賞を受賞したH. サイモンが唱えた「限定合理性仮説」を前提に設計されている。これは，ヒトは認知能力に限界があるので完全に合理的にはなれないということから導き出された，「経済活動上，われわれが下す合理的な判断には限界がある」という考え方である。

　こうしたアプローチは企業統治を考える上でも有効だろう。今までも「善き企業統治」を目指して様々な方策が考えられ，またそれらが実行されてはきたが，企業不祥事は一向に減らない。その大きな理由のひとつは，ヒトは機会主義的行動をとり得るし，そもそも必ず間違いを犯す存在だからである。かかる理解に立てば，いわゆる「完全合理性仮説」を前提として考えられるような，「完全・無謬の統治のしくみ」など構築しようがない。まして「性善説」を前提として会社組織／企業統治システムを設計・構築したとしても，それは決してうまく機能しないだろう。

　「会社」という「しくみ」は，誕生した時点では，特に色がついているものではないが，事業実践の中で徐々に創業者や経営者の価値観に染められていく。多くの場合，この過程において会社は何らかの形をもって社会への貢献を図る「しくみ」として価値づけられてはいくであろうが，時間の経過によって当初の「善き意識」は変質していくことが多い。「善き意識」ないしは「善き価値観」を長期に渡り継続して持ち続け，しかも経営実践の場でもブレずにこれを適用し続けられる会社は極めて少ないだろう。

　そうはいっても，私たちは「善き企業統治」のしくみを追求し続け，また不断の改革を止めるべきではない。会社というしくみは，私たちの世界を豊かなものにするために生まれてきたはずなのだから。

第5章

企業は不祥事を未然に防ぐために
何を求められているのか
──企業倫理──

本章のねらい

　私たちが生きるこの世の中には，様々な決まり事がある。バリューチェーンの各レイヤーには，法規制や業界ルールが網の目のように張りめぐらされている。職場に目を向けると，就業規則をはじめとして，「行動基準」「倫理綱領」と呼ばれるコードも定められている。こうしたビジネス上のルールはそれとして有効なのだが，職場不正の告発や経営陣による不正のニュースは後を絶たず，組織ぐるみの犯罪だとされる事案も少なくない。最近では，法の不備や隙を突く手の込んだものや，海外子会社で起きた不正会計が発覚している。では，不正に関与した人にはコンプライアンスの意識が欠如していたのだろうか。なかには，何事も「損か得か」から割り出し，利益優先の態度で不正に手を出す人がいるのかもしれない。しかし，たとえ不祥事を起こした企業であっても，そこに勤める大多数は，まじめにコツコツと仕事を続けていたというのが実際なのではないだろうか…。本章は，コンプライアンスの体制や組織人の意識にスポットライトを当て，企業がこれまでに培ってきた社会的な信用とその素地となる制度を確立・維持していくためには何が必要なのかについて検討する。

第1節 制度と不正

1. 仕組みづくり

一定規模以上の会社であれば，社内・グループ全体の**監査**の体制を整備するとともに，コンプライアンス（法令等遵守）・企業倫理推進の体制を整備・運用してきているはずである。日本経済団体連合会（以下，日経連）が，2008年2月19日を最後に公表した「企業倫理への取組みに関するアンケート調査結果」を見ても，わが国における企業倫理確立の体制はおよそ及第点に達している。

企業倫理の確立に向けて日経連において推奨されているのは，① 各社独自の行動指針の整備・充実，② 全社的取り組み体制の整備，③ 企業倫理ヘルプラインの整備，④ 経営トップの内部統制強化に向けた基本姿勢の表明と具体的取り組みに関する情報開示，⑤ 教育・研修の実施，⑥ 企業倫理の浸透・徹底状況のチェックと評価，⑦ コンプライアンス上の危機管理体制の整備——である[1]。

ただ，法定の制度や経済団体の提示したガイドラインに沿った体制を構築したからといって，社内や職場の不正を根絶やしにできるわけではない。現に，不正会計問題で揺れた東芝は，委員会設置会社（現在の指名委員会等設置会社）にいち早く移行し，コーポレート・ガバナンス（企業統治）の優等生だと目されていた。ところが，いざ蓋を開けてみると，経営トップを含めた意図的かつ組織的な不正の実態について，同社歴代のCFO（最高財務責任者）・財務部長・財務部担当者が黙認していただけでなく，経営監査部や監査委員会はおろか，会計監査人までもが機能不全に陥っていたという[2]。

2. ビジネスと不正

「不正」という言葉は，打消・否定を意味する「不」という漢字と，「正」と

監査 最近では，「監査役等」（＝監査役，監査委員，監査等委員）による監査と，内部監査部門による内部監査と，会計監査人による外部監査（会計監査）とで形成されたトライアングル状の「三様監査」も実施されている。なお，金融機関等の場合には，先に挙げた様態に「当局監査」を加えて「四様監査」といわれる。

いう漢字とで構成され，「正しくないこと」「正義に外れること」を意味する。字句通りに解釈すれば，正しい行いや，正義にかなう行為があってはじめて，不正が成り立つといえる。

　では，ビジネスの場面で正しいとされるのは，どのような行いなのか。社内や日々の業務上の意思決定について，「正しい／正しくない」「よい／よくない」などといった判断を下す際に，事業者や企業人は何を基準としてそう判断するのであろうか。

　第1に，法令の規定に適合していれば，合法だとされる。一部の業種については，業法に沿っていれば，問題とならない。しかし，法令・業法等の規定に違反すれば，明らかな違法だとして，法に定める制裁が違反者に対して科せられる。ここで，法的拘束力を持つ法規範（公的規制）は，違反者に対する制裁措置を伴って相手方に作用するとされる。

　第2に，**公正競争規約**をはじめとして，「共同規制」「自主規制」などといった**業界自主ルール**には，事業者として「守るべきこと」や「してはいけないこと」の詳細が具体的に定められている。事業者団体等が自主的に設定する業界のルールに抵触すれば，たとえ違法でなくとも，不当だとして自主規制規則等に基づく処分の対象となる。

　第3に，コーポレート（本社管理部門）の定める「倫理綱領」「行動基準」を具体的な行動に移していれば，妥当だとされる。この種の社内ルールは，法令等の規定や社内規程の遵守を宣誓するタイプで，役職員・管理職・現場で働く一般社員各人の主体的な遵守を期待して定められている。そのため，多くの企業は罰則規定を設けていない。

　これまで見てきたとおり，一定の基準に照らして正しいとされるビジネス上の行為があってはじめて，不正が成り立つといえる。ただ，一口に不正と言っ

公正競争規約　消費者庁所管の「景品表示法」（不当景品類及び不当表示防止法）を根拠として，個々の商品・サービスごとに設定される業界の自主ルール。業界ごとに設置された「公正取引協議会」によって運用されている。2016 年 12 月 1 日の時点で，同規約の総数は 104 規約（表示関係［67］，景品関係［37］）となっている。

業界自主ルール　公的規制の介入が適切でない領域には，自主審査機関等が設置されている。たとえば，映画倫理機構（映倫）や，コンピュータエンターテインメントレーティング機構（CERO）は，「表現の自由」を確保しながら，健全な娯楽としての映画やゲームソフトが社会の倫理水準を低下させないように，年齢別レーティング制度を導入している。

ても，明らかな法令等違反から，社内や職場のルール違反に至るまで，その種
類は多岐にわたる。加えて，最近の傾向として，違法すれすれの脱法行為や，
法の不備や隙を突く不適切な行為までもが「不正」だとされ，いわゆる「不
祥事」（＝犯罪行為，法令違反，社会的非難を招くような不正・不適切な行為
等［日本弁護士連合会「企業等不祥事における第三者委員会ガイドライン」参
照］）だとされる案件が増えてきている。

3．転ばぬ先の杖？

「ダメなものはダメ」「正しいことは正しい」として，無条件に「法令等を
遵守せよ」「コンプライアンスを確立せよ」と命じる立場がある。その対極に
は，あくまで功利的で，利害得失の打算にウェイトを置く立場がある。前者が
規範的なアプローチだとすれば，後者は損失の回避（または低減）を意図した
リスクマネジメントのアプローチだといえる。

理論的な検討はさておくとして，企業活動を規律付ける規制や法改正による
罰則強化は，不正が割に合わない社会を目指している。なかでも，行政上の措
置としてわが国で採用されている**課徴金制度**は，法に背く行為で不当に得た経
済的利益を違法者から取り上げることによって，規制の実効性確保と法令等違
反抑止を図ろうとしている。

その例として，東芝不正会計問題（2015年5月）の際に，金融庁は，同社
が行った「工事損失引当金の過少計上」「売上の過大計上」「売上原価の過少計
上」「費用の過少計上」などが金融商品取引法違反（有価証券報告書などの虚
偽記載）に当たるとして，同社に対し73億7,350万円の課徴金納付を命じて
いる。また，三菱自動車工業の燃費データ不正問題（2016年4月）に際して，
消費者庁は，同社カタログに記載された燃費データの改ざんが景品表示法違反
（優良誤認表示）に当たるとして，同社に対し4億8,507万円の課徴金納付を
命じている。そのどちらについても，違法行為で不当に得た利益の額に所定の

課徴金制度 現行法における課徴金制度の対象は，①独占禁止法違反（例：不当な取引制限，優越
的地位の濫用など），②金融商品取引法違反（例：不公正取引，有価証券報告書等の虚偽記載な
ど），③公認会計士法違反（例：監査法人の社員［又は公認会計士］による虚偽の監査証明など），
④景品表示法違反（例：不当表示など）などである。

率を乗じて課徴金額が算出されている。

　国外での不正や海外子会社で行われた不正が日本企業の業績に負のインパクトを与えるケースも増えてきている。例えば，エアバック・システムの欠陥が原因で多数の死傷者を出した**タカタ**については，史上最大規模のリコールや罰金・損害賠償に充てる費用等で 1 兆円を超える負債を抱えて 2017 年 6 月 26 日に破たんした。また，LIXIL グループ傘下のグローエ（GROHE Group S.à r.l.）の上場子会社ジョウユウ（Joyou AG）で行われていた不適切な会計処理とその後の破綻に端を発して，同グループ本社が 2014 年 3 月期から 3 年間にかけて計上した損失の合計は 600 億円を上回る。東芝については，不正会計問題からの再建途上で明るみに出たウェスチングハウスの経営問題等で 5,816 億円（2017 年 3 月期末）の債務超過の状態となり，東証 1 部から 2 部に指定替えとなっていた（その後 21 年 1 月復帰）。さらに，富士ゼロックスの海外販売子会社で行われていた不正会計により，同社の親会社である富士フィルムホールディングスが発表した損失の合計は 2016 年 3 月期までの 6 年間で 375 億円だとされる。

　例外はあれど，上場会社ともなれば，コンプライアンス違反が原因で倒産することはほとんどない。しかし，事と次第によっては，当事企業の役職員・管理職・一般社員だけでなく，その家族等にまで有形無形の影響が及ぶ。また，一言で企業不正といっても，企業価値の毀損を招く「重大不正」から，可罰的違法性（刑事上の処罰を科するに足りる程度の違法性）がほとんど認められない「軽微な不正」に至るまで，様々なレベルがある。ミクロの視点で見れば，職場不正（図表 5-1 参照）も多岐にわたり，発生頻度も異なる。そのどれもが不正といえば確かにそうなのだが，実際問題として，**「カビ型」**または**「ムシ型」**なのか，不正の方法や様態は悪質なのか，不正それ自体の社会経済的な影

タカタ　同社幹部が送受信したメール本文に「検査データの改ざん」を示す隠語 "XX"（ダブルエックス）や「危ない橋を渡る」（cross the bridge together）などと記載されていた事実が米国司法省の捜査資料で白日の下に晒され，不正の悪質さが指摘された。

「カビ型」「ムシ型」　『「法令遵守」が日本を滅ぼす』（新潮社）などの著作で知られる郷原信郎氏の用法。組織内に不正が蔓延している状態が「カビ型」で，個人の意思で行われる不正が「ムシ型」だとされる。氏が運営するブログ（参照 URL：https://nobuogohara.com）には，これまでに起きた不祥事や法令等違反についてのコメントが記されており，一読の価値がある。

図表 5-1　アメリカ企業における職場不正の実態と発生頻度

会社備品の私的利用	64%	職務上の利益相反行為		49%
職場での威圧的な態度	60%	出退勤時間の虚偽申告		49%
顧客・取引先と交わした契約書の記載内容に反する行為	59%	経費の不正申告（例，経費流用，架空請求）		48%
不良品（初期・動作不良，製品故障など）の誤出荷	57%	差別的待遇		47%
従業員の健康管理や職場の安全衛生に関わる規定に反する行為	56%	職場でのプライバシー侵害		47%
顧客・消費者の個人情報の漏えいや横流し	54%	公務員に対する贈賄		45%
会社と結んだ機密保持契約に反する行為	54%	財務報告の虚偽記載		45%
競合他社の内部情報の悪用	53%	上司や部下の虚言		44%
政府高官に対する贈賄（例，現金，贈答品，優待チケットなど）	53%	既存顧客・得意先との交渉を有利に進めるための便宜の提供（例：現金，贈答品，優待チケットなど）		43%
内部告発者への報復	53%	各種伝票・帳票・会計帳簿類の虚偽記載		40%
職場での薬物乱用や飲酒	52%	公正でない採用選考（例，縁故・コネ採用）		39%
セクシャルハラスメント	51%	社外のステイクホルダー（顧客・サプライヤー・世間一般）への虚偽報告		38%
給与規定・時間外（残業）手当・福利厚生に関する規定に反する行為	50%	インターネット利用規定に著しく反する行為		37%
自然環境破壊	49%	不適切だとされる「キックバック」の受領		36%

注：パーセントで示した数値はアンケート調査に応じた人（N=6420）に占める割合。
出所：Ethics Resource Center (2013), *National Business Ethics Survey of the U.S. Workforce*, pp. 43-44 参照。

響は重大なのか等によって，事の軽重が分かれる。ただ，「ハインリッヒの法則」（1：29：300の法則）で示唆されるように，職場の誰もが気にも留めないような些細な不正であっても，それが幾重にも重なると，いつの間にか取り返しのつかない事態にまで発展することもあるという。そうした事情もあって，企業にとってコンプライアンスは，リスクマネジメントの観点から経営の重要課題として認識されつつある。

第2節　不正の誘惑

1．組織人の良心とグレーゾーン問題

　会社のためにはなるが，自分の良心に反する手段で仕事を進めるように上司から指示されたら，あなたならどうするのだろうか。上司の指示通りに行動するのか，それとも…。入社半年後の新入社員を対象に日本生産性本部が実施

図表 5-2　上司から会社のためにはなるが，自分の良心に反する手段で仕事を進めるように指示されました。このときあなたは？

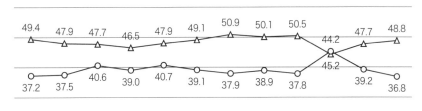

2007年 2008年 2009年 2010年 2011年 2012年 2013年 2014年 2015年 2016年 2017年 2018年

──△── わからない　──○── 指示の通り行動する　──□── 指示に従わない

出所：「2018 年度 新入社員 春の意識調査」日本生産性本部，2018 年 5 月 24 日（参照 URL：https://www.jpc-net.jp/research/assets/pdf/R37attached.pdf）を基に筆者作成。

図表 5-3　職場で法令に抵触する可能性あることが行われていることを知ったあなたは，是正のため，上司に相談しましたが，具体的な指示や行動をとってくれそうにありません。このときあなたは？

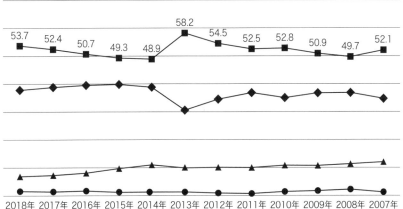

2018年 2017年 2016年 2015年 2014年 2013年 2012年 2011年 2010年 2009年 2008年 2007年

──■── もうひとつ上位の上司に相談する　──◆── 総務部など管理部門に相談する
──▲── わからない　　　　　　　　　　　──●── 役所など公的機関やマスコミ等に相談する

出所：「2018 年度 新入社員 春の意識調査」（日本生産性本部，2018 年 5 月 24 日）を基に筆者作成。

したアンケート調査によると，先に挙げた問いに対する回答は図表5-2と図表5-3の通りであったという。

　良心とは，「よいこと」「正しいこと」に基づいて行動しようとする心の働きを意味する。よこしまな気持ちがふと芽生えたとき，「それはさすがにダメだろう」と手綱を引くのが良心である。違法すれすれの仕事が自分に回ってきて，「仕事は仕事」「仕事は生活のため」なのだと割り切りながらも，どうにもならないやるせなさを感じさせる仕事もある。そんな鬱積した心境に人を追い込むのも良心の作用である。

　「良心」（conscience）の原義は「（～と）共に知る」（syneidēsis）とする。だれと共に知るのかといえば，①世間，②神，③自分なのだという（石川2001）。①は，他者の常識や価値観に照らして事の善し悪しを測るので「他律的良心」だとされる。以下同様に，②は神の法と照合するので「神律的良心」，③は自身に内在する規範意識と突き合わせて「善し悪しの判断が正しいかそうでないか」を判じるので「**自律的良心**」となる。

　藁にもすがる思いでやっと手にした仕事の相手方が提示してきた選択肢は，よりによってそのすべてが倫理的でない。八方塞がりの情況に戸惑うあなたの心の中を見透かしたかのような表情で相手は自分に決断を迫ってくる。先方の申し出を断るか，それともぐっと堪えて相手の要求をそのまま飲む以外に選択肢はないのか…。「彼方立てれば此方が立たぬ，双方立てれば身が立たぬ」――進退両難の情況に置かれて自分の良心との狭間で揺れ動く組織人の心の葛藤を指して「**倫理的ジレンマ**」という。

　脱法・違法すれすれの行為や善悪の判断が曖昧な行為に起因する問題は，「グレーゾーン問題」という。この種のシロクロはっきりつかない問題に直面して足踏み状態の人が社内ルールに目を通しても，通り一遍の回答しか見当た

自律的良心　事の善し悪しを自分一人ではっきりさせる際に，多くの人は「果たして本当にそれでいいのか」と自問自答するのではないだろうか。そんなとき，疑問を起し解決を図るのは，自分以外の「他者」の役回りを務める「もう一人の自分」である。この「自分」の規範意識と対照しながら事の善し悪しを自身で測るとされる。

倫理的ジレンマ　組織人の陥る倫理的ジレンマは，①「選択肢（a）は倫理的でなく，それに代わる選択肢（b）も倫理的でない」「選択肢（a）（b）の他に選択の余地はない」「どっちに転んでも倫理的でない」，②「私は（a）をなすべきだが，同程度に（b）をなすべきでもあり，その双方を同時になすことはできない。では，どちらを採るべきなのか」という風に定式化される。

らないのではないだろうか。その実，厄介な状況に陥ったその時々にマニュアルを参照したり，コンプラ部門や社外の弁護士に問い合わせる時間的な余裕もない。様々な制約のもとで目の前の仕事を回さざるを得ない以上，多くの企業人は，自分の良心との間に葛藤を生む「倫理的ジレンマ」や「グレーゾーン問題」に直面してもがくことがあるという。

2．どんな人が？なぜ？

　ノブレス・オブリージュ——この言葉には，一国の大統領や首相から，巨大企業のCEO（最高経営責任者）に至るまで，およそ指導者としての地位にある人は誇り高く高潔な人格を備えているべきだ，といった願いが込められている。

　こうした誰もが抱くであろう期待を打ち砕いてみせたのは，心理学者ピフ（P. K. Piff）を中心に編成された研究チームである。彼らが，米国科学アカデミー（NAS）の機関誌に発表した論文によれば，世の中の期待とは裏腹に，社会や組織のリーダー格の方が不正に走る傾向が強いのだという[3]。具体的には，「交渉のテーブルで平然と嘘をつく」「勝負に勝つためなら非情な手段を厭わない」などである。

　ただそうは言ってもやはり貧困層の方が不正に走る確率は高く，エリート層のなかにも他に模範的な行動を示して周囲の尊敬を集める人もいる。こういった但し書きを付けながらも，先の研究チームは，次のように結論している。「出世階段を上って頂点を極めるほどに貪欲な人は，もともと私利私欲の念に突き動かされているため，自分以外の人への思い遣りの気持ちが欠如しがちで，自身の不正にも歯止めが掛かりにくい。」つまり，スタートラインは同じでも，自分の損得に利口な人が出世頭になるのだという。加えて，知識も豊富で各方面にも顔が利くとなれば，弁舌は巧みで，窮地に陥っても温情の救い船が出される。さらに言えば，将来を嘱望されたエースの取り巻き連中や信奉者が当人を煽て上げてその強欲傾向をそれとなく助長するといった見方もできる。

　ノブレス・オブリージュ　フランス語 "noblesse oblige" のカタカナ表記で，「位高ければ徳高きを要す」「選ばれし者の責務」とも訳され，「社会や組織で指導的な地位にある人はそれ相応の徳義を負う」という意味で使われる。

　では，なぜ人は不正に手を出すのか。古代ギリシアの哲学者アリストテレス（Aristotle）によれば，人が不正や悪事を働くのは，「人間の無抑制（アクラシア）」「意志薄弱」「自制心の欠如」なのだという。それから幾世紀もの時を経て，幼児期における克己心の強さとその後の社会的な成果との関係を「マシュマロ実験」で実証してみせたのが心理学者ミッシェル（W. Mischel）である。また，犯罪学者クレッシー（D. R. Cressey）が唱えた「不正のトライアングル」（＝不正のリスク要因）によると，① プレッシャー・誘因，② 機会，③ 正当化——という条件がすべて揃うと，ごく普通の人でも不正の誘惑に駆られるという。ここに挙げた①から③の条件に「専門知識」を追加したのが「不正のダイヤモンド」である。ただ，少し考えればわかるように，条件が揃えば，誰もが不正に手を出すというものでもない。

　これまでに発表された研究の多くは，不当な手段で相手を欺く意思がある人を前提している。その一方で，組織における人間の行動に焦点を絞った実証研究や，「行動に関する（Behavioral-）」を冠した学際研究（例：行動経済学，行動意思決定論，**行動ビジネス倫理**など）に光が当たり，いわゆる制度論の影に隠れて見過ごされていた組織人の現実が浮かび上がってきた。具体的には，「わが社に限って問題は起きない」「よもや自分の身に起こるはずもない」など，組織人の多くは，自他を区別して，自分が属する組織や自分自身に過度な期待を寄せる傾向があるという（Messick and Bazerman 1996）。また，「本来なら決して自分の手を貸さないような仕事でも，上司の指示・命令ならそれに平然と従ってしまう」「ある種の先入観やステレオタイプにとらわれた思考が相手の不正を見えにくくする」など，善意の組織人であっても自分でそれと気づくことなく不正に手を染める心理的要因が抽出された（Messick and Tenbrunsel 1996）。

行動ビジネス倫理　英語表記 "Behavioral Business Ethics" の訳。意図せぬ不正に走る人の心理的・環境的要因に行動諸科学の観点からスポットライトを当て，「なぜ人は自分で気づくことなく不正に手を染めるのか」を深く掘り下げて解明しようとする学問。伝統的な「ビジネス倫理学」（Business Ethics）のフィールドに新たな地平を拓いたとされる。

第3節　不正の芽を摘む

1．コーポレートの横串機能：内部監査機能の強化

　監査には，被監査部門から独立した立場で組織内において実施される「内部監査」と，公認会計士等の社外の専門家が独立した第三者として実施する「外部監査」がある。

　会社法上の機関としては，主として取締役の職務の執行を監督し検査する監査役等で構成された「監査役会等」（＝監査役会，監査等委員会・監査委員会）を設置できる。また，内部監査部門（例：監査部，内部監査室等）が，業務ラインから独立した部門として設置されている。同部門には，内部監査を通じて，被監査部門（部署）における内部管理態勢全般の適切性・有効性を検証することが期待される。

　会社における業務執行や日々のオペレーションを監査する機関や部門については，十分な予算と人員を確保しつつ，業務執行ラインの管理部門や業務ラインから独立して客観的・中立的な監視機能を持つべきだとされる。いわゆる「監査役等監査」「内部監査」「会計監査」がそれぞれの機能を実効的に発揮できれば，社内や職場に潜む不正の芽を摘み，延いては不祥事を未然に防ぐための手立てを講じることもできる。

　日本監査役協会が実施したアンケート調査によると，回答企業全体（N=621）の82.9％が内部監査部門を設置している[4]。以下同様に，専任担当者の人数は1社当たり平均4.01名で，事務系部署での業務経験者が全体の7割を占める。**内部監査の専門性を証明する資格**保持者の人数についてみると，東証一部上場企業（N=290）の12.6％に平均4.21名の内部監査士が配属され，同23.4％に平均2.07名の公認内部監査人（CIA）が配属されている。公認不正検査士（CFE）については，回答企業全体の3.1％である。

　社内や職場で行われる不正の多くは，監査を通じて是正されるはずである。

内部監査の専門性を証明する資格　内部監査専任担当者のスキルや専門性を測る資格には，「公認内部監査人（Certified Internal Auditor：CIA）」「公認不正検査士（Certified Fraud Examiner：CFE）」「公認情報システム監査人（Certified Information Systems Auditor：CISA」などといった国際資格や，「内部監査士」「情報システム監査専門内部監査士」「金融内部監査士」などの国内資格がある。

言い換えるなら，監査の目的は，法令等や社内規程に反する行為の兆候を早期に掴んで，監査を受ける側の「症状」が重症化する前に手を打つことなのだともいえる。こうした業務監査に寄せられる期待は，度重なる法改正も相まって，これまで以上に高くなっている。しかし，部門の権限・陣容・体制等が世間の期待値とは異なる水準で，総体として監査を取り巻く環境の変化に監査実施態勢の構築が追いついていない。ましてや，本社・支社だけでなく，全国各地の支店や営業所等における日々のオペレーションが適法かつ適切に遂行されているかどうかを監督し検査するのは現実的に困難である。そのためもあって，本章の第1節で説明したように，一定規模以上の会社については，コンプライアンス・企業倫理推進の体制を構築している。具体的には，役職員・管理職・現場で働く一般社員に対して「綱領」「マニュアル」「ハンドブック」「ケースブック」等を配布するとともに，役員・社員としての行動規範や相談窓口の詳細を記載した名刺サイズのカードの携行を義務付けるなどして，コンプライアンス意識の浸透を図っている。また，セミナー・ワークショップ・ケースメソッド形式の研修を通じて，社員各人の善悪良否の物差しが適宜に更新・アップデートされ，その一部に問題があれば修正パッチが当てられる。そのどれもが，職場の日常に埋没しがちな組織人のコンプライアンス意識や倫理観を喚起し，法改正へのタイムリーなキャッチアップや社員各自の倫理のアンテナの受信品質の向上に一定の効果を持つと期待される。

2．意図せぬ不正

　良心を持つ善意の企業人であっても，目先の利益に捉われがちな職場の日常や職場内の集団力学にその身を置くうちに，「どのような行動が正しく，正しくないのか」を推論する心のアンテナの感度が鈍ることもある。

　時間の経過とともに人の倫理観は薄れてやがては消えていく。このような心理現象を指して「倫理観のフェーディング」（ethical fading）という（ベイザーマン＝テンブランセル 2013）。高邁な倫理観を持つ人でさえ，自己欺瞞の状態に陥ると，自分が不正を働いているという感覚は鈍くなり，挙句の果てにはなんとも思わなくなるという。

　良識ある組織人を意図せぬ不正へと駆り立てる要因は何だろうか。

　要因の第1は，「認識バイアス」が働くからである。「自分の言動になんら恥じるところはない」と言い切る人も含めて，自分の胸に手を当てて少し考えてみよう。そうしようと思ったわけではないのに，傍から見て不正・不誠実な行動をとってしまった経験はないだろうか。また，世間で「不正」「不適切」だとされる行為が社内や職場で常態化し，同僚の誰もその事実に気付くことなく見過ごされていることもある。社外の人間から指摘されて初めて，自分たちの仕事の回し方が実は明らかな法令違反だと気づかされるケースも少なくない。こうした問題を社内で告発する制度（内部通報制度）や，行政機関などに通報する制度（**公益通報者保護法**）は整備されている。しかし告発者が社内で村八分にされないという保証はどこにもない。

　要因の第2は，「インセンティブシステム」である。社員のやる気を引き出すための仕組みが裏目に出ることもある。「高い評価を得たいため」「目の前の数字やノルマにとらわれて」など，社内の人事評価・報酬制度が重くプレッシャーとなってのしかかり，知らず知らずのうちに強引な販売勧奨や虚偽報告に走って転落する人もいる。このことからわかるように，意図せぬ不正に駆り立てる要因は，当人を取り巻く環境にも潜んでいる。職場の壁に張り出された営業成績のグラフの長短が目に入ると，コンプラ研修で知り得た知識が霞んで見えなくなることもある。雇用形態や報酬体系を巧みに利用したノルマが設定されると，自爆営業に追い込まれる人も出てくる。目標設定の仕方によっては，不正だとされる選択肢をとった方が当人のためになるからである。

　日本国内の上場会社等における企業不正・不適切事案の実態については，これまでにも様々な報告書が公表されてきている[5]。また，日本取引所が2016年2月24日付けで公表した「上場会社における不祥事対応のプリンシプル」を受けて，法令等違反の事実の多くは適時開示されている。しかし，5,000万円未満の不正は重要性がないとして，公表されないという。これまでのところ，日本企業の多くは，コンプライアンス・企業倫理の体制を強化して，役職

公益通報者保護法　平成16年6月18日法律第122号。社会公共の利益の増進に資する通報を行った労働者に対する不当な解雇等の不利益な取り扱いを禁止する法律。事業者のコンプライアンス（法令遵守）経営を強化するために制定され，2006年（平成18年）4月に施行された。通報の対象となる法律は，2017年（平成29年）8月16日時点で461本に達する。

員・管理職・現場で働く一般社員全員の倫理・法令遵守意識の醸成・浸透を図ってきている。わが国の法制度を見ても，いわゆる大会社については，コンプライアンスを確保するための内部統制システムの整備が義務付けられている。また，金融商品取引法を根拠として，内部統制報告書の提出も義務付けられている。企業を取り巻く環境が変化してきているなかで，重大不正を起こした企業や軽微な不正が繰り返される営業所等については，前車の轍を踏むことがないよう，内部統制機能の強化を図るとともに，コンプライアンス・企業倫理推進の耐性強化に様々な工夫を凝らしている。それはそれで，不当な手段で善意の相手を欺く不埒な輩に対して一定程度の抑止効果を持つはずである。問題は，当の本人や同僚の誰もがそれと気づかぬままに不正に手を出してしまうようなケースなのではないだろうか。なぜなら，当人が自分のしでかした事の重大性と悪質性を全く自覚していないからである。コンプライアンス・企業倫理の基盤となる制度の実効性を高めるためには，意図せぬ不正に走る人の心理的要因と組織的要因を検出・分析し，既存の人事評価・報酬制度と倫理諸制度とのリンクの貼り方に修正パッチを当てるか，さもなくばコンプライアンス・企業倫理の基盤となる制度を再設計する必要がある。

【注】

1）日本経済団体連合会企業行動委員会「企業倫理への取組みに関するアンケート調査結果」2008年2月19日（参照URL：http://www.keidanren.or.jp/japanese/policy/2008/006.pdf, 2017年9月15日）

2）株式会社東芝 第三者委員会「調査報告書」2015年7月20日（参照URL：http://www11.toshiba.co.jp/about/ir/jp/news/20150721_1.pdf, 2017年9月15日）

3）Piff, P. K., Stancatoa, D. M., Côtéb, S., Mendoza-Dentona, R. and Keltnera, D. (2012), "Higher Social Class Predicts Increased Unethical Behavior," PNAS. Vol. 109, No. 11, pp. 4086-4091.

4）日本監査役協会監査法規委員会「監査役等と内部監査部門との連携について」2017年1月（参照URL：http://www.kansa.or.jp/support/el001_170113.pdf, 2017年9月15日）

5）日本公認会計士協会経営研究調査会フォレンジック業務専門委員会「（経営研究調査会研究資料）上場会社等における会計不正の動向」2020年7月15日（参照URL：https://jicpa.or.jp/specialized_field/files/2-3-5-2-20200715.pdf, 2020年11月30日）；東京商工リサーチ「2019年全上場企業「不適切な会計・経理の開示企業」調査」（参照URL：https://www.tsr-net.co.jp/news/analysis/20200124_01.html, 2020年11月30日）；デロイト トーマツ「Japan Fraud Survey 2018-2020―企業の不正リスク調査白書―」（参照URL：https://www2.deloitte.com/content/dam/Deloitte/jp/Documents/risk/frs/jp-frs-jp-fraud-survey-2018-2020.pdf, 2020年11月30日）

【参考文献】

M. H. ベイザーマン＝A. E. テンブランセル／池村千秋訳（2013）『倫理の死角―なぜ人と企業は判断を誤るのか―』NTT出版。

Messick, D. M. and Bazerman, M. H. (1996), "Ethical Leadership and the Psychology of Decision Making," *Sloan Management Review*, Vol. 37, No. 2, pp. 213-238.

Messick, D. M. and Tenbrunsel, A. E. eds. (1996), *Code of Conduct: Behavioral Research into Business Ethics*, Russell Sage.

アリストテレス／朴一功訳（2002）『ニコマコス倫理学』京都大学学術出版会。

石川文康（2001）『良心論―その哲学的試み―』名古屋大学出版会。

【さらに進んだ学習のために】

井上泉（2015）『企業不祥事の研究』文眞堂。

　　[note] 人間の弱さ（人間性弱説）を前提として，不祥事が起こる原因やメカニズムについて膨大な資料を基に分析した好著。

岡本浩一ほか（2006）『組織健全化のための社会心理学』新曜社。

　　[note] 社会心理学・リスク心理学の観点から，不祥事が発生するメカニズムと対策について学ぶことができる。

日本公認会計士協会（2010）「（経営研究調査会研究報告第40号）上場会社の不正調査に関する公表事例の分析」（参照 URL：http://www.hp.jicpa.or.jp/specialized_field/pdf/2-3-40-3-20100419.pdf）

　　[note] ウェブ公開の報告書で，不正調査事例について詳細な分析が行われている。

服部高宏（研究代表）（2013）『（高等研報告書1201）法と倫理のコラボレーション　活気ある社会への規範形成』国際高等研究所。

　　[note] 法と倫理・道徳の関係やソフトローを学べる。

樋口晴彦（2015）『なぜ，企業は不祥事を繰り返すのか　有名事件13の原因メカニズムに迫る』日刊工業新聞社。

　　[note] 警察学校関係者ならではの筆致で，不祥事の「病因」に迫る好著。

コラム　カタカナ表記「コンプライアンス」

　実務の世界で時折耳にする「コンプラ違反」という言葉は「コンプライアンス違反」の略で、「法令等（＝法規範）の規定や立法趣旨をはじめとして、社会の常識や良識などといった社会規範に背く行為」という意味合いで用いられることが多い。では、「コンプライアンス」という言葉は何を意味するのであろうか。

　かねてよりわが国では、外来語を日本語として表記するためにカタカナでの表現を使用してきている。企業人のあいだで何気なく使われるカタカナ英語のなかには、原語本来の意味やニュアンスとは少し異なる和製英語として定着したものもある。現在の日本で「法令遵守」「法令等遵守」「倫理・法令遵守」という意味で用いられる「コンプライアンス」も例外ではない。（なお、メディア報道等においては、「遵守」「遵法」という漢字でなく、「順守」「順法」が広く用いられている。どちらも常用漢字表（2010（平成22）年11月30日内閣告示）の「本表」に掲載された正しい漢字である。しかし、メディアが「遵」でなく「順」を採用するのは、国語審議会漢字部会が1954（昭和29）年3月にまとめた「当用漢字補正資料」のなかで、当用漢字表（現在の常用漢字表）から「遵」を削って「順」を残すように掲示されたからである。）

　英語表記 "compliance" は、「（要求・規則に）応じる、従う」「（基準を）満たす」を意味する "comply" の名詞形で、「要求・規則・基準にかなっていること」という意味を持つ。例えば、コンピューター等の周辺機器に搭載されたUSB製品の仕様がUSB IF（USB Implementers Forum）の定める規格に適合しているかどうかを審査・証明する際の手続きは「USBコンプライアンス・プログラム」と呼ばれる。ここで、「コンプライアンス」は、製品仕様が「（規格基準に）かなっている状態」を意味する。また、「「責任ある機関投資家」の諸原則」（日本版スチュワードシップ・コード）と「コーポレートガバナンス・コード」の一節には、「コンプライ・オア・エクスプレイン（原則を実施するか、実施しない場合には、その理由を説明するか）」（傍点は筆者挿入）という文言が使われている。ここに出てくるカタカナ表記「コンプライ」は、厳密には「原則に応じる、従う」という意味で用いられている。これまでの説明でおよそ見当がつくように、"compliance" または "comply" の一語で必ずしも「法規制等に従い、よく守ること」を意味するものではない。

第6章

企業はいかに成長し，
競争に勝ち抜くことができるのか
——企業戦略と競争戦略——

本章のねらい

　市場経済体制下にあって，企業は業界内で熾烈な競争を繰り広げている。その競争は企業が営む事業の効率性と的確性（市場への的確な対応）をめぐるものであり，価値創造に結実する。この価値創造のためには環境変化，とりわけ市場ニーズの変化への対応がカギとなる。今日の激しい技術革新，高い環境不確実性の下では，企業経営の戦略の良し悪しが価値創造の重要な成功要因と言ってよい。企業がリスクの高い，不確実な将来に向けて示す基本的方向性は経営戦略と呼ばれる。同時に今日の企業はその事業活動において企業目的実現に不可欠なステイクホルダー（利害関係者）の諸利害への配慮も求められており，経営戦略の中にどのように社会性を組み込むかは，社会からの信頼と持続可能な成長にとって極めて重要となっている。経済性・営利性だけではなく，こうした社会性を同時に組み込んだ経営戦略の策定と実施が求められている。企業の経営戦略は基本的に全社戦略と競争戦略から構成される。

　本章は，経営戦略と事業ドメイン，成長戦略と多角化戦略，持続的成長と資源配分の論理，競争戦略と競争優位性について説明する。

第 1 節 経営戦略とは何か─戦略の必要性─

1. オープン・システムとしての企業と経営環境：リスクと不確実性

　企業は社会に必要とされる商品やサービスを生産・販売しながら，価値創造を行う経済的組織体である。序章や第 1 章でもすでに述べているように，企業は市場経済体制の下では自律的存在であり，「誰に，何を，いつ，どこで，どのように」事業活動を展開するのかを自主的に判断して，リスクをとって事業活動に必要な資源を環境から取り込みながら，自社の組織能力によって資源を活用してタイムリーに市場に提供し，顧客から対価を得て，利益を実現することで企業は存続し，成長することができる。市場での競争は激しく，また市場のニーズも絶えず変化し，その変化を予測することは難しい。こうした競合企業との競争は，顧客ニーズへの的確な対応と効率性・資源生産性をめぐって展開される。

　今日，GAFA と呼ばれる（英語の頭文字）グーグル（G），アップル（A），フェイスブック（F），アマゾン（A）といった米国の四大 IT 企業が株式時価総額で，巨大資源会社やモノづくり企業を上回り，大きな注目を集めている一方，長い間，米国流通業のトップの座を占めてきたシアーズ，玩具販売のトイザらスもアマゾンに代表されるインターネット通販の急速な台頭により経営破綻することになった。さらには，フィルム業界で世界をリードしてきたコダックもデジタルカメラの登場で，日本の民事再生法に相当する連邦破産法第 11 条を申請する事態に追い込まれてしまった。日本でもバブル崩壊後，ソフトバンク，楽天，さらにファーストリテイリングが巨大企業に成長する一方，一時は流通業最大の売上高を誇ったダイエーやアパレル名門企業であったレナウンほか多数の企業が消滅したり，衰退していったりしている。

　こうした成長企業がイノベーションを起点とする環境変化に適応した経営戦略の実現と弛まぬ能力構築で成功をもたらす一方，衰退・消滅企業の多くが市場の変化・環境変化への適応力を欠いていたり，戦略不在・戦略ミスに陥っていたりするケースが圧倒的に多い。したがって，企業が熾烈な競争の中で生き残り，持続的な成長を遂げるためには，環境変化への適応とイノベーションの創発を促す経営戦略の構想と実現がカギとなる。環境変化への対応・適応に関

する将来的方向づけを決めるのが経営戦略（strategy）であり，経営者の最も
重要な意思決定課題となる。こうした戦略の決定は将来の市場や技術の動向，
顧客ニーズの移り変わりに関わるものであるがゆえに，不確実性は高く，大き
なリスクを伴う。企業が成長するかどうか，競合に対する優位性を確立できる
かどうかを左右するのも，こうした戦略の適否である。

　今日では，同じ業界内で活動する企業行動の差異は戦略の視点から説明され
ることも多い。戦略の相違は，企業文化（「組織のくせ」）や経営者の価値観の
影響を受ける環境認知の相違や経営資源の質的・量的相違によることが多い。
例えば，自動車業界で，ダイハツ，スズキが軽自動車市場で事業展開を行い，
Subaru が SUV に注力し，ベンツや BMW といったドイツメーカーが高級車
ブランドに重点を置いてきたのも，各社の戦略の反映であり，各社の持つ強み
とする経営資源を反映している。海外自動車販売台数でトヨタやホンダが米国
市場，ドイツのフォルクスワーゲンが西欧市場や中国市場，スズキがインドで
大きなシェアを占めているのも，その企業が持つ経営資源と歴史的な経路依存
による。また近年の「ビール離れ」の下でサッポロとサントリーは逸早くプレ
ミアムビールに力点を置き，キリンがクラフトビールに力を入れているのも各
社の戦略が反映されている。また消費者の健康志向の高まりとともに「カロ
リーオフ」，「糖質オフ」や「プリン体オフ」といった新商品を投入しているの
も，各社の戦略の反映による。

　こうして，戦略の策定に当たっては，企業を取り巻く環境，特に将来に向け
ての政治（Politics），経済（Economy），社会（Society），技術（Technology）
の動向（英語の頭文字をとって PEST 分析と呼ばれる）を踏まえていなけれ
ばならないし，同時に自社の強み（S）と弱み（W），機会（O）と脅威（T）
を考慮したものでなければならない（図表6-1）。ここでの「強み」とは，企
業が市場の中で生き残る上で不可欠なものであり，企業が何らかの強みを持つ
し，持たねばならない。企業の「強み」とは，経済価値ないし競争優位を創出
する，経営資源とケイパビリティ（組織能力）であり，また「弱み」とはその
企業の強みがもたらす経済的価値の実現を困難にするような経営資源とケイパ
ビリティである（バーニー 2007，47 頁）。例えば，全日空や日本航空が豊富
な機材と路線網を持つとすれば，格安航空（LCC）は圧倒的な低コスト，稼働

図表 6-1 競争優位を獲得する SWOT 分析

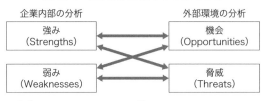

出所：バーニー（2007），47 頁参照。

率を上げる組織能力に強みを持つ。企業にとっての「機会」とは企業が競争上のポジションや経済的価値を向上させるチャンスである。例えば，新興国の台頭によって生じるビジネス客の増加予想，新興国での中間層の拡大により生じる旅行客の増加も航空業界には大きなチャンスであり，「脅威」とは企業の外部にあってその企業の業績を脅かす要因である。テロや政情不安，さらには景気の落ち込みは旅行客・ビジネス客を減少させるかもしれない。こうした分析は経済価値・競争優位性を獲得する戦略策定において不可欠である。企業が強みを生かして機会を掴むことができないか，機会があるのにそれを実現する強みがなければ，そうした強みを有する他社と提携したり，すでにそうした機会を生かせる強みを蓄積している他社の買収を考えたりする。また脅威があれば，それを何とか機会に転換できないか，脅威が弱みと結びついて最悪の事態が生じないように手立てを講じることを考える。この点で，SWOT 分析は戦略策定の出発点ともなる。また顧客（Customer），競合（Competitor），自社（Company）の3C分析［さらには近年では協力企業（Corporator：供給企

図表 6-2 3C ないし 4C 分析

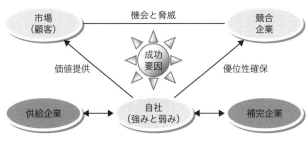

出所：延岡（2006），47 頁。

業や補完企業）の存在が競争優位性をもたらす可能性から 4C 分析も知られるようになっている］から「KFS（Key Factors for Success：鍵になる成功要因)」を見つけ出す戦略策定手法も良く知られている（図表 6-2）。

2．経営戦略の体系と階層性

　企業の経営戦略は，不確実な将来に向けて企業の事業活動を方向付ける羅針盤となる。その際，企業全体の将来を決める事業ドメイン（business domain）を選定する戦略は全社戦略（企業戦略：corporate strategy）と呼ばれるのに対して，各事業の経営において競争に生き残っていくための戦略，競合他社にない独自の価値を顧客に提供することによって持続的な**競争優位性**を確立する戦略は競争戦略（competitive strategy，事業戦略：business strategy とも呼ばれる）と呼ばれる。また企業が大規模化すると，販売，購買，財務，人事，研究開発，生産といった各機能別に戦略を立てる場合もある。この場合には，当然，企業の競争優位性を生み出す資源の特殊性に応じて各社の立てる戦略重点は異なってくる。つまり，営業が強い会社と生産コストで他社を圧倒する会社とでは機能別戦略の力点は異なる。また企業の多国籍化と海外事業活動が大きな比重を占めるようになると，北米戦略，東南アジア戦略，中国戦略といった地域別の戦略も必要となってくる。

　こうして，企業の策定する経営戦略はひとつではなく，非常に多くの多様な戦略が生まれることになる。しかし，どれほど多くの多様な戦略が策定・実施されようともこれらが最上位にある事業ビジョンや全社戦略とフラクタルな（「入れ子の」）構造になっていることが重要となる。常に全体との適合性・戦略的一貫性が重要となる。このように，戦略は企業内に共通のものの見方，理解，方向付け，努力を焦点づけるものなのである。全社の戦略ベクトルが統一されてこそ企業の競争力は生まれる。こうした戦略の策定と具体化を図るために適切な組織構造が求められる。一人ひとりの社員が全社の戦略の実現に向

　競争優位性　バーニー（J. B. Barny）によれば，競争優位とは，企業の行動が業界や市場で経済価値を創出し，かつ同様の行動を取っている競合企業はほとんど存在しないことを言い，競争均衡は，企業の行動が経済的価値を創出しているものの，複数の競合企業も同様の行動を取っている状態であり，競争劣位とは競争劣位企業の行動が経済的価値を生み出さない状態にある場合である。（バーニー 2007，上，32 頁）

けて意思決定を行い，意欲を喚起する，動きやすい仕事に取り組む体制を整備する上で，戦略に適合的な組織構造が求められる。職能別組織→事業部制組織→マトリックス組織・カンパニー制への展開は企業の採用する戦略展開と連動して展開されてきた（第10章参照）。トヨタがカンパニー制を採用したのも，トヨタの新しい戦略展開と結びついている。トヨタは，従来，機能別の本部制を採用していたが，販売台数が1千万台を超えてグローバルな事業展開と多様で複雑な事業環境，あるいは加速化する技術革新に直面する中で，こうした環境・市場の変化に対する対応力を高め，意思決定の迅速化を図るために2016年に大規模な組織改革を実施している。すなわち，地域軸として第1トヨタ（国内や米国等の先進国），第2トヨタ（中国やアジア等の新興国）とは別に，製品軸に小型車，中型車，高級車，商用車など7つの社内カンパニー制に組織再編している。カンパニーは独立採算の事業部門と位置付けられ，事業企画や生産，販売，人事などに関する意思決定と執行権限を持ち，ひとつの会社の中に疑似的な会社を設置するものである。こうした組織再編もトヨタの成長戦略の反映として捉えることができる。まさにチャンドラー命題「組織は戦略に従う！」ものなのである。

第2節　企業戦略—企業が成長する方法—

1．事業ドメインとは何か

　ドラッカー（P. F. Drucker）はマネジメントの責任として事業のマネジメントを挙げている。この事業のマネジメントとは，「自社の事業は何か，何になるか？」，「顧客は誰か？」，「顧客はどこにいるか，何を買うか？」を問うことだとした（ドラッカー 2001，34頁）。その際，常に強調されるのが，顧客の価値，欲求，期待，現実，状況，行動であり，顧客の観点からの事業の定義であった。マーケティングで古くから知られている「顧客は穴をあけるドリルを買うのではなく，4分の1インチの穴を買う」というのはまさにこのことを示している。

　「今世紀の初め，シアーズは，アメリカの農民が孤立した独自の市場を形成しているとの認識から事業を成立させた。当時の農民は現在の流通チャネルで

は到達できないという意味で，孤立した市場だった。またいくつかの重要な点で都市の消費者とは異なるニーズを持つという意味で，独自の市場だった。農民一人ひとりの購買力は小さくとも，全体としては，いまだ手のつけられていない膨大な潜在購買力を意味した。これらの農民に手を伸ばすには新しい流通チャネルが必要だった。彼らのニーズと欲求にこたえる製品が必要であった。安い値段で，しかも安定的かつ大量に供給することが必要であった。」（ドラッカー 2001，35 頁）。

　こうして，シアーズ（Sears, Roebuck & Company）は「一般家庭のためのバイヤーになる」というミッションを掲げてカタログ販売からその事業を発展させていった。またヘンリー・フォード（Henry Ford）も「金持ちの独占物を大衆の手に！」というミッションを掲げて，20 世紀初頭に非常に高価であったガソリン自動車が常識とされていた自動車市場において，低価格で堅牢なFord 社の T 型という大衆車を販売し，米国のモータリゼーションを実現した（本書，第 12 章参照）。

　こうした事業の定義には企業の事業ビジョンないしミッションを反映するものであり，戦略における起点となると同時に，これによって企業の展開する事業ドメインないし事業構造は規定される。

　現在，日本企業の多くがその戦略の基本として事業ドメインを設定している。例えば，パナソニック㈱は「A Better Life, A Better World：お客様一人ひとりにとっての“より良いくらし”を追求し，“より良い世界”を創造していきたい」を掲げ，アプライアンス，ライフソリューションズ，オートモーティブ他 7 つの事業領域を掲げている[1]。また三菱電機は「三菱電機グループは，技術，サービス，創造力の向上を図り，活力とゆとりある社会の実現に貢献する」を企業理念として，「常により良いものをめざし，変革していきます」というコーポレートステートメント“Changes for the Better”の下で，産業・FA（工場を自動化する機器），エネルギー，宇宙など 12 の事業領域を掲げている（各社ホームページ参照）。

　こうした事業ドメインの決定は会社が何をする会社であるのか（資源配分の重点の決定），社会の中でどのような役割を果たしているのか（社会的存在意義）を会社内外に示すことで**コーポレート・アイデンティティ**（corporate

identity）を確立する意義がある。この事業領域の定義によって会社が何を
し，何をしないのかが明らかにされるのであり，今日の激しい技術革新や社会
的変化の下で日本企業が求められている事業の「選択と集中」を行う論理とも
なる。

2．企業の成長と成長ベクトル

　企業は絶えずその事業活動を通じて売上高や利益といった量的成長と社会か
らの信頼，競争力強化といった質的成長を求められている。企業が成長してい
れば，働く社員の学習効果も上がり，社員の士気も高まるし，一定の成長を続
けることでコスト構造が変化し，費用が低下する（「成長の経済」とも呼ばれ
る）。こうした成長を実現するために，4つのベクトルでの成長戦略が考えら
れる。すなわち，1）市場浸透戦略，2）市場拡大戦略，3）製品開発戦略，
そして4）多角化戦略が，これである。市場浸透戦略とは，① 既存の顧客が製
品を購入する頻度と量を増大させる，リピーター化に向けた強化策，② 競争
相手の顧客を奪う，③ 同じ市場での新規ユーザーの開拓や新しいチャネルの
展開を図るものである。

　市場拡大戦略とは，① 今までその製品を販売対象としていなかった地域に
その製品を投入する，② 既存の製品を多少手直しして新しい市場セグメント
に導入するといった，地理的拡張・セグメント拡大戦略が考えられる。その場
合，市場を拡大すれば，その製品技術は深掘りされねばならない。例えば，自
動車の安全規格は，国によって異なり，海外で販売するにはその国の基準に合
わせる必要があるし，酷熱の砂漠と酷寒の地での走行といった多様な地理的・
風土的条件でも安全・快適な自動車の技術仕様が求められる。

　製品開発戦略は，① 現在の市場に新製品を導入して売り上げを伸ばしたり，
② 既存製品に新しい特徴を追加したり，③ これまでとは異なる製品を創造し

　コーポレート・アイデンティティ　当該企業がどのような会社であり，また社会的にどのような役割
　を果たしているのかという統一したイメージを構築するものであり，このため，① マインド・ア
　イデンティティ：経営理念の明確化，② ビジュアル・アイデンティティ：ロゴマーク・デザイン
　の統一化，③ ビヘイビアル・アイデンティティ：事業活動・経営政策面での一体性，といった3
　つの面から企業の独自性（企業の存在意義・個性・一体性を示すもの）を指向することが重要とな
　る。

図表 6-3　アンソフの製品市場マトリックスと成長ベクトル

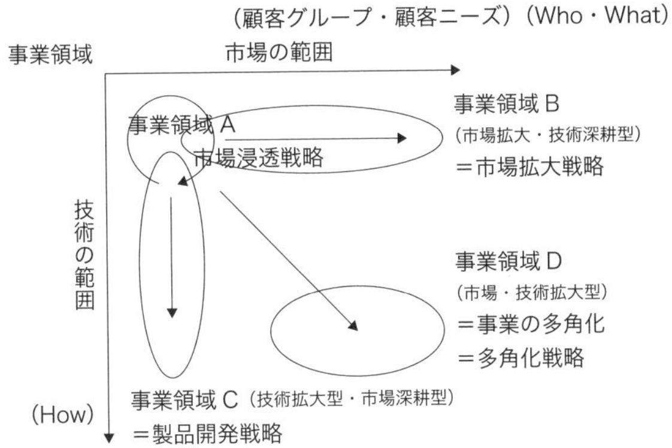

（顧客グループ・顧客ニーズ）（Who・What）
市場の範囲

事業領域

事業領域 A

市場浸透戦略

事業領域 B
（市場拡大・技術深耕型）
＝市場拡大戦略

技術の範囲

事業領域 D
（市場・技術拡大型）
＝事業の多角化
＝多角化戦略

（How）

事業領域 C（技術拡大型・市場深耕型）
＝製品開発戦略

出所：加護野・伊丹（1989），31 頁を参考にして筆者加筆。

たりする戦略であり，これによって技術は拡大する。ブラウン管テレビを製造販売していたメーカーが液晶テレビや有機 EL テレビを製造販売することであり，これによって技術は拡大する一方，テレビ市場は深掘りされる。

　最後の多角化戦略は新製品・新サービスを新市場に投入し，新規事業に進出することであり，企業にとっては未知の領域への参入に位置づけられる。しかし，同時に，新しい調達，生産，流通，技術，マーケティングなどビジネス・システムの変更による成長ベクトルも考えられる（アーカー（D. A. Aaker）の事業拡大 3 次元マトリックスについてはグロービス（1999），65-66 頁を参照）。新興国の工業化により可能となった，圧倒的に低いコストで生産される製品を国内市場で販売することによって市場を拡げ，成長することも考えられるし，インターネットの普及によって可能となったネット販売もこうした方向での成長ベクトルである。

第3節　多角化戦略と「選択と集中」

1．多角化戦略と「範囲の経済性」

　前節で最後に確認したように，新しい市場と技術（事業）に進出することは企業の多角化戦略と呼ばれる。この多角化戦略には，1）専業型（単一事業

型：ほとんどが単一事業からの売上），2）本業重点型（本業に大きなウェイトを置いているが，それ以外の事業分野にも部分的に進出している），3）関連分野重点型（複数の大きなウェイトの事業を持ち，関連分野に進出する），4）非関連型多角化（事業間につながりがなく，共通特性がほとんどない：これはしばしば「コングロマリット型多角化」とも呼ばれる）。しかし，2）の本業重点型でも3）の関連分野重点型でも集約型と拡散型の2つのタイプがある。前者の集約型タイプの多角化が経営資源の有効利用の密度を高くしようとする多角化であり，事業間でのつながりも相互に関連しあっている一方，後者の拡散型はリスク分散と成長重視の多角化タイプであり，事業間の距離を一つひとつ見ればそれほど離れていなくとも，相互関連の程度は低い。

多角化の方法には，① 内部資源活用型，② 外部資源活用型があり，ここでは ⅰ）合併と買収（M&A），ⅱ）提携（alliance）がある（本書第7章を参照）。従来の日本企業の多角化は上記2）と3）のタイプが多く，このため既存の経営資源の蓄積・拡張から展開される多角化が中心を占めていた。しかし，今日では，技術革新が急速に進み，**オープン・イノベーション**が重要な競争力強化の手段となると外部資源の活用による多角化の必要性が高まっている。

こうした多角化行動の経済的効果として，リスクの削減と「**範囲の経済性**」が挙げられる。製品にライフサイクルがあるように，製品の束としての事業にもライフサイクルがあるのであり，ひとつの事業にのみ集中していると，その事業の成熟化とともに，事業の成長は期待できないし，個々の業界ごとに異な

オープン・イノベーション　ヘンリー・チェスブロウ（H. Chesbrough）によって提唱された概念であり，イノベーションを起こすために，企業が社内の自前の資源のみに頼り，研究者を囲い込むクローズド・イノベーションでは現代の激しい技術革新の時代に対応できなくなっているとして，大学や他企業との連携（ライセンス・特許等の供与・共同研究）を積極的に活用することが有効であると主張する。OS のリナックスを生み出したオープンソース運動はオープン・イノベーションのひとつのケースであると言われる。

範囲の経済性とシナジー効果　範囲の経済性とは，異なる事業間における資源の共有によるコスト低減を意味している。これは「2＋2＝5」の効果というシナジー効果とも同じである。鉄鋼会社が石炭からコークスを作る際にピッチと呼ばれる副産物を生み出すが，これをベースとして化学事業や炭素繊維事業に参入する場合にはシナジー効果が発生している。また，資源の不分割性と呼ばれる特性から生じるシナジー効果もある。ある製品を効率的に生産するため大型機械が必要となり，機械の能力がその製品に対する需要を上回る場合に，その余剰能力を活用して他の事業に進出すればシナジーが発生する。

る業況において複数の事業を有することでリスク分散を図ることも期待できる。さらに複数の事業の間での技術関連や市場関連の**シナジー効果**が見られる場合，専業メーカーよりもコストが下がることを範囲の経済性と呼ぶが，こうした範囲の経済性は多角化戦略の有力な論理となる。高級カメラメーカーであるキヤノンが複写機や光学機器・医療機器の分野に多角化していったのは，本業の写真技術やレンズ設計技術などの技術的関連性を利用したものである。また味の素が冷食事業を手掛けるひとつの論理は流通チャネルの共通化であり，そのシナジー効果の発揮が期待されているからでもある。牛丼の「すき家」を運営している株式会社ゼンショーホールディングスが，その傘下になか卯，ビッグボーイ，ジョリーパスタ，華屋与兵衛，ココスなど多様なブランドを展開しているのも，集中セントラル・キッチンといった生産・技術関連シナジーが生まれる一方で，外食市場での販売シナジー効果も期待されたからである。

　実証研究でも，これまでシナジー効果の期待できる本業重点型・関連型分野重点型，なかでも集約型多角化タイプがもっとも収益率が高いことが明らかにされており，専業型や非関連型多角化の収益率は低いとされてきた。事実，日本企業の多角化行動も，概ねこうした論理に基づいて展開されてきた。しかし，近年，市場がグローバルに拡大し，「**破壊的イノベーション**」とも呼びうるような大きな技術革新が起きる中で，こうした範囲の経済性を目指す多角化の論理が必ずしも当てはまらないケースも生まれてきた。例えば，近年のIoT革命により産業の垣根が崩れているときに，シナジー効果の低いと思われていた市場や技術（例：自動車とIT技術）との融合が求められている。さらにはスマホ（13.7億台：2019年）やパソコン（2.6億台：同）の販売台数から分かるように，規模の経済性を実現すべく巨額の設備投資を賄うために，「選択と集中」により事業を絞り込む必要がある。例えば，GEはこれまで金融・不動産部門，家電部門やメディア部門から航空機エンジンや電力，医療機器事業と

破壊的イノベーション　米ハーバード・ビジネススクールのクレイトン・M. クリステンセン（C. M. Christensen）教授が提唱したイノベーション・モデルのひとつで，既存事業の秩序を破壊し，業界構造を劇的に変化させるイノベーションを指す。彼は，著書『The Innovator's Dilemma』（1997年）においてイノベーションには「持続的イノベーション」と「破壊的イノベーション」の2つがあるとし，市場のリーダーであるような優良企業は前者に最適化された組織やプロセスを持つがゆえに，後者を見落とし，失敗する場合があることを示唆した。

コングロマリット型多角化を推進し，「複合経営」を掲げてきたが，2008 年の
リーマン・ショック以降，急速な事業構造の再構築を行っており，航空エン
ジン・電力・医療機器の 3 つに中核事業を絞り込んでいる（『日本経済新聞』
2017 年 11 月 15 日付記事）。

2．PPM（プロダクト・ポートフォリオ・マネジメント）と資源配分

　こうした多角化戦略をとる企業が資源を配分する上で，これまで予算積み上
げ方式とか投資収益率という手法が使用されてきた。今でも，多くの企業が**内
部利益率**や **DCF 法**を投資判断にしているとされている。

　しかし，こうした資源配分の方法に代えて新たな資源配分の論理を提供し
たのがプロダクト・ポートフォリオ・マネジメント（PPM：Product Portfolio
Management）であった。

　PPM はプロダクト・ライフサイクル仮説と経験曲線を前提にしている。前
者のプロダクト・ライフサイクルとは，製品には人間の一生と同様なライフサ
イクルがあり，通常その過程は当該製品の成長率や市場への浸透度（普及率）
により，導入期・成長期・成熟期・衰退期に区分される。製品のライフサイク
ルに伴い，キャッシュの流出入のパターンが変化することに注目するものであ
り，製品の「束」である「事業」（ビジネス）にもライフサイクルと資金の流
出入パターンが当てはまると仮定される。これに対して，経験曲線とは，平均
費用が累積生産量（過去から現在までの生産の累計）に応じて低下する事実に
注目したものである。この平均費用の低下は，経験の蓄積による生産性の継続
的かつ大幅な上昇（学習効果）に基づくものであり，ある時点での規模の大き
さが単位当たりのコストを低減させるという規模の経済性とは異なる。

　PPM は市場成長率と市場シェアの 2 次元で個々の事業単位を位置付け，資

内部利益率（internal rate of return：IRR） 一定の投資期間を通した投資額の現在価値の累計と
　将来的な収益額の現在価値の累計が等しくなる利率（割引率）のことであり，正味現在価値（Net
　Present Value：NPV）がゼロになる割引率であり，IRR が資金調達コストを上回っている場合に
　は，その投資は魅力的と判断される。
DCF（discounted cash flow）法 企業（事業，プロジェクト，資産）が将来にわたって生み出
　すフリーキャッシュフローを推計し，その流列を一定の率（加重平均資本コスト：WACC）によっ
　て割り引いて算出した現在価値のこと。企業価値やプロジェクト投資などの投資成果の価値評価を
　する際に使われる。

図表6-4　プロダクト・ポートフォリオ・マネジメント

	☆ 花形（star）	? 問題児（question mark）
	$ 金のなる木（Cash cow）	× 負け犬（dog）

市場成長率　高／低

相対的市場占有率　高／低

出所：グロービス（1999），44頁を参照して，筆者作成。

金（キャッシュ）の流れをコントロールして会社全体として適切な利益と成長を達成するための方法を提案するものである。

　理想的な事業ポートフォリオは，企業の資金創出源となっている「金のなる木」をもち，そこから生じる資金をうまく配分して近い将来「金のなる木」事業となる「花形」事業や，さらに遠い将来を見越して「問題児」事業に金を注ぎ込み，将来の「金のなる木」事業を育てていくというものである。ここから以下のような4つの戦略指針が示される。すなわち，1）「構築せよ」（build）＝シェア拡大→有望な問題児と若干弱めの花形事業，2）「維持せよ」（hold）＝シェア維持→強力な市場地位をもつ花形事業，まだ衰退期に入りそうにない金のなる木事業，3）「収穫せよ」（harvest）＝徐々に撤退して，キャッシュ創出を最大化→負け犬事業あるいは衰退期に入った金のなる木事業，4）「資金回収せよ」（withdraw）＝できるだけ早く売却あるいは清算，以上である。

　PPMは，多角化した企業の各事業の業績評価と投資の方向に対して，従来の投資収益率に代わる，「選択的投資」の論理を持ち込んだ点で大きな意義を有するものの，PPMが前提にしているライフサイクル自体が予測困難であるという問題も抱えている。成熟期に達していたと思われる市場が企業のイノベーション創発によって新たな成長期に入る（「脱成熟」）可能性があり，PPMを無視した企業がかえって成長することになる。またPPMは企業の経営資源のうち資金の配分だけしか問題とせず，人材や技術，情報やノウハウなどの様々な経営資源の関連性や同時多重利用（シナジー効果）などを考慮していないという問題もすでに指摘されている。

第4節　競争戦略―競争要因の分析と競争に勝ち抜く方法―

　企業は各種事業を展開しているが，それぞれの事業で激しい競争が展開されており，この事業でいかにして競争圧力に対処して競争優位を獲得するかを考えるのが競争戦略となる。有効・適切な競争戦略を生み出す上で，外部環境要因の分析と内部要因の分析が不可欠となる。

1．業界構造の分析と5つの競争要因

　マイケル・ポーター（M. E. Porter）は，企業の競争優位性が市場の構造と自社のポジショニングによって決まると主張し，業界構造分析の理論的枠組みを構築したことで知られている。彼によれば，予想される収益性の程度（業界の「魅力度」）は業界の競争の程度に規定されるとして，いかにして競争の程度が少ないポジションを見出すかに焦点を当てた競争戦略論を展開し，これによって彼らの主張はポジショニング学派と呼ばれることになった。

　この枠組みは，「ファイブ・フォース分析」と呼ばれ，① 既存業者間の敵対関係，② 新規参入の脅威，③ 代替製品・サービスの脅威，④ 売り手（供給業者）の交渉力，⑤ 買い手の交渉力という5つの要因から業界における競争の程度を明らかにするものである（図表6-5）。この分析によって，競争の程度が弱く，高い収益性が期待され，魅力的な産業が明らかにされるが，同時にこ

図表6-5　業界の競争構造の分析と5つの要因

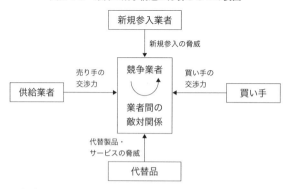

出所：ポーター（1995），18頁。

の5つの要因のうち当該業界の競争関係の特性を決める決定的要因は何である
かをも明らかにすることができる。例えば，売り手の交渉力の高さや業界内の
熾烈な競争が業界の収益性を脅かしている場合には，相手の交渉力や競争の程
度を弱めるために合併・経営統合によって交渉力を高めることが重要な戦略と
なる。

2．内部要因の分析とコア・コンピタンス

　企業はすでに述べたように，事業を展開する上で様々な資源を用いて活動
を行っている。こうした活動の組み合わせという面から企業の強みを分析す
るためのフレームワークがバリューチェーン分析として知られる（ポーター
1985，49頁以下を参照）。

　こうした企業の活動は主活動と支援活動から構成され，この一連の活動が価
値を創造している。主活動は，川が上流から下流に流れていくように，メー
カーであれば，原材料が工場へ運ばれ，製品に加工され，出荷されて，流通
チャネルを通じて顧客に販売される，一連の活動グループであり，支援活動と
は活動全体が効果的かつ効率的に機能するように支えている活動グループであ
る。こうしたバリューチェーン分析により，その企業がどの活動に強みを持
ち，どこで価値づくりを行っているかを明らかにすることが目指されている。

　もうひとつの内部分析で重要となるのが企業活動に必要な「資源」という
観点からの分析である。しかし，生産設備や資金，従業員の個人的知識・技
能，特許，ブランドなどの経営資源は単独で価値を生み出すものではなく，
これらがまとまって協働する時に，その資源総体が資源の単純総和よりもよ

図表6-6　内部分析とバリューチェーン分析

出所：ポーター（1985），49頁。

り大きな価値を生み出すことができる。そのような付加価値を創り出す力が
組織構成員の行動（学習と創造）によって蓄積された知識や行動様式であ
り，「見えざる資産」となる。戦略上の競争優位性を確立する上で「いかに
して他社に模倣されにくい企業の組織的能力を構築するのか」を重視するア
プローチは，バーニーらを中心とするリソース・ベースト・ビューないし
資源学派と呼ばれる。ここでの持続的競争優位性を生み出す経営資源の属
性は，① 経済価値（Valuable）：顧客から評価される重要な価値を提供でき
るか，② 希少性（Rare）：ほかにこの資源を保有している企業は少ないか，
③ 模倣困難性（Inimitable）：他社が市場を通じて簡単に入手できるようなも
のではなく，しかも他社が自分で作り出すことも難しいものであるか，④ 組
織（Organization）：この資源は組織によって裏打ちされているか，の4つの
条件から判定される。これは，この4つの条件の英語の頭文字を取って「VRIO
フレームワーク」と呼ばれている（バーニー 2007，250頁を参照）。

3．競争戦略の基本型

　ポーターは競争優位性を確立するための基本的戦略として，① コスト・リー
ダーシップ戦略，② 差別化戦略，そして，③ 集中戦略の3つを挙げている。
この場合，競争優位性とは，［顧客が支払ってもよいと考える金額（willingness
to pay：WTP）―コスト］が競合よりも大きいことである。コスト・リーダー
シップ戦略とは競合よりもコスト低減を実現することで競合以上に大きな価値
を創造することであり，規模の経済・習熟効果・高い稼働率等により達成され
る。これに対して②の差別化戦略は，顧客が競合の製品やサービスよりも，よ
り高い効用・価値を認めるがゆえにWTPの引き上げを可能とし，結果として
WTP―コストが大きくなることである。この差別化戦略は，① 製品の特徴と
品質（性能・品質・デザイン・使いやすさ），② 複数の機能（開発・生産・流
通・販売・サービス等）の連携，③ 製品導入のタイミング，④ 立地・販売・
配送の体制，取引条件，⑤ 魅力的な製品ミックス，⑥ ブランドの持つ名声・
評判（reputation）から生まれることが多い。これに対して③の集中戦略と
は，特定の顧客層・特定の製品・特定の地域市場など，限られた領域に企業の
経営資源を集中する戦略である。ここでは大きなシェアを狙わずに小さな部分

図表6-7　競争戦略の基本型

出所：ポーター（1985），16頁を基に筆者作成。

市場（ニッチ市場ないし特定市場セグメント）に狙いを定め，このセグメントでコスト優位を目指すか，差別化優位を目指すものである。特定分野への特化（給食用の加工食品，放送局用音響機器），特定顧客への特化（プライベート・バンキング，Lサイズ専用の紳士服，子供用家具），特定地域への特化（地方旅行，地域食品，地方のラジオ放送局），特定チャネルへの特化（美容室でのシャンプー販売，ガソリン・スタンド用製品）などが考えられる。こうした戦略を採って競争力を高めている企業は「ニッチャー」ないし「ニッチ企業」と呼ばれる。

　これまで，複数のタイプの戦略，例えば，コスト・リーダーシップ戦略と差別化戦略を同時に追求するのは，どっちつかずの状態（スタック・イン・ザ・ミドル）となり，パフォーマンスが低くなることが指摘されてきた。例えば，スターバックスは「高品質・高価格」の差別化戦略を実現するため，「ゆったりしたひと時」，「極上の体験」，「上質のイメージの付与」の価値を実現するため，「ゆったりした机」，「時間をかけた商品提供」等を大切にしてきた。一方，ドトールの「短い休憩時間の提供」，「食事もとれる喫煙所」，「手軽に安く暇つぶし」の価値の提供は回転率を高め，低価格を実現することで独自の戦略ポジションを築いてきた。もしスターバックスが「手軽さ」を追求すれば店内の落ち着きはなくなり，既存顧客のニーズを満たさなくなる一方，ドトールが「上質さ」を追求すれば，回転率を低下させることで既存顧客は離れていく可能性が高い。こうしたコストと「品質」とのトレードオフを克服する上では，マルチ・ブランド化とイノベーションが重要となる。例えば，ANAグループ

がサービス重視の ANA ブランドとは別に，格安航空（LCC）分野に別個のバニラ・エアという別ブランドでコスト低減を徹底する事業を持っているし，トヨタが高級車ブランドとして「レクサス」を展開しているのもマルチ・ブランド化のケースである。またイノベーションによるトレードオフ回避のケースとしては，ベーシック衣料の大量生産・大量販売で成功を収めたユニクロのケースであろう。ユニクロはグループ内の別ブランド，GU（ジー・ユー）ブランドでコスト重視の戦略を徹底する一方，ヒートテックのようなインナーウェア，カシミア衣料などで高品質を追求し，WTP を引き上げる努力を続けている。こうしたトレードオフの克服は企業の競争優位性を確立するひとつの重要な手段となる。

第5節　社会性と経済性の調和を目指す企業戦略

　企業は常に社会の役に立つ製品・サービスを提供することで，価値を創造し，その存続と成長を実現できる。顧客価値の創造こそ企業戦略の出発点となる。

　短期的視点ではなく，中・長期の視点で企業価値の創造を目指す上で，社会的課題の解決を自社の将来においてどのように組み込んでいけるかは，企業の社会的存在意義を確認する上でも不可欠となる。こうした事業ミッション・事業ビジョンは極めて重要な経営者の戦略的決定の出発点となる。企業は利益抜きに生き残ることができないし，利益追求への「アニマル・スピリット（野心的意欲）」がイノベーションを生み出し，市場経済のダイナミズムを生み出してきたとはいえ，今日の企業は社会が直面する課題にイノベーションを通じて応えていくことで社会の発展と企業の発展との調和を実現することも大きな戦略的課題となっている。こうした社会的価値と経済的価値の調和を企業活動自体の中で目指す「**共通価値の創造（Creating Shared Value）**」は企業戦略を考

　共通価値の創造（CSV）　マイケル・ポーターらによって提唱された構想であり，社会問題の解決と企業の競争力の向上の同時実現を目指している。この点では従来主張されてきた戦略的 CSR に近い。ここでは，① 社会課題を解決する新製品・サービスの創出（再生エネルギーの利用や BOP ビジネスなど），② バリューチェーンの再定義による生産性の底上げ，③ 経営資源の集積と共生による地域発展といった，社会が抱える課題に照らして自社の独自資源と強みを新しい製品やサービスによって解決することを目指すものであると主張している。

える大きな課題となっている。

　2020 年に入って，新型コロナウイルス感染の世界的な広まりが，日常生活，経済と企業活動に大きな影響を及ぼし，社会の安定性をも揺るがそうとしている。2020 年 4〜6 月期の世界の主要企業の最終損益は 3 社に 1 社で赤字となり，グローバルな部品供給網や販売活動を事業基盤とする自動車産業，外出規制・閉店要請の影響をもろに受ける小売りやサービス業態で業績悪化がみられたのに対して，半導体や IT 企業，EC 企業は増益となった（『日本経済新聞』2020 年 8 月 1 日）。こうした今日の情勢は，次の 2 点を示しているように思われる。第 1 には，社会の持続可能性と健全な発展が企業の存続・成長の根本的前提にあるという自明の理を示していること，第 2 には，企業が置かれている経営環境と経営戦略との適合性が企業の成果に影響を強く及ぼすことを示している。

　国内では，コロナウイルスの感染拡大に伴うマスク不足を受けての政府の緊急要請に対応する形で，シャープがマスクという異業種への参入を決め，3 月 24 日より国内の液晶パネル工場でマスク生産に乗り出した（『日本経済新聞』2020 年 3 月 25 日）。また，トヨタといった製造業からも医療現場や医療業界を支援する動きが見られ，社会が抱える課題の解決へ積極的に関わり自社の能力や資源を提供しようとする企業の姿勢を読み取ることができる（詳細は『日本経済新聞』2020 年 6 月 6 日を参照のこと）。コロナウイルスの感染のみならず，現代の社会にはグローバル・レベルでの格差の問題，環境問題の深刻化といった社会の持続可能性を揺るがす困難な課題が存在する。今や，こうした社会的課題の解決が待ったなしで求められており，それへの積極的取り組みは企業にとっても重要な課題である。しかし，忘れてはならないことは，企業という存在はその性格ゆえに事業の収益面での継続性・利益の向上を避けては通ることはできないという点である。こうした意味でも，事業活動自体に社会的価値と経済的価値の調和を組み込む「共通価値の創造」という戦略，社会性と経済性をバランスよく同時的に追求することが，今日の企業に求められている。

【注】
1）パナソニックは，2020 年 11 月に社長交代と併せて 2022 年 4 月に持ち株会社制（現在 7 つある社内カンパニーを事業会社 9 社に再編し，新設の持ち株会社「パナソニックホールディングス」の傘

下とするグループ経営体制）への移行を発表している。こうした組織再編もグループ戦略の見直しを背景としている。

【参考文献】

浅羽茂・牛島辰男（2010）『経営戦略をつかむ』有斐閣。

伊丹敬之・加護野忠男（1989）『ゼミナール 経営学入門』日本経済新聞社。

グロービス編（1999）『MBA 経営戦略』ダイヤモンド社。

P. F. ドラッカー（2001）『マネジメント：基本と原則（エッセンシャル版）』ダイヤモンド社。

延岡健太郎（2006）『MOT〔技術経営〕入門』日本経済新聞出版社。

M. E. ポーター／土岐坤他訳（1995）『新訂 競争の戦略』ダイヤモンド社。

M. E. ポーター／土岐坤他訳（1985）『競争優位の戦略』ダイヤモンド社。

M. E. ポーター＝ M. R. クラマー／編集部訳（2011）「共通価値の戦略」『DIAMOND ハーバード・ビジネス・レビュー』6 月号，8-31 頁。

【さらに進んだ学習のために】

沼上幹（2009）『経営戦略の思考法─時間展開・相互作用・ダイナミックス』日本経済新聞出版社。
　　［note］経営戦略の理論的・学説的研究の体系化を知り，その実践への応用を図っている研究としてぜひ読んでください。

J. B. バーニー（2007）『企業戦略論（上：基本編）（中：事業戦略編）（下：全社戦略編）』ダイヤモンド社。
　　［note］バーニー自身は資源学派の代表的論者ですが，外部環境の分析も含めて，企業戦略を体系的に学ぶために，上・中・下の 3 巻の読破に挑戦しましょう！

楠木建（2010）『ストーリーとしての競争戦略』東洋経済新報社。
　　［note］競争戦略を「ストーリーづくり」として理解し，その背後にある論理を解明した研究です。

C. M. クリステンセン／玉田俊平太監修（2001）『イノベーションのジレンマ（増補改訂版）』翔泳社。
　　［note］コラムにも書いているように，「破壊的イノベーション」に直面している日本企業の今後の戦略を考える上で必読の書と言えます。

コラム　顧客価値重視とイノベーションのジレンマ

　日本では従来「お客様は神様です！」とか言われてきたし，経営学でも顧客価値重視は本章の叙述においても前提とされてきた。しかし，特に「モンスタークレーマー」のような顧客には毅然として社員を守らなければならない。また既存の顧客の満足ばかりに目線を当てることは大きな変化が起きているときには決定的に変化への対応が遅れる問題も指摘しておかなければならない。市場の変化は，顧客以外のところからしばしば生じることはすでにドラッカーも指摘しているところである。既存の顧客にばかり関心を集中し，それに忠実な余り市場の変化や新たな技術革新への対応が遅れることもある。

　クリステンセンは，ハード・ディスク・ドライブ（HDD）業界などに関する実証的研究を通して，下記の3点を指摘している。つまり，1. イノベーションには，従来製品の改良を進める「持続的イノベーション」と，従来製品の価値を破壊して全く新しい価値を生み出す「破壊的イノベーション（disruptive innovation）」がある。優良企業は，持続的イノベーションのプロセスで自社の事業を成り立たせているため，破壊的イノベーションを「下らない技術」として軽視しがちである。2. 優良企業の持続的イノベーションの成果はある段階で顧客のニーズを超えてしまう（「過剰性能・過剰品質」）。3. 他社の破壊的イノベーションの価値が広く認められる。その結果，優良企業の提供してきた従来製品の価値は毀損してしまい優良企業は自社の地位を失ってしまう。これが「イノベーションのジレンマ」である（C. M. クリステンセン／玉田俊平太監修（2001）『イノベーションのジレンマ（増補改訂版）』翔泳社）。

　現在，「第4次産業革命」とも呼ばれる破壊的イノベーションの波が押し寄せている。フィンテック技術・仮想通貨，シェアリングなどといったイノベーションは既存のビジネス・モデルを破壊する可能性を高めている。こうしたイノベーションの事業展開では新興国の方が進んでいるケースさえ表れている。例えば，中国のアリババ・グループが展開する支付宝（アリペイ）はスマホによる電子決済サービスを急拡大させている。こうしたイノベーションの波に対応するためには，閉ざされた大組織内での「自前」の研究開発では対応できないとする認識も広く日本企業でも共有されつつあり，グローバルなレベルで技術やアイデアを有するベンチャーへの資本参加・買収，他社との提携，大学等の研究機関との協力が極めて重要な戦略となっている。

第7章

企業はどのように資金を調達し，
資金を運用しているのか

─企業財務─

本章のねらい

　1995年以降，日本の株式市場では，欧米の機関投資家が台頭するとともに，株主価値経営が注目されるようになった。そのため，日本の企業は，総資産，売上高，マーケット・シェアといった規模拡大経営の重視から，ROE（Return on Equity：自己資本利益率），ROA（Return on Assets：総資産利益率）などの利益率およびフリーキャッシュフローを重視しながら効率的な経営を行わなければならなくなった。つまり，企業経営に影響を及ぼす機関投資家によって株主価値経営が求められるようになったのである。このような状況を受け，資金調達や資金運用を効率的に実施するために，企業財務は現代の企業経営にとって重要な役割を占めていた。その後，2007年2月のサブプライム問題，2008年～2009年の金融危機によって株主価値経営の位置付けにも変化が生じている。そのような環境のなか，大企業ばかりではなく中堅・中小企業などの資金調達手段にも変貌が見られた。また，2020年の新型コロナウィルスにより，企業の手元現金の維持・増加について検討しなければならない状況が垣間見られた。そのため，証券市場や銀行の役割も新たな問題とともに変化していくものと考えられる。本章では，企業経営における企業財務とは何かについて概観するとともに，証券市場との関わりの中での企業財務の構造と役割について考える。

第１節　企業財務とは何か

　企業が成長するためには，優秀な人材の獲得，設備投資，R&D（研究・開発），さらにはM&A（合併・買収）などが実施される。これらを実現するためには，お金という経営資源が必要であることは周知の通りである。また，お金を調達したとしても，そのお金を如何に上手く運用していくのかにより，企業の生命線をも左右する。このような資金調達および資金運用と投資という大役を担っているのが企業財務である。

　経営の成果を判断するに際し，経営資源のひとつであるお金をどこから調達し，そのお金によって商品などを研究・開発・生産・販売し，その結果を数字で示した「財務三表」を活用している。財務三表とは，一定期間における「貸借対照表」,「損益計算書」,「キャッシュフロー計算書」を指している（図表7-1参照）。

　貸借対照表（B/S：Balance Sheet）とは，企業の経営資本がどこから調達されたのか，またその運用はどのような状態になっているのか，つまり財政状態について明確にしている。そして損益計算書（P/L：Profit and Loss Statement）とは，収益とその収益を獲得するために生じた費用（コスト），すなわち企業の経営成績（利益・損失）を明らかにしたものである（図表7-2参照）。続いてキャッシュフロー計算書（C/F：Cash Flow Statement）とは，企業のキャッシュ（現金および現金同等物）の流れを明確にしたものであり，経営の実態について正確に表したものである。損益計算書は支払能力に関して把握できないばかりではなく，現金の動きが全く見えないという弱点がある。その弱点を補っているのがキャッシュフロー計算書である。キャッシュフロー計算書は，黒字倒産を未然に防ぐことができるというメリットを有している。

　企業は，このような財務三表を活用し，あらゆる経営指標を導き出すことによって，財務内容がどのような状態であるのかを把握することができる。つまり，企業の経営力を見極めることができると言えよう。そのうえで現在，企業が抱えている財務の問題および課題について洗い出すことが可能となる。従来，日本の企業は銀行，商社，大手メーカーを主要株主とし，規模拡大経営を遂行してきたが，1990年代半ば以降，株価低迷により日本の株式市場に欧米

　の機関投資家が台頭してから，効率的な経営を実践すると同時に ROE，ROA などの利益率向上が求められてきた。そのため日本の企業は，選択と集中を念頭に置きながらもコストの見直しばかりではなく，資産圧縮そして有利子負債の削減というスリム化を狙うような経営をしながら利益を生み出す行動，つまり株主価値経営を実践してきた。しかしながら，2008 年から 2009 年に生じたグローバルな金融危機を受けて，企業価値や社会的価値を高める，すなわち共通価値経営が追及されるようになってきている[1]。これは「企業の評価が，株式市場から社会的な評価の視点に移行したことを意味している。ここでは株主の評価は相対的に低下して，顧客・取引先，従業員，社会環境などの評価が重要になってきている」[2]。他方，社会的な評価も考慮されつつあるものの，機関投資家は ROE などの利益率を重視しながら投資していることに変わりはない。また，新型コロナウィルスの影響を受け，資金が枯渇するのではないかと懸念している企業が多数存在しているだろう。

　以上から，時代を動かすような出来事を受け，主要株主の構成，経営目標，

図表 7-1　財務三表

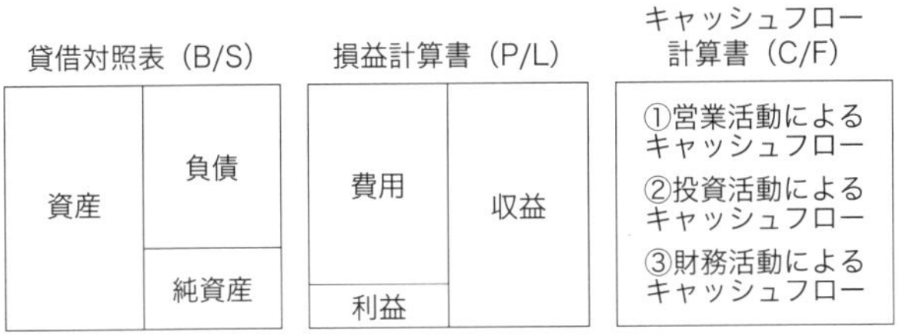

出所：筆者作成。

図表 7-2　利益と費用（コスト）

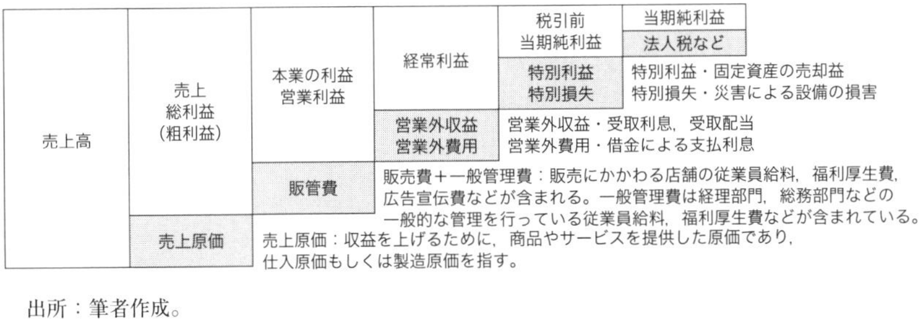

出所：筆者作成。

経営手法も変貌していくなか，企業財務のあり方もその変化を受け，対応をしなければならない。

第2節　企業はどのようにして資金を調達するのか

　企業の資金調達の方法として，内部金融（内部資金）および外部金融（外部資金）の2つがある。内部金融とは，利益留保（内部留保）および減価償却引当金が該当する。利益留保は，最終利益である当期純利益から株主への配当金や役員賞与を差し引いたものが純資産の部の利益準備金に組み込まれる。また減価償却引当金とは，固定資産である機械設備などは稼働すると劣化するため，耐用年数に応じて一定額を費用として積み立てられるものである[3]。また外部金融とは，金融機関からの借入れによる間接金融と資本市場からの調達による直接金融の2つがある。そこで本節では，外部金融を中心に概観する。

1．金融機関（銀行）を舞台とした資金調達の状況

　日本の高度成長期（1950年代〜1970年代）を支えてきたのは，積極的に設備投資を行う企業に対する金融機関からの借入れであったと言っても過言ではない。日本の資本市場は，米国と比較すると発展が遅れていたということもあり，金融機関からの借入れに依存しなければならない状態が続いていた。1980年代に入ると，設備投資を促すような高度成長期も終わると同時に，バブル期に突入していくことになった。金融機関は，企業に対し本業を伸ばすための資金提供ではなく，不動産，株式そしてゴルフ会員権など，本業とはかかわりのない投資へと導くような貸出しを行うようになっていった。勿論，不動産価格および株価が右肩上がりで上昇し続けた時代であったため，含み益などの恩恵を授かることができた時代でもある。

　しかしながら，1991年のバブル崩壊を受け，金融機関と企業との関係が一変した。金融機関は不良債権を抱えると同時に，BIS (Bank for International

---

BIS (Bank for International Settlements：国際決済銀行) 規制　バーゼル銀行監督委員会で合意を得た，金融機関（銀行）などに対する自己資本比率の規制である。これは，財務上の健全性を保持するために設けられた。

Settlements：国際決済銀行）規制による**自己資本比率**の向上に取り組まなければならなくなった。そのため，金融機関は「貸し渋り」「貸し剥し」という行動を取らざるを得ない状況に陥った。このような状況を受け倒産する企業が台頭することになった。他方，トヨタ自動車やキヤノンのような大手メーカーでは，潤沢なキャッシュ，つまり利益留保に恵まれていたこともあり，大手企業による「銀行離れ」が進む現象が見られた。その後，2003年にはメガバンクをはじめとする大手金融機関は不良債権問題が解決に近づいたことから，アセットハングリー，つまり貸出しを拡大したいという状態まで改善した。その貸出先として優良な中堅・中小企業がターゲットになったということは言うまでもない。

　しかしながら，ここ最近の金融機関の本業である貸出状況を見ると，総資産の中でも預金高が拡大している一方，貸出の伸びがそれに伴っていないと言うことが明らかとなっている。そこで，**預貸率**を見ると約70％という状況が続いている。他方，**預証率**は2012年には約50％であったが，20％台に落ち込んでいる（2017年6月時点）。このような状況を打破するために，金融機関のなかでも地方銀行や信用金庫の再編のひとつとしての統合や大手地方銀行を中心に東京や大阪などに進出をする傾向も見られた。さらに海外展開（販路を拡大するための支援など）で，地方銀行が県境を越えて協力し合うような連携も生じている。以上から，金融機関は本業が低迷するなか，新規の顧客を獲得するための施策を模索していたといえよう。

　しかしながら，『日本経済新聞（朝刊）2020年6月23日』では，新型コロナウィルス禍による給付金により，2020年5月，預貸率が63.7％と過去最低になったと報告している。そこで，自己資本比率を維持もしくは強化するために，負債でありながらも，一部を資本として認める劣後債の発行に踏み切っている地方銀行が台頭するようになってきている。銀行は，預金残高が拡大したものの，銀行にとっては負債であるため，自己資本比率が悪化することにな

自己資本比率　財務の安定性を把握するための経営指標のひとつであり，自己資本÷総資本×100により算出される。自己資本比率が高ければ高いほど，経営が安定していることを示している。
預貸率　預金に対する貸出しの比率を意味している。
預証率　預金に対する有価証券への投資の比率を意味している。

る。そのため，財務基盤を強化するためにも劣後債を発行している。また，新型コロナウィルスの影響を受けた大企業は，当初から積極的に社債の発行を実施していたが，中小企業は銀行融資に頼らざるを得ないであろう。そのため，今後は銀行の役割が大きく変貌する可能性が潜んでいる。

2．金融機関からの資金調達の方法

　現在，上場企業における財務内容の改善が進んでいることを受け，実質無借金企業が増加している[4]。一方，地方銀行を中心に，中小企業に対する貸出しが増加する兆しが見られるという報道もある[5]。そこで，ここでは金融機関からの資金調達の方法について概観する。

　金融機関からの借入れは，短期借入金（1年未満で返済）と長期借入金（1年以上かけて返済）に分類される。さらに，その手法として，手形割引，手形借入（手形貸付），当座貸越，証書借入（証書貸付）があげられる。手形割引とは，取引先企業から受け取った手形を，取引金融機関に持ち込み，手形の支払期日が到来する前に割引料（支払い期日までの利息）を支払った上で買取ってもらう手法を意味している。また手形貸付とは，借用証書の代わりに自社の約束手形を取引金融機関に差し入れ，借入れをすることである。続いて当座借越とは，借越契約を結ぶことにより，自社が取引先に振り出しをした小切手や約束手形の支払いについて，当座預金の残高が不足していたとしても，一定の限度額まで立替えをしてくれるものである。そして現在，最も活用されているのが証書借入であるが，これは借入条件が記載された証書を金融機関に差し入れ，借入れを行う方法である。以上の4つが，従来から活用されている伝統的な借入れの手法である。

　昨今，時代とともに金融機関による貸出手法が多様化している。代表的なものとして，2000年代半ば以降，取引額および取引件数が安定しているシンジケートローン（協調融資）があげられる。シンジケートローンとは，複数の金融機関が1企業に対して同一条件で貸出しを行う手法である。金融機関にとっては，複数の金融機関が融資を実行するため，単独で貸出しをする際のリスクを軽減することが可能となると同時に，企業にとっては巨額の資金を調達することができるというメリットを有している。例えば，三井物産，伊藤忠商事，

住友商事，丸紅といった大手商社は運転資金として，JFE ホールディングスは設備投資資金として，また武田薬品工業は買収のための資金としてシンジケートローンを活用していた。

　さらに，米国では長い歴史を有するユニークな ABL（Asset Based Lending：動産担保融資）という手法が日本で紹介された。この ABL とは，動産である在庫，売掛債権，機械・設備などを担保に貸出しをすることを意味している。従来，日本では金融機関から借入れを行う場合，担保として不動産を差し入れることが大半であった。しかしながら，1990 年代には土地神話が崩れるとともに，担保としての価値が低迷することになった。また企業は，担保としての不動産所有にも限りがある。そこで，その限界を回避するために動産を活用した貸出手法が台頭することになった。金融機関としても換金性の高い動産を担保にすることにより安心して貸出しを実施することができる。これまで ABL を実施するうえでの担保として，ブランド牛，無菌豚，冷凍マグロ，かまぼこなどが対象となり話題にもなった[6]。この ABL により不動産という担保にしばられることなく，動産を差し入れることにより，企業にとって機動的に借入れが行われるような環境が整っている。

3．資本市場を舞台とした資金調達―株式発行―

　株式とは，経済的価値を有する有価証券である。その経済的価値は市場価値や配当金に反映されている。株式は，企業にとっては「資本の単位」，株主にとっては「出資の単位」と呼ばれている。株式会社は，会社設立時だけではなく，事業の拡大などを実施するために増資という形で新たに株式を発行することができる。その際には，**授権資本制度**に基づいて株式が発行される。株式を資本市場で発行するためには，それぞれの証券取引所の「株式上場基準」を満たした株式会社が対象となる[7]。

　株式は，**普通株，優先株，劣後株**の3つの種類に分類される。一般的に，発

授権資本制度　会社設立の際には定款で定めた発行可能株式数の4分の1以上は株式を発行しなければならない制度である。残りの4分の3については，取締役会の決議で株式を発行することができる。

普通株　一般的に売買されている株式であり，議決権，配当請求権や残余財産分配請求権など株主の権利がすべて付与されている。

行されている株式は「株主平等の原則」に基づく普通株が中心だが，会社法施行（2006 年 5 月）により，例外として，権利内容が異なる種類株が発行できる状況となっている。この施行により，株式会社伊藤園では，2007 年 9 月，議決権が制限されている第 1 種優先株を東京証券取引所（市場第一部）に上場する運びとなった。また，トヨタ自動車株式会社による個人投資家を中心としたユニークな種類株が発行されることになった。トヨタ自動車が発行した種類株は「AA 型種類株式」と呼ばれ，2015 年，話題となった種類株のひとつである。この AA 型種類株式とは，5 年間は売却することができないという条件付きのものであるが，その期限が過ぎると，① 普通株に転換，② 種類株として保有，③ 発行価格での換金のいずれかを選択することができる[8]。さらに，普通株と同様に，議決権が付与され，株主総会で株主としての声が届くようにもなっていた[9]。

　また，新興市場が創設された当初，IPO（Initial Public Offering：新規株式公開）を実施する新興企業が数多く台頭した。特に，JASDAQ やマザーズを中心とする IPO 件数が顕著であった。例えば，幅広い層から支持を受けているグルメサイトの「ぐるなび（2005 年 4 月）」，高級旅館をメインとした紹介・予約サイトの「一休（2005 年 8 月）」などが IPO を実施した。しかしながら，2005 年のカネボウによる粉飾決算および倒産，2006 年のライブドアによる粉飾決算などの不祥事，さらにはサブプライム問題が発端となった 2008 年のリーマンショックを契機に，IPO 件数が低迷することになったものの，アベノミクスの効果を受け，昨今，IPO に回復の兆しが僅かながら見られるようになった。新興企業ばかりではなく，誰もが認知している日本郵政，かんぽ生命保険，ゆうちょ銀行（2015 年 11 月）が IPO を実施し大きな話題にもなった。さらに 2012 年以降，再上場する企業も台頭した。例えば，破たんした日本航

優先株　普通株と比較して配当および残余財産分配を優先的に受け取る権利が付与されているものである。議決権に関しては，制限を設けられることが多い。かつて，この優先株は，バブル崩壊によって巨額の不良債権を抱えた金融機関が政府による支援を受ける際に発行したケースが大半であった。

劣後株　普通株と比較して配当および残余財産分配について劣後的に受取る権利が付与されたものである。劣後株は，議決権があり，さらに普通株より安いという特長を有している。この劣後株は企業の再建を目指す際に発行されるケースが多くみられた。

空，粉飾決算などの要因により上場廃止になった旧西武鉄道の西武ホールディングスなどがあげられる。他方，資本市場で株式を発行し不特定多数の投資家から巨額の資金を調達することができるという唯一の特長をもっている株式会社の形態にも関わらず，MBO（Management Buyout）という手法を用いて非公開化する企業も数多く台頭した。話題になった事例として，非公開化し

図表7-3　株式発行の推移（発行額単位：百万円）

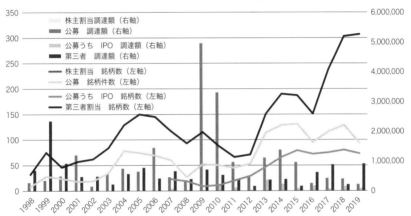

①普通株の発行銘柄数および調達額の推移

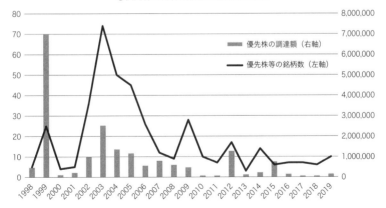

②優先株の発行銘柄数と調達額の推移

出所：日本取引所グループホームページ『その他統計資料―資金調達額』より作成（http://www.jpx.co.jp/markets/statistics-equities/misc/06.html，2020年10月1日アクセス）。

たすかいらーくやチムニーが数年後に再上場したケースが。

　2016年以降，株式の発行額が低迷することとなった（図表7-3参照）。株式を発行することにより，分子である自己資本の部分が拡大するため自己資本比率を向上することができるが，代表的な利益率のひとつであり，投資家が最も重視するROEが悪化することになる。そのため，企業の資金調達手段にもさらなる変化が生じているものと考えられた。2019年には，株式発行から社債発行し，高水準を記録することになった。そこで，社債市場について概観する。

4．資本市場を舞台とした資金調達―社債発行―

　社債は，負債であり償還日には社債権者（社債を保有している投資家）に元本を返済しなければならないものである。社債は，基本的に設備投資のような回収まで長時間を有する巨額資金を調達するために発行される。社債権者は，株主と比較すると議決権がないものの，会社の業績に左右されることなく確定利子を受け取ることができることから株式とは対照的な特性を有している。従来，社債は優良な株式会社だけが発行できるものであったが，会社法施行により株式会社ばかりではなく，合名会社，合資会社，合同会社も発行できるようになっている。もちろん，特例有限会社も発行できる。

　社債は，付与された権利によって，普通社債，新株予約権付社債（ワラント債），転換社債型新株予約権付社債に分類される。新株予約権付社債とは，普通社債に**新株予約権（ワラント）**が付与されたものである。つまり，株式を一定期間内に行使価格で取得するための権利が付与された社債である。新株予約権が行使された場合には，社債に相当する金額分が新株を引き受けるために払い込まれたものと認識される。さらに，転換社債型新株予約権付社債とは，あ

MBO（Management Buyout：マネジメント・バイアウト） 現経営陣が自社の株式を買い取り，独立する手法である。その際，現経営陣の資金ばかりではなく，投資ファンドや金融機関からの巨額の出資や借入れを受けて実行される。従来のMBOは，このような独立するための手法として活用されていたが，昨今では，非公開化を狙ったMBOの使用が多いのが実態である。

新株予約権 株式を一定期間内に行使価格で取得するための権利である。新株予約権は株式会社だけが発行できるものであり，この権利を単独で発行することができるということから，新しい資金調達手段として位置付けられている。

らかじめ決められた転換価格で，社債を発行会社の株式に転換できる甘味剤が付与されたものである。そのため，普通社債よりも低金利で設定されている。転換社債型新株予約権付社債は，株価（時価）が転換価格を上回っている際には権利を行使し，受け取った株式を資本市場で売却することによりキャピタルゲイン（売却益）を獲得することができる。他方，転換価格が株価（時価）を下回っている場合には，社債の償還日まで保有することができる。このような転換社債型新株予約権付社債は，株価が上昇し続けていた1980年代半ば以降，積極的に発行されていたが，バブル崩壊以降，この社債に関する発行は低迷することになった。

　社債を発行する際には，法律で定められてはいないものの，2社以上の格付会社からの格付けの付与が必要となる。格付けは，社債を発行する企業の返済能力について，単純にアルファベットで記されたものになっている。AAA ～ BBB（AAA・AA・A・BBB）の格付けが付与された債券は投資適格債，BB（BB・B・CCC…格付けなし）以下は投資不適債と呼ばれている。日本では，投資適格債のみが発行されている一方，米国ではリスクテーカーが存在していることから投資不適格債を発行する市場が整備されている。投資家は，格付けを参考にすることにより投資先を決定することができることから，貴重なオピニオンのひとつとして重視されている。

　ここ最近では，普通社債が中心に発行されている（図表7-4参照）。さらに，個人投資家を対象とした社債の発行額が顕著に増加している。2016年に

図表 7-4　普通社債の調達額（国内）（単位：百万円）

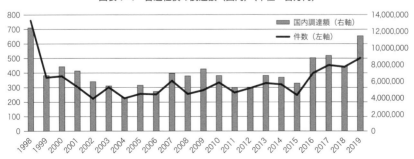

出所：図表7-3と同じ。

は「マイナス金利」という言葉が飛び交うと同時に，家計（個人）では，貯
蓄から投資へとこれまでとは異なる行動が徐々に見られるようになってきてい
る。発行企業側も，個人投資家が魅了するような株主優待と同じような特典
を提供するような社債を提供することもあった。また，1 企業当たりの発行額
が大規模になってきている。例えば，ソフトバンクは個人投資家向けに対し普
通社債を発行し続けているが，2017 年には 4,000 億円～5,000 億円の社債を発
行すると発表した。社債市場は機関投資家ばかりではなく，個人投資家を巻き
込むことによって企業の資金調達を円滑に，そして個人投資家にとっては貯蓄
から投資行動を高める手助けをしているのではないかと考えられる。さらに
2019 年には，社債の発行額が 21 年ぶりに最高を記録することになった。この
時点では，買収もしくは設備投資のための資金獲得を狙いとしていた。しかし
ながら，2020 年に突入すると，新型コロナウィルスの影響により，資金が枯
渇することを恐れて，手元資金の確保などを目的とした社債発行が見られた。
もちろん，買収資金などと前向きな目的で社債を発行する企業も存在する。今
後は，低コストでの資金調達手段として，社債市場が活性化するものと考えら
れる。また，日本銀行が積極的に社債の購入をしていることもあり，発行額が
拡大している。ウィズコロナ，ポストコロナにおける資金調達手段として，社
債市場がどのように活性化していくことになるのかについて検証していく必要
があるだろう。

第 3 節　資金運用の意義とその管理

1．資金管理の意義とは何か

　企業が成長し続けるためには，設備投資，研究開発などを継続するととも
に，時には巨額な資金を必要とする M&A が求められることがあるであろう。
前節で説明してきたように，企業には様々な資金調達手段がある。ここで調達
した資金をどのような資産に活用するのかが資金運用である。また，資金運用
を円滑に行うためには長期・中期・短期計画を立て，今後の設備投資や資金調
達を検討しなければならない。
　「企業業績は主に損益計算に基づいて把握されるが，多くの企業は信用取引

を行っていることから，業績と資金繰りとはかならずしも一致しない」[10] というのは周知の通りである。前述したように，損益計算書では現金の動きが見えないばかりではなく，利益は経営実態を反映するものでもない。そのため，損益計算書では資金繰りや長期の資金管理には有効でないと位置付けられている。資金繰りの悪化は企業の生命線を左右するため，資金の出入りを管理することは重要なことである。以上から，資金管理は企業の存続を左右することから，計画的に資金調達とその運用を検討する必要がある。

２．運転資本（短期資本）の管理

　調達した資本は，流動資産および固定資産に活用される。流動資産には，現金・預金，受取手形・売掛金，売買目的有価証券，棚卸資産（商品・製品・仕掛品・原材料など）が含まれている。つまり，1年以内に現金化される資産である。

　運転資本とは，日々の活動に必要な短期資本を意味している。企業は，売上高を上げるために，販売チャンスを逃すことを回避しようとするため，棚卸資産を多く抱えることがある。そこで商品を製造するため原材料などを購入し，現金で支払った際には現金・預金が減少することになるが，ほとんどの取引では，買掛金（約束手形）での取引を行うため，数カ月間，資金繰りに余裕が生じる。他方，売掛金の管理に関しては慎重に注意を払わなければならない。その理由として，支払期日が到来しても，換金できないリスクもある。このタイミングがずれることにより，黒字倒産を招く恐れもある。

　さらに，流動資産から流動負債を差し引いた部分が「正味運転資本」と呼ばれている。この正味運転資本が多いほど，支払能力に関しては安全性が高いと評価されている。また，短期的な運転資本残高の余裕度を見るための経営指標として流動比率および当座比率がある。

流動比率 ＝ 流動資産 ÷ 流動負債 × 100

当座比率 ＝ 当座資産 ÷ 流動負債 × 100

　流動比率は，140〜150％以上（理想は200％）の場合には運転資本残高が高いと評価される。ただし，流動資産の内容を確認する必要がある。流動資産が

流動負債を上回ると流動比率は高くなるが，流動資産の中でも，棚卸資産が大きな割合を占めている場合には注意が必要である。棚卸資産に含まれている商品が，不良在庫として売れ残っているケースがある。また，仕掛品や原材料などは，換金性が低いものである。そのため，流動資産における棚卸資産が大半を占めていることが要因となり，流動比率が高い数値であったとしても運転資本残高に余裕があるとは言い難い。

　続いて当座比率の分子となる当座資産は，換金性が高く，より現金に近いものが含まれることから棚卸資産は除外されている。当座比率は100％以上であるならば運転資本残高に問題がないと評価される。また，当座資産に関して厳格に見積もる場合には，売買目的である有価証券を当座資産に含めないで算出する企業もある。

3．設備資本（長期資本）の管理

　設備資本とは，土地，建物，機械などの生産設備に投下された資本を意味している。つまり，回収するまでに長時間を要する固定資産に費やされた資本を指している。また，固定資産（永久に使用できる土地は除外）に費やされた建物や設備に関しては，減価償却引当金として運転資本に還流される。

　設備資本は，長期的かつ固定的な自己資本で賄うことが望ましいものの，それだけでは不十分であることが大半であるため，固定負債（長期借入金および社債）での調達が必要となる。その際，固定比率および固定長期適合率によって長期的な安全性や投資のバランスを把握することができる。

固定比率＝固定資産÷自己資本×100
固定長期適合率＝固定資産÷（固定負債＋自己資本）×100

　固定比率は，100％未満が理想的な数値と言われている。また，100％を超えている際には，投資有価証券や有休の土地などがないかを，固定資産の中身を見直すことが必要である。そして固定長期適合率は，資金繰りの面から100％未満が絶対条件とされている。この比率が100％以上である場合には運転資本にも頼りながら設備投資していることを意味している。つまり，過剰な投資をしていることを意味している。以上から，設備資本に関しては，巨額の資金が

必要となることから慎重に計画を立て設備投資を実施しなければならない。

第4節　時代によって変貌する企業財務

　欧米の機関投資家は，ROE，ROA などの利益率やフリーキャッシュを重視しながら投資をしていることは周知の通りである。このような利益率を向上させるためにはどのような手段を用いればよいのかについて概観する。

1．ROE を向上させるための手段とは何か

　ROE とは，株主による出資によって最終利益である当期純利益をどれだけ生み出すことができたのかを把握するための指標である。ROE は，以下の式より算出される。

$$\text{ROE}＝\text{当期純利益}÷\text{自己資本}×100$$

　ROE の数値が高ければ高いほど，成長力や高配当が期待できる企業として株式市場で高く評価される。現在，日本の株式市場における外国人投資家は全体の約 30％を占めている。ROE が高い企業の株式所有構造を見ると，外国人投資家が 50％を上回っている。例えば，HOYA の外国人投資家比率は 62.84％（2020 年 3 月 31 日現在）と報告されている。

　ROE を向上させるための施策として，どのようなことが考えられるのか。まずは分子の当期純利益を上昇させることがあげられる。さらに ROE の分母対策として自己資本を圧縮するための自社株買いの実施も考えられる。しかしながら自社株買いは自己資本比率の分子が縮小することになるため，ROE は上昇するが自己資本比率は悪化するというデメリットがある。また，ROE を分解した場合，売上高利益率，総資本回転率，財務レバレッジの 3 つに分類される。財務レバレッジは，負債の有効利用度を見る指標であり，この数値が高いと，多額の借金をしていることを意味している。すなわち，ROE は多額の借金をすると数値が高くなるという特性がある。

$$\text{ROE} = \underset{\substack{\text{収益性}\\ \text{利益÷売上高×100}}}{\text{売上高利益率}} \times \underset{\substack{\text{効率性}\\ \text{売上高÷総資本×100}}}{\text{総資本回転率}} \times \underset{\substack{\text{負債の有効利用度}\\ \text{総資本÷自己資本}}}{\text{財務レバレッジ}}$$

　例えば2014年，カシオ計算機は転換社債型新株予約権付社債を発行し，調達した資金で自社株買いを実行した。つまり，同社は負債を負うことで財務レバレッジを上げ，自社株買いによりROEの分母を圧縮することで利益率上昇および資本効率を狙った施策を実行している。このような目的を実現する「リキャップCB（転換社債＝Convertible Bond）」の発行が増加していた。コーポレートガバナンス・コードによりROEの目標数値が5％以上と設定されている。日本の企業のROEの平均値をみても，達成するには難しい企業も多数存在するものと推測される。このコードによって上場企業はROEの目標数値を発表している。例えば，キッコーマンは9％以上，日立製作所が10％以上と報道された。このことから，ROEを上昇させる施策を通じて，コードなどに応えようとしている。

2．ROAを向上させるための施策としての証券化商品の組成

　企業がすべての資産を活用し，本業の収益力を示す営業利益を如何に生み出すことができたのかを把握するROAを上昇させるためには，どのような施策が必要になってくるのか。ROAの分子の営業利益が上昇するのであれば問題はないが，利益は急激に拡大するものではない。営業利益を上げるために，売上原価や販管費を削減する施策が実行されてきたものの，それにも限界がある。そのため，分母対策として証券化が活用されるようになった。また，日本における証券化は，有利子負債を返済するための一時的な資金調達手段としても活用されてきた。ROAは，以下の式により算出される。

$$\text{ROA} = 営業利益÷総資産×100$$

　この証券化とは，不動産，自動車ローン債権，クレジット債権，学生ローン債権，リース債権，貸付債権，社債などの収益を生み出す特定の資産を，バランス・シートから切り離し，単体（不動産などの場合），もしくは複数の債権・債券をひとつにプールし，将来，生み出されるキャッシュを裏付けに債券を発

図表 7-5　CLO の仕組み

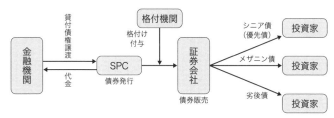

出所：筆者作成。

行することを意味している。

　ここでは，金融機関が取り組む複数の貸付債権を裏付けとした CLO
（Collateralized Loan Obligations：ローン担保証券）の仕組みについて説明
する。金融機関は，対象となる資産である貸付債権を SPC（Special Purpose
Company：特別目的会社）に譲渡する。SPC は，その貸付債権を裏付けに債
券を発行する（図表 7-5 参照）。SPC は，債券の発行，元利金などの支払いの
管理を行っている。SPC は，債券を発行する際，格付会社から格付けを取得
する。サブプライム危機が生じるに至るまで，たとえ仕組みが複雑であったと
しても，この付与された格付けによりリスクの度合いが理解できる金融商品と
して認識されていた。また，投資家からの調達資金は SPC を経由し，当該金
融機関にその購買代金が支払われ，その資金により金融機関は，新たな顧客に
貸出しをすることが可能となっていた。証券化は，バランス・シートから裏付
けとなる貸付債権を切り離すオフバランス化によって，金融機関が有している
資産のリスクを低減することができると同時に資産圧縮が可能となり ROA の
向上にも結び付くものとして活用されていた。以上から，これまで資金調達の
役割を果たしていた資本市場であったが ROE や ROA などの利益率を改善さ
せるための資本や資産を圧縮させる市場としても機能されるように変化してい
る。

3．非財務情報を用いた企業の評価

　コロナ禍のなか，企業の業績にも変化が生じていることは周知の通りであ
る。業種によって，現時点での明暗が明確にもなってきている。このような

環境のなか，機関投資家は，ESG（環境（Environment）・社会（Social）・ガバナンス（Governance））を考慮しながら投資をしなければならない。これまで，環境を配慮した企業の債券投資が中心であったが，現在では社会貢献を念頭に入れた債券発行も拡大している。

　これらの投資活動は，その効果について，目に見えない数値での評価となる。企業では，それらの情報を公開した「統合報告書」を発表している。また，PwC ジャパングループでは，ESG に取り組むことによるコストに関する影響についてのサービスを提供することが報告された。数値で評価できる財務情報ばかりではなく，非財務情報をも念頭に，企業は ESG に取り組むと同時に，投資家もその取り組みを如何に評価するかが重要な事項になっている。

　ウィズコロナ，ポストコロナで，企業の経営環境も大いに変貌するものと考えられる。資金繰りが円滑にいくような融資支援も提供されているが，企業は財務状況が厳しい中，非財務によっても評価される時代がきている。目に見える明確な評価ではないため，投資家にとっても，投資を展開するうえで困難な状況に遭遇しているのではないかと言えるであろう。従来，数値で評価できる経営指標を用いた投資であったが，今後は，環境，社会，ガバナンスに関する企業の行動や目標達し度を重視しながら，対話を重視し投資しなければならない。

【注】
1）2007 年のサブプライム問題，2008 年から 2009 年に生じたグローバルな金融危機の発端となった要因として，株主価値経営を追求するために株主の利益を拡大することを念頭においた経営を投資銀行を中心に行っていたということが指摘されている。
2）坂本恒夫・鳥居陽介編／現代財務管理論研究会（2017）『経営力と経営分析』税務経理協会，14 頁。
3）減価償却引当金の対象になる固定資産には，永久に使用することができる土地は含まれていない。内部金融としての資金は，日々の運転資金や回収に長時間を要する設備投資に活用される。
4）『日本経済新聞（朝刊）』2017 年 6 月 13 日。
5）『日本経済新聞（朝刊）』2017 年 7 月 13 日。
6）日本における ABL は，当初，商工中金を中心に実施され，その後，地方銀行も取り組むようになったものの，鑑定料が高いということも重なり，定着するには難しい状況が続いているのが現状である。そのため，日銀が促進するための施策を打ち出している。
7）株式会社は，返済不要である株式を発行することによって多くの投資家から巨額の資金を集中的に集めることができる。このようなことが実現できるのは，株式会社だけであり，合名会社，合資会社，合同会社である持分会社と異なり，資本市場を内在させた企業形態である。
8）トヨタ自動車株式会社（2015）『AA 型種類株式に関する説明資料』4 月 28 日，4 頁（https://www.toyota.co.jp/pages/contents/jpn/investors/stock/share_2015/pdf/commonstock_

20150428_02.pdf，2016 年 12 月 1 日アクセス）。トヨタ自動車の AA 型種類株式は，証券取引所において上場されていない。

9）AA 型種類株式は，普通株の配当利回りより低いものの，各期の配当率については 5 年目までは 0.5％ずつの上昇を設定している。特殊な種類株であるものの，普通株と同様に議決権までが付与されているため，外国人投資家から多くの反発があった。他方，トヨタ自動車のこのような種類株の発行の目的として「自動車の開発には時間がかかる。長期的な視点で応援してくれるファンを増やし，息の長い開発に取り組む（『日経産業新聞』2015 年 6 月 16 日）」ことを掲げていた。同時期，個人投資家に関しては，貯蓄から投資へと働きかけが進んでいたときでもある。トヨタ自動車が発行した種類株によって個人投資家の増加につながったことは言うまでもない。

10）坂本恒夫・鳥居陽介編／現代財務管理論研究会（2015）『テキスト財務管理論　第 5 版』150 頁。

【さらに進んだ学習のために】

大山剛（2011）『バーゼルⅢの衝撃』東洋経済新報社。
　　　[note] 2008 年〜2009 年の金融危機について学ぶことができると同時に，金融機関（銀行）の自己資本比率の新たな規制（バーゼルⅢ）の問題点などを学習することができる。
坂本恒夫・鳥居陽介編／現代財務管理論研究会（2015）『テキスト財務管理論　第 5 版』中央経済社。
　　　[note] 財務管理論の全体を基本から学ぶことができる。
代田純（2016）『金融論』学文社。
　　　[note] 金融の基礎知識について学ぶことができる。
平野秀輔（2017）『財務管理の基礎知識』白桃書房。
　　　[note] 財務諸表の読み方について詳しく解説されているため，理解しながら経営分析について学ぶことができる。

コラム　*NISA とは何か*

　NISA（少額投資非課税制度）とは，上場株式や公募株式投資信託などによって得られる配当金および譲渡益に関して非課税になる制度である。但し，当初の非課税制度は5年間という期限が定められていると同時に年間 100 万円（現在は年間 120 万円）を上限としていた。日本における家計の資産構成を見ると，いまだ資産の 50％以上が安全性の高い現金・預貯金に向けられている。また欧米における家計の行動と比較すると，日本では株式などへの投資が非常に少ないというのが現状である。このような状況を踏まえ，家計の資産を「貯蓄から投資へ」と動機付けさせるひとつの契機になることを願い NISA が 2014 年に導入された。

　現在，預貯金の金利はどのくらいの基準が設定されているのか。三菱東京 UFJ 銀行，三井住友銀行，みずほ銀行のようなメガバンクの普通預金の金利は 0.001％と非常に低い金利である。このことを受け，個人向けの社債への投資が注目されている。普通預金や定期預金と比較しても高金利社債の発行ということで，魅了された個人投資家もいるであろう。さらに社債は，元本償還および確定利子ということから，株式よりは安心して投資できると思っている個人投資家が多数いるでしょう。ソフトバンクは，5 年物の個人向け社債を発行した際の金利が 1.36％という魅力的なものであった。続いて，三菱 UFJ ファイナンス・グループでは個人向け劣後債を発行した。この劣後債とは「経営破綻すると元本を削る代わりに，利回りは国債や普通社債よりも高く（『日本経済新聞』2015 年 7 月 1 日朝刊，参照）」設定されている。低金利時代，少しでも魅力ある高金利の金融商品に関心が高まっている証拠とも言える。

　他方，「中高所得者層に対して現役時代に資産形成を促すにしても，現実には彼らの資産運用は依然にも増して保守的になっている（金子久（2014）「NISA の現状と将来への期待」『月刊　資本市場』4 月，5 頁）」という意見もある。ここ最近，筆者も非常に考えることであるが，公的年金の給付水準の切り下げの可能性があるなか，いかに老後を豊かに暮らすのかを視野に入れて資産管理をするのか，NISA を利用しようか悩むところである。若い学生の皆さんも，現時点からライフプランを考え，資産管理を明確化すべき時代にきているのではないか。

第8章

企業はなぜ合併・買収（M&A）を推し進めるのか
──合併・買収・提携──

本章のねらい

　企業の合併・買収（Merger & Acquisition）は，もしある企業がより良く生産性を向上できる所有者の下に資産の移転が行われれば，その反対の非効率な経営によって多くの費用が掛かり，革新が停滞し社会に悪影響が及ぶよりも有益であろう。そのため企業は魅力的な製品・サービスを生み出すため自身で揃えられない原材料や資源を様々な関係企業から調達し効率・戦略的に経営される。すなわちM&A（合併・買収）そして提携の対象となる企業群は，同業他社，他業種関連企業または非関連企業等々，その企業の持続的成長に寄与する方向で選別される。

　しかしながら，現実のM&Aを見渡すと買収側が利益を得るのは約半分程度と難しい試みであろう[1]。

　企業のM&Aは所有者としての株主利害に直結するばかりでなく，企業を取り巻く利害関係者にも大きな影響を与える。本章で扱うM&Aそして提携は，企業の資本的側面を強調することになるが，企業の持続可能性から見たM&Aの持つ社会的な意義をも議論の対象とする。

　そこで，本章では大きくM&Aを次の2つの側面から考察を加えるものとする。第1にM&Aの定義・形態・類型・目的といった基礎的項目を実践的なM&Aの動向を加味しながら確認する。そして第2に企業のグローバル化を考慮しながらアメリカ，欧州そして日本のM&Aの動向と特徴を比較しながら更なる理解を深めることとする。

第1節 M&A・提携の定義

1. M&Aとは何か

　M&Aとは，英語のMerger（合併）とAcquisition（買収）のことである。合併は，2つ以上の会社が契約により1つの会社になることを意味している。買収とは，ある会社の所有権を取得することである。加えて両概念を包含するのが提携である。

　ある製品・サービスを扱う産業内で事業を拡大するには，自社組織内の資源を有効活用して進出する場合と，外部資源を活用する場合との2つがある。自社組織内と外部資源を活用する場合の決め手は，**資源**の特殊性に依存すると考えられる。

2. M&Aの区分

　2016年M&Aの国内動向は金額ベースで16.6兆円と99年以降で最高を記録している。また1,000億円以上の大型案件数は27件（総数2,652件）と，全体の1%程度であるが金額ベースでは上位10社で既に約半分（50%）となっている。日本の会社数が約200万社，そのうち上場会社約3,500社（≒0.2%）という中小と大企業との比較から考えると，M&Aの傾向に大企業の企業戦略が大きく影響を与えているように思われる[2]。しかしながら，件数ベースからの動向を考えると，一番多い金額帯は数億から数十億円規模が総数の約半分（1,346件），そして100億円未満（1,131件）までを含める総数は93%になる。この傾向は，中堅・中小企業の案件，新技術やサービスを吸収するための大企業による新興企業との資本提携に加え，新興国の成長企業を対象にしたM&Aが比較的小さな金額であるのが理由となる。

図表8-1　マーケット別M&A類型

マーケット別		説明	件数・金額（2016年）
①	IN-IN	日本企業同士のM&A	件数最多 1,815件（68.4%）
②	IN-OUT	日本企業による外国企業へのM&A	金額ベース最多（≒8兆円）
③	OUT-IN	外国企業による日本企業へのM&A	金額（≒2.5兆円） 件数 201件（△250%）
④	OUT-OUT	日本企業が海外で買収した企業が絡むM&A	n/a

出所：『日本経済新聞』2017年7月12日夕刊，5頁。

3．M&A の形態

　図表 8-2 の概念図は M&A の形態を表している。この形態は企業の提携関係全般を説明し，資本の移動を大きく伴う場合（M&A と総称）とそうでない場合（事業提携）とに区分される。資本の移動を伴う提携，つまり M&A は，企業買収が代表的な手法である。企業買収は，図表 8-2 上で買収，合併そして分割に区分して理解される。

　買収は「株式取得」と「資本参加」という方法で行われる。この方法は株式の割合に応じて会社の最高意思決定機関としての株主総会で議決権を行使し，買収先に影響力を法的に行使することを目的としている。「株式取得」とは，株式の取得を通じて対象企業の支配可能な議決権を確保する方法である。「株式取得」は，既発行株式を証券市場から取得する方法と新規発行株式を取得す

図表 8-2　M&A の形態

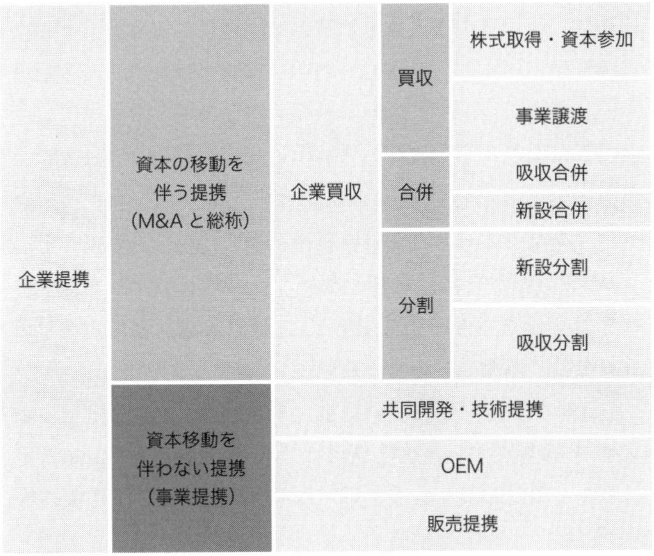

企業提携	資本の移動を伴う提携（M&A と総称）	企業買収	買収	株式取得・資本参加
				事業譲渡
			合併	吸収合併
				新設合併
			分割	新設分割
				吸収分割
	資本移動を伴わない提携（事業提携）	共同開発・技術提携		
		OEM		
		販売提携		

出所：日本 M&A センター（URL：https://www.nihon-ma.co.jp/service/aboutma/）。

資源　この場合，例えば鉄鋼会社が必要とする鉄鉱石や石炭といった原材料を直接意味するのと同時に，ブランド価値，パテント，設計図や知的所有権といった無形資産をも意味している。

る方法とがある。

「資本参加」は相手先企業に対して一定の株式を持つことで，単なる業務提携と比較してより深い経営関与を目的とする。例えば，議決権の3%以上を取得した場合，帳簿閲覧権を行使することが可能になる（図表8-4参照）。つまり資本参加割合が大きいほどM&A先の企業に対する経営関与の度合いは増加する。

「事業譲渡」とは，対象会社の事業の全部又は一部を売買する契約に基づいた取引行為である。複数の事業を行っている会社が，特定の事業だけ譲渡したい場合や対象会社に存在する潜在的な債務を切り離すことを目的として選択される。

次に合併は「吸収合併」と「新設合併」との2つの手法に分かれる。「吸収合併」とは，一方の法人格のみを残し，他方の法人格を消滅させ，合併により消滅する会社の権利義務のすべてを合併後存続する会社に承継させる手法である。このほかに，すべての法人格を消滅させ，合併により設立する会社に承継させる「新設合併」がある。しかしながら，実務上は大部分で吸収合併が選択される。

分割とは，ある会社の事業に関して有する権利義務の全部または一部を他の会社に承継させることを意味し，「新設分割」と「吸収分割」との2つに分かれる。分割は，企業グループにおける組織再編，持株会社制への移行などに用いられる。「新設分割」とは，会社分割によって新しい会社を設立し，その新設会社に事業等を承継させる手法である。「吸収分割」とは，会社分割で事業等を他の既存会社に承継させることをいう。

そして，「資本の移動を伴わない提携（事業提携）」は，相互の企業が経営的には自律性を保ちながら協力し合うことを特徴とし，M&Aと定義区分される一方，M&A手法に比べ，会社間の結びつきは弱くなり継続性の担保や金融面での支援などが期待できない。この提携の例としてOEM（Original Equipment Manufacturer）がある。これは相手先（委託者）ブランド名製造と呼ばれており，例えばセブン-イレブンにおけるセブンプレミアム等のプライベートブランドがOEMである。また販売提携とは，不動産の売主（地主オーナー）の委託を受け不動産会社が物件販売の代行を行うことが一般的である。

4．M&Aの産業組織別の類型

　M&Aには大きく3つの産業組織別の類型がある。第1に<u>水平型 M&A</u> は，同一業界内にある企業間での M&A である。水平型 M&A は同じ製品・サービスを提供する事業を一体化し，規模を拡大することで同一市場内における影響力を拡充することを目的としている。例えば，M&A を行った企業の製品・サービスを自社の販路に統合する際の相乗効果である。日本経済新聞によれば，1985年から2001年までの日本企業が行った100億円以上の大型海外 M&A（116件）の中でこの水平型 M&A が全体の7割程度と圧倒的であった。これは日本企業の世界シェアの拡大，新生産・販売拠点網の構築を推進したためである。

　第2に<u>多角化型 M&A</u> である。この多角化型 M&A は事業関連性の薄い分野への M&A である。通常 M&A を行う場合，相乗効果（シナジー：synergy）を見込む場合が多いが，これは企業を取り巻く経営環境が大きく変化する中で，事業分野の離れた M&A により新たな新規市場・顧客を獲得することを目的とする。同上の調査によれば，7割を占める水平型 M&A の他，2割が多角化型 M&A で，残る1割が次に説明する垂直統合型であった。

　第3の<u>垂直統合型 M&A</u> は，例えば自動車会社が原材料から完成品までの一貫した生産・販売体制を構築するために部品メーカーや販売網に M&A を行う場合が考えられる。

　M&A の類型を大きく分けると以上のように3つに分類することができるが，大多数の M&A の類型は水平型 M&A である。水平型 M&A は重複による相乗効果を大きな目的としている。類似した製品・サービスを提供する事業を一体化し「規模の経済性（Economies of Scale）」を生かし，重複が多いほど統合メリットが効きやすいと考えられている。

第2節　M&A の効果と目的

1．M&A の効果

　M&A の効果は，以下の5つを意図した M&A が多い。

　①　相乗効果（シナジー）

②　経営資源有効活用

③　時間節約効果

④　投資コストの節約

⑤　リスクの低減

　この5つの効果の中で最も代表的なものが，① 相乗効果である。相乗効果は，ある要素が他の要素と結合することから単体で得られるよりも高い成果を上げられることであり，1 + 1 = 2 以上の効果と説明される。買収者は被買収者との将来の経営における相乗効果を想定している。買収者は被買収者の価値にプレミアムを加えた価格を提示する。このプレミアムが買収後に創造される相乗効果や価値の前払いとなる。

　② 経営資源有効活用とは，持続的な成長機会を伺う企業は既存事業を強化するだけでなく，新規事業に果敢に進出して事業領域を拡大することが必要となることから，例として，自社の経営資源を利用して初めから新規事業を設立し軌道に乗せるまで長時間かけるよりも（③ 時間節約），先行する企業に M&A を行うほうが売却サイドの経営資源を利用して（④ 投資コストの節約），少ないリスクで新事業を始めることが可能となる（⑤ リスクの低減）といったことを意味している。

　加えて，M&A のリスクは上述の M&A を実行しない場合の機会損失であろう。多くの業界では事業環境が急速に変化し，生存競争が厳しくなってきている。このような環境の下で自社の経営資源だけでは対応できない問題に関しても，外部の力を M&A によって活用する方法が模索されている。その一方で，M&A の実行に伴うリスクも鑑みる必要がある。このリスクで代表的なものが減損リスクであろう。例えば，東芝の米 W&H 買収後に発覚した企業価値が当初の予想よりも目減りしてしまった問題である。これは，① の相乗効果においても前提条件が変化するような経営環境下では，この効果が期待できない場合も想定されることを意味する。

２．M&A の目的

　図表8-3は，M&A の買収サイドと売却サイドとの経営戦略上の目的の違いを示している。買収サイドでは一般的に規模の経済性を主な目的としている。

図表 8-3　M&A の目的（買収サイド・売却サイド）

買収サイド	売却サイド
規模の経済性（Economies of scale）	経営資源集中（リストラクチャリング）
既存事業強化	業態変更
新規市場参入	後継者難
スキルギャップ解消	資本化・破綻

出所：経済社会研究所「M&A の基礎知識」(http://www.esri.go.jp/jp/prj/mer/houkoku /0405-01.pdf)。

規模の経済性は規模を増やしていけば収益が増加するという仮定の下でM&Aが行われる。もちろんこの考え方を売却サイドから見れば，ある組織のガバナンス（取締役会機能の限界）がボトルネックとなり，資本や労働などの経営資源をいくら増やしても生産量が緩やかにしか増加しない，つまりは企業組織の肥大化による低い効率性という大企業病に対する処方箋として経営資源集中（リストラクチャリング）が目的となる。特に最近では，IN-OUT 型（国内企業による海外企業への）出資・合併は金額の大型 M&A が含まれグローバル化が進む中で増加してきている（図表 8-1 を参照）。日本企業の非採算部門の売却と業界再編の要因（既存事業強化，業態変更）は，従来までの大企業病の根底にあった M&A に対する文化的な拒絶感情が徐々に変化してきていることを示している。そして後継者難（事業継承）は，日本の高齢化という社会問題に対応して，その対象となる中堅・中小企業に利用されている。これにはオーナー企業の後継者不足で，持分を外部の第三者に譲渡，または PF（プライベート・エクイティ）ファンドに継承する場合もある。

　M&A の目的は他に A. ブランド力強化，B. 事業再生 M&A，C. 提携関係強化，D. 会社の非上場化がある。

　A. ブランド力強化の事例として，Volkswagen（VW）は 1960 年代に Auto Union と NSU とを合併させ Audi を設立した。VW は Audi をプレミアムブランドとして位置付けてきた。90 年代に入り，VW ピエヒ監査役会会長はマルチブランド戦略を VW プラットフォーム戦略との相乗効果を目的に推し進めた。VW は 2002 年に伊 Lamborghini を買収して Audi の技術レベルのスポーツ化を通じてスポーツタイプ A8 等を発売することによって Audi の VW マル

チブランド群（12ブランド保有）での格上げを実現している。

　M&Aは事業拡大が主目的と考えられるが，事業再生にも利用される場合がある。B. 事業再生M&Aとは倒産手続を念頭に行われるM&Aのことで，法的整理手続のなかでM&Aを行うことで，再生企業の優良経営資源を利用しつつ，早期・確実な事業の再建を期待して行われる。例えば，1997年にダイエーがヤオハンをM&Aした事例である。当時ヤオハンは資金繰りが悪化し，経営が優良な店舗を中心とする12店舗をダイエーの子会社セイフー（現：グルメシティ関東）に売却した[3]。その直後にヤオハン・ジャパンが会社更生法の適用を申請し，事実上の倒産をした。この事業再生にM&Aが利用されたことからヤオハングループのステイクホルダーである債権者は，早期かつ確実に債権を回収することができ，加えて従業員や取引先等は，事業が継続できるため雇用維持や取引を続行することが可能となった。これは事業が廃止されることによって生じる失業者の増加問題や取引先企業の連鎖倒産問題を回避するなど，社会的利益を確保できる方法である。

　C. M&Aは激しい生存競争の中で他の会社との提携により更なる成長の機会を確保する一手法である。一般的に資本・業務提携は吸収合併や100％子会社化等，その提携関係によって変化するが，個々の企業の独立性を一定程度維持しながら資本，契約等の方法で業務の一部を統合する。特に資本政策上で経営陣にとって意味のある持株比率は，以下の図表8-4である。

図表8-4　資本政策上の意味のある持株比率

3%	株主総会の招集，会社の帳簿等，経営資料の閲覧が可能となる。
33.4%（1/3以上）	会社の特別な意思決定（特別決議など）を阻止することが可能となる。
50.1%（1/2以上）	会社の通常の意思決定を支配可能となる。
66.7%（2/3以上）	会社の特別な意思決定を単独で行使可能になる。

　出所：筆者作成。

　資本規模の小さな中小企業はM&Aにおいて経営の自由度を最大限確保しつつ，費用対効果を最大化する経営構想力が必要になる。将来のIPO（株式の新規上場）を目的とし，初期段階から銀行やベンチャーキャピタルによる融資や投資を目論む場合は，中長期的に外部株主の持株比率に関する計画が重要に

なる。これは IPO 後に主要株主による利益確定のための持株売却が株価に影響するからである。

　D. 会社の非上場化は，① 業績不振に陥った企業の経営陣が事業再生に集中する場合や，② 上場することによる敵対的買収の防衛策として利用する場合が考えられる。例えば，①の場合は，例えば外食大手すかいらーくが 2006 年に投資ファンドの援助による **MBO**（Management Buyout，第 7 章参照）により上場廃止し，2014 年に経営再建した後に再上場したことが良い事例である。②の事例としては，2000 年代以降日本において株価が低迷する中で **PBR**（**株価純資産倍率**）が 1 を下回る企業が東証に散見されるようになり，MBO が外資系投資ファンド（ハゲタカファンド）からの敵対的買収の予防策として選択されたことが挙げられる。

　加えて MBO のメリットとして「所有と経営の一致」がある。つまり短期志向の株価上昇を目的とする株主から，中長期的な経営戦略を目指す経営を守ることが可能となる。

　他方，MBO のデメリットは，MBO を行う際の買収金額による財務状況の悪化，加えて非上場化による資金調達方法が限定されキャッシュフローが枯渇することである。

　この MBO を適切に行うには株主と経営者との「情報の非対称性」を如何に調整するのかにある。近年，M&A 後に明らかになる簿外債務や経営陣が中長期的に描く経営戦略の実現可能性は，第三者委員会や社外取締役による見極めが重要となっている。

第3節　敵対的企業買収と買収防衛策

　M&A は，相手企業の合意の有無により，友好的企業買収と敵対的企業買収に分類される。友好的買収とは，買収の対象となる会社の経営陣・従業員の賛同を得て行う買収である一方，敵対的買収とは買収の対象となる会社の経営

PBR（Price Book-value Ratio）　株価純資産倍率。PBR はある企業について証券市場の株価 × 総株数の時価総額が，会社の解散価値を示す純資産（株主資本）の何倍であるかを表す指標で，株価の割高，割安感を示している。

陣・従業員がその買収に合意していない場合を意味する。

　2016 年度の M&A の件数は 93％が 100 億円未満の中小・中堅企業における案件で，その大多数は友好的企業買収である。企業規模が小さい場合，その企業の従業員の関与と同時に，その他ステイクホルダーの承認も重要となる。一方の敵対的買収は現経営陣の方針に合わない買収者が当該株式を市場で買い集めたり，TOB を実施して株式を買い集め経営権取得を目指すことになる。このため敵対的買収は買収者との情報の非対称性が大きいことから，友好的買収に比べて資産価値にプレミアムを加味した高額の取引になる場合がほとんどである。

1．友好的・敵対的企業買収の手法の違い

　それでは友好的・敵対的買収における被買収者について，第 1 に当該企業の取締役，第 2 に経営戦略的な観点そして最後に監視機能という 3 つの観点から情報の非対称性を中心にその違いを考えてみよう。

- ・友好的企業買収の下では，買い手企業の経営者は，「所有と経営が分離」している場合，買収相手と友好的（情報を共有し）に自社の経営資源を利用して，単独のみでは達成できない課題に対して打開策を見出し，更なる収益の向上を目指す。また経営戦略的な「選択と集中」の観点から M&A を考えれば，敵対的買収に比べて既存の経営者によって構想された中長期的な戦略を買収企業と共に目指すことが可能となる。会社への監視機能については，独立取締役や制度的な監視によって買収提案が協議される。
- ・敵対的買収の下では，被買収企業の経営者は，M&A によって伝統的な市場からの牽制力に晒される。また敵対的買収下にある被買収企業の経営戦略は中断される。買収者は，情報の非対称性から生じるプレミアムを支払ってまでも被買収企業を手に入れ，経営構想を実現したいと考えている。そのため市場において魅力ある企業は M&A の脅威がない場合においても効率的な経営を実現し，高水準に株価を維持するだろう。敵対的企業買収に晒される企業の監視機能が機能していない場合には，怠慢経営が

TOB（Takeover bid）　株式公開買付けのことで，企業の経営権などを取得するために「買付け期間・買取り株数・価格」を公示して，不特定多数の株主から株式市場内・外で株式等を買い集めることを意味する。

もたらす収益低迷からなる株価下落を招くことになる。この場合，他の高収益企業からのM&Aの脅威を高め，伝統的な市場機能である牽制力，すなわちM&Aによる現経営陣のリストラクチャリング（解任等）が求められることになる。

2．買収防衛策

　以上のようにとりわけ「所有と経営が分離」している場合では，友好的買収よりも敵対的買収は，現経営陣にとって中長期的な経営活動の阻害要因となることから，敵対的買収を事前に防衛する手法が考えられている。それが以下の5つの防衛策である。しかしながら，2005年のライブドアVSニッポン放送のM&Aから12年が経過した2016年の防衛策導入動向を見てみると，この調査開始から9年連続で減少している。また敵対的買収予防策の導入実績をみると徐々に買収予防策導入に関する考え方も変化しつつあることが見受けられる。これはコーポレート・ガバナンス原則の順守が求められる中で，防衛策の導入・継続には株主総会でその必要性・合理性の説明（Comply or Explain：原則を実施するか，実施しない場合には，その理由を説明する）がより一層求められているためである。

　以下では予防・防衛策として一般的な5つを解説する。

① 　毒薬条項（ポイズン・ピル）：敵対的買収時（買収者がある一定の比率以上保有）に，この買収者以外の株主に新株を発行して全体の株数を増やす仕掛けを施しておくこと。この新株予約権等の発行条項の有無によって買収者がより高いプレミアムを支払うことが想定されることから買収されにくくする予防手段である。

② 　非公開化（ゴーイング・プライベート）：つまりMBO（Management Buyout）によって既存の経営陣によって株式を非公開にすること。近年，経済環境の不安定性，上場コストの増加，意思決定の迅速化といった広義での敵対的買収の脅威が高まる中で，それから逃れるための手段のひとつとして非公開化を選択する企業が増えている。

　　2017年宝飾品のTASAKIはMBOを決定した。株式の非上場化を決めたのは，これから海外で大きな投資を行いたいと考えたためである。この

海外進出に伴う大型投資によって減益・減配は避けられず株主の理解を得てからでは時間的に大幅なロスが生じる（時間節約）と判断したことが一要因となっている。

③　ホワイトナイト（White Night）：「白馬の騎士」とは敵対的買収者が現れ買収対象となった企業の経営者が行う回避策で，敵対的買収から友好的買収に移行させる戦略である。この場合，買収者は既存の経営者による新たな経営戦略（対抗策）から大多数の株主を説得できるので有効な買収防衛策となる。（本章コラム参照）

④　ゴールデン・パラシュート（Golden Parachute）：敵対的買収により経営者が解雇された場合，その経営者に極端に割増された退職金を支給させる契約を事前に会社側と結んでおき企業価値を低下させる買収防衛手段である。

⑤　クラウンジュエル（Crown Jewel）：クラウン（王冠）からジュエル（宝石）を外すというイメージから敵対的買収先の経営者が，買収される前に会社の魅力的な財産や資産，事業を第三者や子会社に売却してしまい敵対的買収の意欲を削ぐ買収防衛策である。

以上のような買収予防・防衛策は，株式上場企業である故の問題である。上述したように近年では産業構造が第三次産業（サービス）化するなかで大規模な設備投資を必要としないのであれば資金調達目的で株式市場に上場すること自体，再考の余地がある。また，MBOすることもひとつの選択肢であろう。加えて，2005年のライブドアVSニッポン放送のM&A以後に買収防衛策を導入する企業が増加したが，その後，企業経営を規律付けるコーポレート・ガバナンス原則とスチュワードシップ・コードの導入により株主との対話がさらに必要になる中では，買収防衛策に対する経営者のあり方も問われるようになっている。

第4節　アメリカ・欧州・日本のM&Aの動向比較

1．アメリカ・欧州・日本の家計の金融資産構成

ここで図表8-5「アメリカ・欧州・日本の家計の金融資産構成の比較」を参

図表 8-5　アメリカ・欧州・日本の家計の金融資産構成の比較

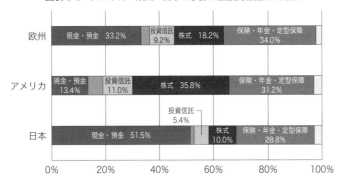

出所：日本銀行調査統計局「資金循環の日米欧比較」2017 年 8 月（https://
www.boj.or.jp/statistics/sj/sjhiq.pdf，2017 年 12 月 19 日 URL 参照）。

照する。これは各国の株式への投資比率から投資家のリスク積極度または消極
度を見るためである。

　図表から 3 地域における株式保有の傾向が観察される。M&A は企業の再
編・再生を伴うため当該株価への影響は大きい。そのため金融資産を現金・預
金（日本：51.5％）で保有したほうが株式（アメリカ：35.8％）で保有するよ
りもリスクに消極的であろう。欧州（ユーロ圏内）はアメリカと日本ほどに両
極端ではなく，程よくばらついているように見える。

2．アメリカ・欧州・日本の M&A の動向

　図表 8-6 を参照し，2017 年のアメリカ，欧州そして日本の M&A の動向を
確認すると，アメリカが圧倒的な存在として，金額ベースで半分以上（57％）
を占めていることがわかる。そして近年，第 2 位にある中国（18％）が M&A
で急速に件数・取引金額を増加させている。上述したアメリカ，欧州そして日
本のコーポレート・ガバナンスの特徴と対比させると，欧州の中ではイギリス
が M&A の金額・件数ともに第 3 位と，上位にランクしている。しかしなが
ら欧州といっても，英国の企業文化は**アングロサクソン型**そして欧州大陸側は

アングロサクソン型　米国・英国で典型的にみられる資本主義の形態を意味している。企業の金融形
　　態は直接金融で，株主価値の最大化を目的としている。政治的には小さな政府を志向する。この対
　　置する形態として「ライン型」がある。

図表8-6　海外の M&A の動向（2016 年）

	買収側企業所在地	買収額（億円）	買収件数
1	アメリカ	1,837,110	11,027
2	中国	600,040	5,958
3	イギリス	198,147	2,533
4	ドイツ	115,389	1,647
5	オーストラリア	103,088	1,246
6	フランス	98,934	2,338
7	日本	91,870	2,444
8	カナダ	87,422	1,515
9	韓国	62,966	1,571
10	ブラジル	51,885	512
	合計	3,246,853	30,791

出所：Worldwide Announced M&A 2016: Merger & Acquisitions
　　　Review Full Year 2016.
　　　$ = 110 円

ライン型と呼ばれ，M&A の動向についても区別される。

3．アメリカ・欧州・日本の M&A の歴史的動向

・アメリカ：図表8-7 のアメリカにおける M&A の歴史を見るとその起源から自由な市場競争を確保するための制度が導入されてきたことが伺える。20 世紀初頭から自由競争市場のために強豪企業が数多く輩出されてきている一方で，監督官庁の権限も強い。第二次世界大戦前・後の M&A の動向を見てみると世界的にもその活動が最も活発である。

・欧州：欧州における M&A は，歴史上で件数・金額ともにアメリカに続く位置づけである。第二次世界大戦後はドイツを中心とした復興時期に欧州大陸の統合化（EC 化）が進み，その統合過程（欧州石炭・鉄鋼共同体等の活動）では企業活動が制約される側面もあった。欧州の M&A が本格化するのは 1980 年代以降である。

・日本：日本の M&A の歴史は，アジアにおける産業国として官民挙げて国の成長を支える方式（護送船団方式）が先行され，その中で M&A も活用されてきた。第二次世界大戦後は GHQ による財閥解体を経て，新たな産業組織形成のための M&A が活発になっている。1980 年代のバブル経済時期には，IN-OUT（図表 8-1 を参照）の M&A が活発であった。近

図表 8-7　アメリカ，欧州そして日本の M&A の歴史的動向

年代	アメリカ	欧州	日本
1890	1890年シャーマン法の成立，垂直統合型スタンダード・オイル・トラスト解体，当時から活発なM&A活動	1880～90年までの不況下による独占資本の形成	三菱合資会社設立（1893年）
1900	独占禁止と1907年金融恐慌	ジーメンス・コンツェルン成立	八幡製鉄所設置：産業資本の成立期
1910	大量生産（Ford）の本格化，水平的M&A（GM）	蘭ロイヤル・ダッチ社と英シェル・トランスポート社合併でロイヤル・ダッチ・シェル社発足	第一次世界大戦期に財閥を中心にM&A
1920	垂直的M&Aの活況（寡占体制の構築）	イギリスの化学部門における再編，独IGファルベンインドゥストリーズ社創立	1. 電力業におけるM&A，2. 価格カルテル，3. 事業の選択・集中
1930	1929年恐慌後の経済低迷	ドイツ・ヒトラー総統兼首相誕生　Volkswagenの誕生	1. 規模の経済性，2. 財閥傘下の再編，3. 株式ブーム
1940	産業別労働者組織の確立	第二次世界大戦期	戦後のGHQによる財閥再編
1950	大企業の階層的経営組織の確立	欧州石炭鉄鋼共同体条約	M&A低迷期（メインバンク主導）
1960	コングロマリット化（多角化）	EC発足後の欧州地域におけるM&A活発化	護送船団方式の再編
1970	アメリカ大企業の競争力低下	伝統的企業の多国籍化・コングロマリット化のM&A	オイルショックによる景気減速
1980	事業の再構築（リストラクチャリング）のM&A（敵対的買収）ブーム	英の規制緩和・民営化	バブル経済下の日本企業による海外企業のM&A
1990	経営戦略強化が目的の友好的M&Aの増加	クロスボーダー型M&A増加，独ダイムラーベンツと米クライスラー社合併	戦後初のM&Aの急速な増加（ベルリンの壁崩壊・冷戦終結）
2000	ITバブル，M&Aブーム，巨額M&A案件の恒常化	非注力事業の売却先としてのアジア企業	In-In型の国内主導型のM&Aの増加
2010	M&Aの金額と件数ともに増加	アクゾ・ノーベル社，英ICI社を合併	In-Out特にアジア諸国へのM&A増加，ライブドアVSニッポン放送のM&A

出所：清水貞俊（1994）『立命館経濟學』「欧州における最近のM&Aについて」43-3号；皿田尚・神山裕之（2007）「欧米のM&A事例から得られる日本企業への示唆」『知的資産創造』2007年4月号；宮島英昭（2006）「急増するM&Aをいかに理解するか：その歴史的展開と経済的役割」RIETI Discussion Paper Series 06-J-044；堀井直美（2007）「日本企業のM&A—歴史的観点における今後の課題—」会津大学短期大学部産業情報学科経営情報コース。

　年においては欧米からの資本市場を介した影響（外国人機関投資家の台頭）から OUT-IN，そしてアジアにおける IN-OUT が増加しつつある一方で，IN-IN という国内 M&A 市場中心の発展形態も継続している。

4．まとめ

　最後に本章は「企業はなぜ合併・買収（M&A）を推し進めるのか」という問題を中心に，第1に M&A の基礎的項目を現実の M&A の動向を加味しながら確認し，そして第2に企業のグローバル化を考慮しアメリカ，欧州そして日本の M&A の動向を歴史的特徴から検討してきた。

　はじめに触れたように，企業の M&A はもしある企業がより良く生産性を向上し社会的に多くの便益があれば，より良い経営を行う主体に所有移転が行われる。しかしながら，現実の M&A は様々な問題を含んでいた。それは企業の M&A は所有者としての株主利害のみならず，企業を取り巻くステイクホルダーとの関係性が株主利害と同じく大きな影響を与えるからである。

　そこで本章の最後にエージェンシー理論を使い株主と経営者そしてその他のステイクホルダー（従業員）の3方面から本章の歴史的展開を加味してまとめとする。

　1．株主：株式会社の「二重の所有関係」とは，株主が法人として会社を所有し，その法人としての会社が会社資産を所有するという現象である。この関係，つまり「所有と経営の分離」の前提に立てばエージェンシー理論の経営者と株主間の「**利害の不一致**」と「**情報の非対称性**」が導出され

エージェンシー理論　コーポレート・ガバナンスが対象とするステイクホルダーは「所有と経営の分離」を前提として狭義（経営者と株主）と広義（従業員，納入業者，消費者，地域社会そして政府等）に区分される。この狭義の対象は企業統治の理論的な基礎となるエージェンシー理論の対象でもある。エージェンシー関係とは，ある人が何らかの業務を自分に代わって他の人に行ってもらう契約関係を意味し，依頼する側をプリンシパル（株主），代理人をエージェント（経営者）とする。両者には「利害の不一致」，「情報の非対称性」そして，エージェントはプリンシパルの利益ではなく自己の利益を優先させ行動してしまう（モラル・ハザード）問題が生じる。このために，プリンシパルは，エージェントが自身の利益に合うよう行動するインセンティブ（誘因）をデザイン（設計），つまり企業統治（Corporate Governance）することが求められる。

利害の不一致　株式会社においては「所有と経営が分離」している。この前提条件でのコーポレート・ガバナンスが対象とする狭義のプリンシパル（株主）と代理人であるエージェント（経営者）間に生じるのが利害の不一致であり，例えば株主は株価を上げてほしい。一方で経営者は事業を↗

る。この原理を機能させるための様々な制度があるが，M&A に関する制
度はアメリカ，欧州そして日本での歴史的発展形態が異なることが理解さ
れた。株主の利害に立てば，この地域差異は M&A に関する株主と経営
者との関係性に影響を及ぼすように思われる。

2．経営者：上述の条件の下での経営者の役割は，様々な利害関係者の調整
役であり，企業の持続可能性を実現する担い手である。エージェンシー
理論が良く機能するためには，経営者に対する資本市場からの牽制力
（M&A）が機能する必要がある。しかしながら，各国の M&A の歴史的
動向を鑑みれば経営者による戦略遂行力との関係で利害関係者との調整・
関係の度合いが変化するように思われる。

3．ステイクホルダー（従業員）：M&A でしばしば軽視されるのは，従業
員の利害であろう。しかし，とりわけ日本的経営において培われてきた「経
営家族主義」の下で合併や買収に対するアレルギーは強かった。買収と合
併は「資本の論理」で行われるにせよ，買収後の経営統合（Post-Merger
Integration）過程では「労働の論理」が不可欠であり，合併や買収による
企業価値の向上が株主だけではなく，従業員の賃金や処遇の改善につなが
ることを示しながら，従業員の納得を得ることは極めて重要となる。

【注】
1）『日本経済新聞』2017 年 6 月 6 日朝刊，29 頁。
2）『日本経済新聞』2017 年 7 月 11 日夕刊，5 頁。
3）レフコ会長恩地祥光氏「黒子で挑んだ流通再編」『日本産業新聞』2017 年 3 月 15 日，20 頁。

【さらに進んだ学習のために】
神田秀樹（2007）『会社法入門』岩波新書。
　　[note] 会社法の概要をよく把握できる。
佐久間信夫（2016）『よくわかる企業論　第 2 版』ミネルヴァ書房。
　　[note] 企業論の全体像を整理して理解できる。

　　↘分散させて企業成長の機会（自分の保身，役得を大きく等）を望みたい，解決策はストックオプ
ション制度である。
情報の非対称性　コーポレート・ガバナンスが対象とする株主と経営者間に生じるのが情報の非対
称性である。例えば株主は 4 半期毎の財務情報しか知らないが，経営者は現場の状況を逐一担当
者から情報を得るので，ここに情報の非対称性が生じる，解決策は企業 IR（Investor Relations；
投資家向け広報）である。

コラム　映画：*Wall Street*

"Greed is Good（「欲」は善です。）" このセリフは1987年アメリカで公開された『ウォール街』（Wall Street）という映画の有名な一説（監督 Oliver Stone）です。悪いイメージのある「欲」を「善」とします。映画は意欲的な若手証券マン（役名：Bud Fox）と強欲かつ冷静な投資家（Gordon Gekko）によるM&Aを描いた金融サスペンスです。Gekkoは株主総会で経営者の座る壇上の前で「要は，みなさん，「欲」，言葉は悪いですが，は「善」です。「欲」は正しい。「欲」は役に立つ。」そして「欲」がアメリカ株式会社を救うのですと，彼が大半の株式を保有している会社の経営者を牽制したのです。

当時の時代背景は，本文でふれた米M&Aブームでも経営効率化による大規模なリストラ（従業員大量解雇）が行われる一方で，M&Aの莫大な取引額で短期間に大儲けする投資銀行家という両極端な社会が問題になり始めていました。

更に映画は，M&Aの背景にある理論的な問題も提示します。それが情報の非対称性です。ここではM&Aする側とそれ以外のステイクホルダーが持っている情報の非対称性を考えます。この映画のM&Aは株式公開買付け（TOB）です。その際，M&Aをいつ行うのか？かが問題となります。M&Aによって被買収企業の株式が相当量購入されることが事前に分っていれば，購入される前に株式を購入して，TOBされ株価が上昇した際に売却すれば大きな利益が狙えます。映画でもBudがスパイまがいに手に入れた情報でGekkoと大儲けします。しかしながら，終盤に入るとBudは多くの内部情報を手に入れられる経営不振に陥っていた父親の会社をM&Aするという案件を思い立ちます。Budの父親は会社の労働組合委員長をしています。そのためBudはこのM&AもGekkoと共に好条件でまとめられると考えたのです。しかしながら，Gekkoは話が進む中でBudと父親をだまし，会社を切り売りし大規模なリストラを断行（LBO）し，その売却益で大儲けすることを画策していました。この画策に取引直前に気が付いたBudは他の投資家（ホワイトナイト）と組み株式市場にうその情報と株価操作でGekkoの持分を他の投資家に移すことに成功するのです。しかし映画の最後にはそのインサイダー取引（未公開情報を入手しそれを利用して株価を誘導する行為）によりBudとGekko共に米証券取引委員会に逮捕されてしまうのです。この映画は2010年に"Money Doesn't Sleep" という後編 "Wall Street 2" が公開されています。

第9章

企業はなぜイノベーションを必要とするのか
─新事業創出─

本章のねらい

　企業は，市場における激しい競争の中で存続・成長していくために，新しい商品やサービスの開発にはイノベーションが求められる。企業はそのために設備投資，研究開発のために投資を行い，組織を変革するなど不断の努力をしている。高度な技術を開発しても市場に受け入れられず，経済的な成果を得ることができなければ，企業は存続することは難しい。

　大企業が技術の改良に努め，高性能な製品を生み出す一方，新しい成長市場に追いつくことができず，市場での優越的立場を失う事態に陥ることがある。本章では市場に新たな価値をもたらし，非連続な技術変化である破壊的イノベーションの意味とその市場へのインパクトについて概説する。さらに，激しい市場・技術変化を乗り越えるために，企業内部と外部のアイディアを有機的に結合させ，価値を創造するオープン・イノベーションの進め方について説明する。このような観点から企業がイノベーションを生み出し，事業を創出していくメカニズムを理解することが本章のねらいである。

第１節　イノベーションとは何か

　企業は市場における激しい競争の中で，存続・成長していくために，新しい商品やサービスを創造し，利益を生み出していかなければならない。新しい商品やサービスの開発にはイノベーションが求められ，企業はそのために設備投資，研究開発のために投資を行い，組織を変革するなど不断の努力をしている。イノベーションに関する概念を世界で初めて提唱したのはシュンペーター（J. A. Schumpeter）であった。

　シュンペーターは 1912 年に出版した『経済発展の理論』（邦訳書 1980）の中で，経済活動において生産手段や資源，労働力などを新しい形で結合することにより経済成長がもたらされるとした（シュンペーター 1980）。すなわち，新しい生産物または生産物の新しい品質の創出と実現，新しい生産方法の導入，産業の新しい組織の創出，新しい販売市場の創出，新しい買いつけ先の開拓がこの「新結合」に含まれ，こうした新結合が企業家により遂行されることでイノベーションが実現すると指摘したのである。

　かつて日本の企業はこのような既存の技術や製品を改良・改善することに長けており，持続的かつ漸進的なイノベーションを行うことで優れた高性能・高品質の製品を生み出すことに成功していた。とりわけ，日本の製造業は，高い技術力を生かして新製品を次々に開発し薄型テレビや DVD レコーダー，デジタルカメラのように世界に先駆けてイノベーションをリードしていった。このことが海外市場においてこれらの製品が大きなシェアを占めることに繋がったのである。

　しかし，1990 年代後半以降，海外企業がこれらの分野で対応し，大きく市場でのシェアを失っていった。日本企業は優れた技術を開発して付加価値を製品に生み出しても，顧客がその付加価値を魅力あるものと感じていないのである。家電製品のデジタル化や**コモディティ化**が進み，技術レベルが高まったことで普通の製品でも十分に顧客満足が得られるようになった。他方で日本企業が技術の性能を追求するあまりに，余計で無駄な機能を付け加え，顧客のニー

コモディティ化　市場参入時に高付加価値をもっていた製品の価値が低下し，機能面，品質面での差別化が難しくなり，同質化してしまうこと。この結果，価格競争が市場に起こることになる。

ズを十分に上回わる過剰品質・過剰性能の問題を引き起こしたのである。

　このように，近年，日本の大企業では自前主義による高品質・高性能な製品を生み出す一方，新しい成長市場に追いついていくことができず，市場での優越的立場を失う事態となってきている。本章ではこのような問題意識のもと，激しい環境変化の中で価値を創造しうるイノベーションの在り方について検討していく。

第2節　イノベーションのプロセス

1．イノベーションのダイナミクス

　漸進的，持続的ならびに，急進的，非連続という2つの観点からのイノベーションをプロセスで捉えたのがアッターバック（J. M. Utterback）の研究である。アッターバックはイノベーションのプロセスを**ドミナント・デザイン**の点から説明している。ある新技術が誕生するとドミナント・デザインが決まるまで多種多様な製品がコンセプトや技術システムを競い合うことになる（アッターバック 1998）。携帯電話の市場をみると，現在はスマートフォンがドミナント・デザインとなっているが，それまでは日本のガラケータイプの携帯やブラックベリーの多機能携帯など様々なデザインの携帯電話が市場を席捲していた。また，自動車も20世紀初頭にT型フォードが開発されるまでは，電気や蒸気機関を動力とした自動車が存在していた。投入初期は個性的なデザインをした商品も，生産工程の変革とマーケットの荒波にさらされてイノベーションを繰り返した結果，同じようなデザイン，すなわち，ドミナント・デザインに収斂していくのである。

　新市場ができて間もない「流動期」は，いろいろな技術にもとづく多種多様なデザインの製品が市場に投入される。アッターバックは「流動期」には企業が製品の機能やデザインを競うことになり製品の差別化を追求した急進的なイノベーションが起こる傾向にあることを指摘した。時間の経過とともに市場競争の中でドミナントなデザインが確定するのが技術の移行期から固定期にかけ

ドミナント・デザイン　新製品のうちその市場で圧倒的な支配を勝ち取った設計であり，業界における事実上の標準設計である。

図表9-1　イノベーションのダイナミクス

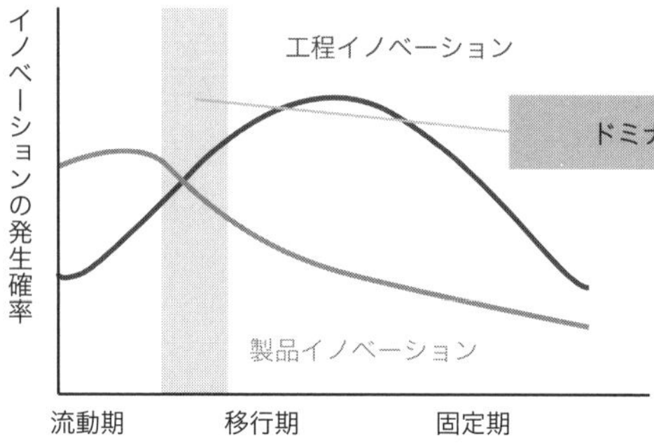

出所：アッターバック（1998），118頁。

てである。この段階では，市場における競争の焦点が，製品のデザイン，機能性向上から，生産工程の効率性向上とコスト削減に変化することになる。製造技術が収斂することで既存の技術や生産設備の向上を目指した工程イノベーションが市場において重視されることになる。

　日本企業はこのようなドミナント・デザインの枠組みの中で持続的かつ漸進的な工程イノベーションを行うことを得意としていた。すなわち，このように製品の機能や性能や効率性を追求するべく生産工程の改良が製品の機能・品質を高めていくことに貢献したのである。しかし，既存の技術や能力を基礎とした工程イノベーションへのこだわりが，画期的な製品イノベーションを阻害してしまう問題を日本企業は抱えていた。

2．製品アーキテクチャによるイノベーション

　ヘンダーソンとクラーク（R. M. Henderson and K. B. Clark）は，イノベーションを技術のみならず，**製品アーキテクチャ**の点から捉え，「コア・コンセプト（構成部品の基幹技術）」と「コア・コンセプトと構成部品の繋がり」の2つの軸からイノベーションを4つの種類に分類した。「コア・コンセプト」

製品アーキテクチャ　製品を構成する部品間をどのようにつなぎ合わせるかを定義したものである。とりわけ，藤本（2003）は製品アーキテクチャを「どのようにして製品を構成部品や工程に分割し，そこによって必要となる部品間・行程に分割し，そこに製品機能を配分し，それによって必要となる部品間・工程間のインターフェイスをいかに設計・調整するかという基本的な設計思想」（藤本 2003，87頁）であるとした。

とは製品をなす構成部品の基幹技術が既存のものか，別の技術に置き換わるのかを意味している。「コア・コンセプトと構成部品の繋がり」は，コア・コンセプトと構成部品との関係性を示しており，コア・コンセプトに従ってどのように構成部品を組み合わせるのかという製品アーキテクチャの変化について捉えているのである（Henderson and Clark 1990）。

　ヘンダーソンとクラークのフレームワークに依拠すると基幹技術と製品アーキテクチャの両者が変化するものがラディカル・イノベーションであり，変化がないものが漸進的なイノベーションとなる。さらに，基幹技術から新たな技術に置き換わるのがモジュラー・イノベーションであり，製品アーキテクチャが変化するものがアーキテクチャ・イノベーションであるとした。この中でヘンダーソンとクラークは新技術によるモジュラー・イノベーションよりも製品アーキテクチャが変化するアーキテクチャ・イノベーションが起こると，既存の企業に大きな影響を与えると指摘をした（Henderson and Clark 1990）。この理由を知識の点から説明しているが，技術の変化だけならば新しい技術を開発しそれに置き換えればよい一方，アーキテクチャに関する知識は組織に深く埋め込まれているので，これを変化させることは難しい。製品アーキテクチャを変えることは，今までの仕事のやり方を変えるようなものであり，既存製品の開発組織の設計や組織体制に基づいて蓄積された技術やノウハウを取り去らなくてはならないため，既存企業にとって，製品アーキテクチャのレベルでイノベーションが起きるとそれに対応することは難しくなる。

図表 9-2　イノベーションの分類

コア・コンセプト（構成部品の基幹技術）

		現在の技術が強化される	別の技術に置き換え可能
コア・コンセプトと構成部品の繋がり（製品アーキテクチャ）	変化しない	インクリメンタル・イノベーション (Incremental Innovation)	モジュラー・イノベーション (Modular Innovation)
	変化する	アーキテクチュラル・イノベーション (Architectural Innovation)	ラディカル・イノベーション (Radical Innovation)

出所：Henderson and Clark（1990），p. 12 から筆者作成。

　製品アーキテクチャの研究は Ulrich（1995）や国領（1999），藤本（2003），藤本・武石・青島（2001）らにより進展していった。これらの研究は製品アーキテクチャの種類として部品設計における構成部品間の相互依存度の点からインテグラルとモジュールがあり，企業間の連携関係という点からオープンとクローズドとに分類している。

　インテグラル・アーキテクチャとは機能と部品間の対応関係が錯綜している。部品間の**インターフェイス**が標準化していないため構成部品間が相互に調整しあうことで全体の機能が実現することになる。例えば自動車の「乗り心地」に関する機能はサスペンション，エンジン，トランスミッションなどの部品の適切な相互調整により支えられている（延岡 2006）。このようにシステム内の部品の相互依存性が高く複雑に入り組んでいるため，ある部品を高性能な部品に取り替えると，それに伴って関連する部品も取り替えたり調整し直したりしなくてはならない。結果として製品の製造において工程部門間・取引業者の相互関係が強まることになり，製品の基本設計や開発が1社もしくは数社でクローズドな囲い込みの取引が行われる（国領 1999）。

　モジュール・アーキテクチャでは，製品設計において部品間のインターフェイスが単純化・標準化しており，製品設計のルールに従いインターフェイス上に部品を積み木やレゴのように組み合わせていく。基本設計における構造と機能の対応関係が一対一に近く，交換可能で独立した部品で構成されているため，構成部品を相互に調整する必要がなくなってくる。このように，品質が安定している限り，世界の様々な企業から部品を調達し，組み立てるだけで製品を製造することが可能となり（国領 1999），オープンな取引による生産形態をとることになる。

　現在，家電製品の多くはこの共通基盤であるインターフェイスを通じて汎用部品を用いるだけで，ある程度の機能を実現することができる。このような状況では，要素技術を使用しそれをすり合わせるだけの技術がない企業でも，ある程度の汎用部品・デバイスを調達するだけで製品が比較的容易に開発・製造

インターフェイス　異なる部品をつなぐ規格，基盤であり，製品アーキテクチャでは部品を接続する基盤を意味する。インターフェイスの在り方で，インテグラルやモジュールなどの製品アーキテクチャが規定されることになる。

できてしまうのである。このため，日本企業の組織能力を活かした独自かつ特殊技術・部品を使用したすり合わせ型ものづくりの強みを発揮することが難しくなっている。

第3節　イノベーションと顧客価値

1．破壊的イノベーション

　日本の企業では **QC サークル**のような品質改善活動や学習などの持続的イノベーションが高品質・高性能のものづくりに貢献していた。持続的イノベーションは顧客の評価方向が一致している製品属性に沿った差別化であり，一定の属性間の組み合せで，各属性のレベルを他社よりも向上させることを目指すことになる。つまり，主要市場における既存顧客が示す価値基準に則ったイノベーションなのである。

　製品機能が既存顧客のニーズを上回り，メインの顧客のニーズばかり聞くうちに，機能は劣るが小型・安価な技術・製品が登場し市場を奪取されてしまい，既存企業の製品が市場において影響力を低下させることがある。例えば，日本企業の開発した携帯電話は様々な機能をもち TV が見れるワンセグ機能や買い物での決済ができる「お財布ケータイ」機能などを用い，独自の発展を遂げてきた。しかし，2007 年のアップルによる iPhone ならびに，グーグルのアンドロイドのオペレーティング・システム（Operating System，以下 OS と略記）をベースにしたサムスンのギャラクシーなどのスマートフォンが登場すると，すべての機能がタッチパネル画面のアプリによって稼働するという，それまでとは異なった次元での製品属性により，日本の携帯電話機器の市場価値は著しく低下した。このように，破壊的イノベーションには，過剰な機能をそぎ落とし，別の次元で顧客に訴求する価値も備わっている。そのため，既存製品の不要なプレミアムやコストを払うことを不快に感じていた顧客を引き付けることが可能となったのである。

QC サークル　職場内で自発的に行う品質管理・改善活動。QC サークルにより生産現場や職場の業務を改善することで，従業員が学習，相互啓発をすることに繋がった。日本企業の高品質のものづくりを支えていた。

　破壊的イノベーションには新市場破壊型イノベーションとローエンド型イノベーションとの2つの種類がある。新市場破壊型イノベーションとは既存製品に比べると機能は低いが，新しい次元で価値が加わり価格も安価なものを生み出すことにより，既存の製品やサービスに見向きもしなかった顧客に対して訴求し，新市場を創造するものである。新市場創造型イノベーションの製品の代表例として任天堂のWiiがあげられる。2000年代，日本のゲームのハードウェア市場は飽和化していた。当時のメインのゲームユーザーは10代以下の子供から20代までの若者であり，少子化の影響で市場は収縮する一方であった。任天堂はソニーのプレイステーションと激しい競争を繰り広げており，この市場において超過利潤を得ることは難しくなっていた。

　ゲーム市場において，競争の軸はコンテンツの複雑さ，クリアの難しさなど完成度の高いゲーム内容に置かれ，ゲームのハードウェアはこのようなリアリティのある複雑なゲームを求める顧客のニーズに合致するように機能を多様化・高度化させていった。一部のハードユーザーたる顧客の声に耳を傾けたソフトウェアやハードウェアの開発をするばかりに，一般の顧客にとっては使いにくく楽しめるものではなくなるとともに，一般顧客のニーズを超えたところまでゲームのハードウェアが進化してしまったのである。

　このような中で，任天堂のWiiは，顧客の利便性を高めるべくゲームのハードウェアの操作をシンプルなものとした。「Wiiリモコン」と呼ばれるコントローラーでユーザーの位置や動きを捉え，体感型の操作を楽しめるし，体を動かしてみんながゲームを楽しめる機能を付け加えた。高いスペックの画像処理を可能とする部品を用いることで高画質を実現し，その一方で，ゲームの複雑な機能を取り除き，低コストでの価格設定を可能にした。このようにゲームでバーチャル空間でのスポーツを楽しむことができるなど，体感型のゲームを行うことができる新たな市場を創造したのである（安部ほか2008）。

　新市場創造型破壊的イノベーションでは**無消費**の状況にいる無消費者を捉えることが重要な課題となる。無消費者は既存の製品・サービスにフラストレーションを感じている。無消費者獲得のために，消費をしない制約を検討し，そ

無消費　製品を消費していない状況を意味する。既存の製品を購入していないか，既存の製品やサービスを不便な環境で消費している状況である。

図表 9-3　破壊的イノベーションの理論

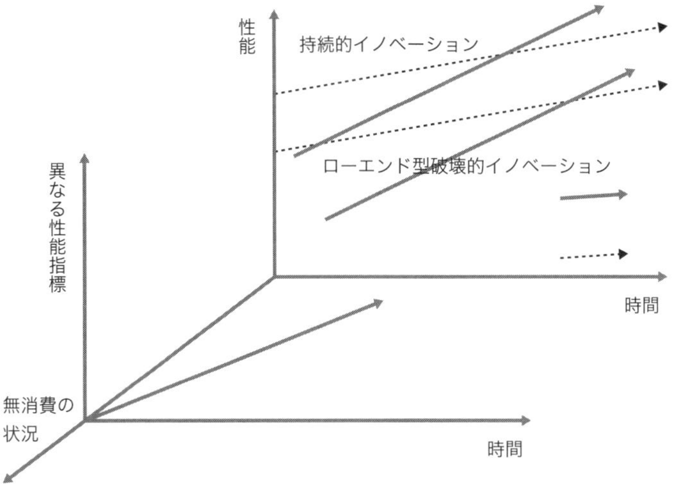

性能

持続的イノベーション

異なる性能指標

ローエンド型破壊的イノベーション

時間

無消費の状況

時間

出所：クリステンセンほか（2014），6頁。

れを取り除くような解決策を提示することが求められてくる（クリステンセンほか 2014）。

　ローエンド型の破壊的イノベーションは，既存の製品・サービスに比べると性能は低くなるものの，低価格の製品・サービスを開発し，既存企業がターゲットとしていないローエンドの顧客を獲得するイノベーション・モデルである。例えば，中国のスマートフォン市場においてローエンド型のイノベーションを実現した企業としてシャオミ（小米）があげられる。シャオミは 2010 年に雷軍（レイ・ジュン）が創業した企業で，低価格でスマートフォンを開発し，iPhone やサムスンのギャラクシーの販売を凌駕するほどの成長率で，現在，中国のスマートフォン市場においてトップシェアを誇っている。シャオミは高機能のスペックをもつスマートフォンを低コストで開発した。中国では iPhone が 4,488 元（約 78,000 円），サムスンのギャラクシーノートⅡの同モデルが約 4,000 元（約 69,000 円）であることに比べ，シャオミのスマートフォンである「小米 3」は 1,999 元（約 35,000 円）と廉価である。その一方で，液晶パネルは 5 インチのフルハイビジョン，CPU（中央演算装置）は 2.3 あるいは 1.8 ギガヘルツのクアッドコアであり，カメラの画素数も 1,300 万画素を誇

るなど，この低価格にもかかわらず iPhone などのスマートフォンの上位モデルと比べても遜色のない機能を備えている（陳 2014）。

　このように性能を向上させる一方で，低価格を実現できたのは，サプライチェーン・マネジメント，製品機種の絞り込み，ネットによる販売などの戦略を採用したためである。とりわけ，サプライチェーン・マネジメントにおいて，設計はシャオミで行い，生産は外部の企業にアウトソーシングする，すなわち，**OEM** 形態での生産を行っている。また，品揃えを限定し，製造コストを抑え，製品のライフサイクルを長くすることによりコストダウンを追求している。販売はインターネットによる直販であり，専門店や量販店などの既存の販売チャネルを利用しておらず，顧客からの注文が入ると OEM の製造工場で生産するバイオーダーシステムをとることで在庫費用の削減にも成功している（山中 2015）。

　また，シャオミは収益性のあるビジネスモデルとして，グーグルのアンドロイドの OS を基盤にするとともに，MIUI という独自のプラットフォームを開発した。この MIUI というプラットフォームには，様々なベンダーがアプリやソフトウェアを展開し，シャオミユーザーがこれを利用できるようにしている。すなわち，ハードウェアを低価格に抑える一方で MIUI のプラットフォームからアプリやソフトウェアの利用や販売からより多くの収益を獲得できる**エコシステム**を構築しているのである。ローエンド型破壊的イノベーションでは性能が消費者のニーズを超えてしまう状況では，機能を削ぎ落とし，必要十分な機能を安価に提供することが適切な戦略となる。

２．バリューネットワークとイノベーション

　破壊的イノベーションは，価値基準が異なる製品・サービスを提供することにより，新市場を創造することに繋がるのである。このような新市場は当初は規模が小さく，大企業の需要を満たすには不十分なため，大企業が関心を

OEM　Original Equipment Manufacturing の略で，相手先ブランドで販売される製品を製造することである。
エコシステム　生態系という意味であり，ビジネスでは製品やサービスの繋がりから生まれる収益構造を表している。

示し，参入していることは殆どない。クリステンセンはバリューネットワークという概念から破壊的イノベーションについて説明している。バリューネットワークとは，上位システムと下位の構成要素（部品）が入れ子状に形成されている取引システムのことを示している。同じ製品であってもバリューネットワークに応じて製品の性能や品質の水準は異なってくる（クリステンセン2001）。

　1970年代の経営情報システムでは，メインフレームと呼ばれる独自のOSをもった大型汎用コンピューターが企業の情報処理に用いられていた。1970年代後半にはメインフレームには大容量の14インチのハードディスクが使用されていた。経営情報システムにおけるコンピュータは，企業が大量のデータを取り扱うための大きな「記憶容量」，業務処理のスピードアップのための早い「処理速度」，業務での使用に耐えうる「信頼性」などの価値指標が重視されており，企業はこのような価値を実現するために莫大な投資を行っていた。

　しかし，1970年代末以降，小型化された個人用のポータブルパソコンが台頭し，ディスクドライブとして，8インチの記憶容量の小さいものが用いられるようになった。モバイルパソコンでは，性能指標として持ち運びに便利な「小型軽量」，衝撃などの「耐久性」や長時間の駆動が可能な「省電力」設計が重要視されるようになった。

　8インチのハードディスクドライブの開発は，コンピューターの小型化に貢献した。しかし，この小型のハードディスクを生み出したイノベーションは，大容量を望む既存の法人顧客と，記憶容量を犠牲にしても小型化を望み，廉価なコンピューターを望む顧客とに顧客層を分断してしまったのである。このバリューネットワークにおいて，14インチハードディスクの記憶容量性能を向上させるため，企業は研究開発に投資を行い，特殊な部品を用い，コスト構造の高いバリューネットワークが形成された。他方，8インチのハードディスクドライブでは，小型化を追求し，部品を部品サプライヤーから汎用・標準部品を調達する。販売も小売チェーンを利用することにより低コストでの製造・販売を可能にした。

　8インチのハードディスクを用いたコンピューターのバリューネットワークは小型化に重きを置いたものであり，低いコスト構造を実現することができ

た。14インチのハードディスクドライブのメーカーは顧客の要望に応じて記憶容量の拡大に努めていく中で，性能がユーザーの求めるものを超えてしまい，次第に顧客に評価されなくなっていった。この結果，顧客が満足しうる記憶容量で小型なドライブを生産し，なおかつ廉価な価格で購入できる4インチを用いたコンピューターが市場を席巻するようになったのである（クリステンセン 2001）。このように既存のメーカーが既存のバリューネットワークにおける価値基準に注力しすぎると，新たなバリューネットワークに対応することが困難となるのである。

　革新的であり，破壊的技術，既存技術よりも性能が劣っていることが多く，どのようにその技術が進化していくのか企業にとって確証をもつことができない。製品の評価基準が異なり，その製品を開発，製造するための経営資源の配分基準が変化してくる。さらに，このことがバリューネットワークごとの収益構造や製品の利益率の相違を生むのである。

第4節　オープン・イノベーションと事業創造

　ものづくりにおけるデザイン・ルールがモジュール化するのに従い，最終製品やサービスの統合は容易なものとなる。このことは最終製品の開発・組み立てを行う企業にとっては付加価値が生まれにくくなる一方で，製品やデバイスのイノベーションは促進されることになる。このようなイノベーションには様々な企業が関わることになり，その製品のデザイン・ルールの設定をリードする企業が高い付加価値を生み出すことになる。

　オープン・イノベーションとは，企業内部と外部のアイディアを有機的に結合させ，価値を創造することである。すなわちオープン・イノベーションでは，アイディアを製品化するのに外部の組織との関係を通して市場にアクセスし，付加価値を創造するのである。企業組織内で行うクローズド・イノベーションでは，組織内で開発された技術が製品化され，市場へと出される。つまり，組織内で様々なアイディアが淘汰されて，選別されたアイディアだけが市場で活かされることになる。このような状況では研究開発が内向きになり，可能性のある研究プロジェクトでも硬直的な組織文化に晒された場合，死滅して

しまう。現在のように環境変化が非常に激しく，製品のライフサイクルが短くなっている中では，クローズドな技術革新では企業単体で存続を図ることは難しくなっている（チェスブロー 2004）。

　大企業では，既存の戦略や事業に遂行に追われてしまい，新技術を生み出したり，新規事業を立ち上げることが難しくなる。とりわけ，過去の環境に対する適応や成功体験が新たな事業やイノベーションにチャレンジすることの障害になることがある。大企業にとって，ベンチャー企業による斬新なビジネスモデルや新規の技術は魅力的であり，提携や買収により，ベンチャー企業のもつビジネスモデルやイノベーティブな技術を取り込むことは新たな知を探索し，新規の事業を生み出す源泉となる（入山 2019）。

　グーグルは，新しい分野で製品・サービスの開発を行う際には，企業買収を通じて関連する技術を獲得していく。例えばグーグルマップの開発ではZipDash や Where2 などのベンチャー企業を買収している。ZipDash が保有する GPS 機能を使用した道路の渋滞状況を携帯電話で表示する技術はグーグルマップのローカル検索機能に活用されており，Where2 の衛星や航空機による撮影情報や道路地図情報はグーグルマップの航空写真機能に活かされている（雨宮 2015）。アマゾンでもスタートアップ企業に出資し，提携や買収によりアマゾンの新規事業を創出している。最近では，アマゾンの自動配送システムの開発や将来の自動運転事業の可能性を追求するため，自動運転車を開発するスタートアップ企業 ZOOX（ズークス）を買収したことが話題となった[1]。

　イノベーションは製品のアーキテクチャやデザイン・ルールの変化とともに，自社の中において完結する閉鎖的なシステムではない。様々な組織と関係をもち，提携あるいは，買収により外部の「知」やビジネスモデルを内部化することにより，既存の価値基準やバリューネットワークにとらわれない新機軸のイノベーションが生み出すことが可能になる。オープンな関係の中でイノベーションを創造し，そこからエコシステムの中核となりうるプラットフォームを構築することが企業に求められているのである。

　企業が存続してくためには，イノベーションを起こすことにより，新事業を創造することが重要な課題となってくる。既存の企業は常に新しい技術や新興企業にシェアを侵食される脅威に晒されている。破壊的技術の多くは，用途の

異なる既存のバリューチェーンネットワークの中では認識されず，既存企業の需要を満たすものでない場合が多い。すなわち，既存の価値指標の中では評価されることが困難なのである。イノベーションは企業内で内部能力を醸成することも求められるが，既存の企業境界や文化の壁を越えて，新たな環境のもとで取り組む方がより革新的な製品・サービスを生み出す可能性は高くなる。そのために，既存の企業組織をスピンオフしてイノベーション・プロジェクトを立ち上げたり，他社を買収することにより新しい能力を獲得するようなオープン・イノベーションを起こすことが，新たな技術や知識を探索しイノベーションを活性化することに繋がるのである。オープンな環境で製品・サービスに活用されるエコシステムやプラットフォームを構築することが企業の競争優位性を獲得するための鍵となる。

【注】

1 ）"Amazon to Acquire Self-Driving Startup Zoox," *The Wall Street Journal*, June 26, 2020 2:50 pm ET（参照 URL：https://www.wsj.com/articles/amazon-to-acquire-self-driving-startup-zoox-11593183986?mod=searchresults_pos6&page=1，2020 年 12 月 29 日最終アクセス）

【参考文献】

Henderson, R. M. and Clark, K. B. (1990), "Architectural Innovation: The Reconfiguration of Existing Product Technologies and the Failure of Established Firms," *Administrative Science Quarterly*, Vol. 35, Issue 1, pp. 9-30.

Ulrich, K. T. (1995), "The Role of Product Architecture in the Manufacturing Firm," *Research Policy*, Vol. 24, pp. 419-440.

J. M. アッターバック／大津正和・小川進監訳（1998）『イノベーション　ダイナミクス』有斐閣。

安部義彦・池上重輔（2008）『日本のブルー・オーシャン戦略』ファーストプレス。

雨宮寛二（2015）『アップル，アマゾン，グーグルのイノベーション戦略』NTT 出版。

入山章栄（2019）『世界標準の経営理論』ダイヤモンド社。

M. C. クリステンセン／玉田俊平太監修／伊豆原弓訳（2001）『イノベーションのジレンマ—技術革新が巨大企業を滅ぼすとき』翔泳社。

M. C. クリステンセン＝S. D. アンソニー＝E. A. ロス／玉田俊平太解説／櫻井祐子訳（2014）『イノベーションの最終解』翔泳社。

経済産業省（2017）「第 2 節　産業タイプ別の第四次産業革命への対応」『2017 年版ものづくり白書』2017 年 6 月（参照 URL：http://www.meti.go.jp/report/whitepaper/mono/2017/honbun_pdf/pdf/honbun01_01_02.pdf，2017 年 7 月 23 日）。

国領二郎（1999）『オープン・アーキテクチャ戦略—ネットワーク時代の協働モデル—』ダイヤモンド社。

佐伯靖雄（2008）「イノベーション研究における製品アーキテクチャ論の系譜と課題」『立命館経営学』立命館大学経営学会，133-162 頁。

J. A. シュンペーター／塩野谷祐一・東畑精一・中山伊知郎訳（1980）『経済発展の理論』岩波書店。

J. A. シュンペーター／清成忠男編著（1993）『企業家とは何か』東洋経済新報社。

H. チェスブロー／大前恵一朗訳（2004）『OPEN INNOVATION—ハーバード流イノベーション戦略のすべて』産業能率大学出版部。

陳宗華（2014）「中国スマートフォン企業の破壊的イノベーションに関する検討—小米携帯の事例を中心に—」『商大ビジネスレビュー』兵庫県立大学大学院経営学研究科，109-127 頁。

中川功一（2007）「製品アーキテクチャ研究の嚆矢」『赤門マネジメント・レビュー』6 巻 11 号，577-588 頁。

延岡健太郎（2006）『MOT［技術経営］入門』日本経済新聞社。

藤本隆宏（2003）『能力構築競争』中央公論新社。

藤本隆宏・武石彰・青島矢一編（2001）『ビジネス・アーキテクチャ—製品・組織・プロセスの戦略的設計—』有斐閣。

山中英嗣監修／グローバルタスクフォース（2015）『イノベーションのジレンマ入門』PHP 研究所。

【さらに進んだ学習のために】

M. イアンシティ＝R. レイビーン／杉本幸太郎訳『キーストーン戦略—イノベーションを持続させるビジネス・エコシステム』翔泳社。

　　[note] ビジネス・エコシステムの点から戦略について検討している。プラットフォーム型のイノベーションに関して示唆に富んだ研究である。

近能善範・高井文子（2011）『コア・テキスト　イノベーション・マネジメント』新世社。

　　[note] イノベーションのプロセスをわかり易く解説している。

M. C. クリステンセン＝E. A. アンソニー＝E. A. ロス／玉田俊平太解説／櫻井祐子訳（2014）『イノベーションの最終解』翔泳社。

　　[note] 破壊的イノベーションの理論的枠組みを提示した上で，破壊的イノベーションへの対応策を述べている。

H. チェスブロー／大前恵一朗訳（2004）『OPEN INNOVATION—ハーバード流イノベーション戦略のすべて』産業能率大学出版部。

　　[note] オープン・イノベーションについて嚆矢的研究。オープン・イノベーションの概要について学ぶことができる。

コラム インダストリー4.0とイノベーション

　ドイツでは「インダストリー4.0」という「効率的なものづくり革新」を進めている。4.0とは第4次産業革命のことを意味しておりネットワーク上のサイバー空間と実世界との空間とを融合させることで，スマートなシステムを構築することである。例えば，生産現場においてはビックデータを用いることにより，開発，設計，生産などのデータを解析し，自律的に製造を行う自動システムを構築することが可能となる。

　ドイツではIoTを用いることにより産業クラスターの能力を高め，グローバル競争に勝つことを目指している。この中で製造業が「製造ネットワークサービス」のプラットフォームを構築しようとする取り組みが注目されている。ドイツの自動車部品メーカーであるボッシュでは「インダストリー4.0」への取り組みとして，世界265カ所の自社生産施設のすべてをネットワーク化するシステムを導入している。このことにより，物流をリアルタイムで可視化・同期化するとともに，トレーサビリティ（追跡）を可能とするためにRFID（無線自動識別）などのマイクロセンサーを活用した全自動生産を実施している。さらに，現場で生じた問題を世界で同時に共有する知識データベースを構築している。

　このようにIoTを駆使したマザー工場と知識データベースから構成されるグローバルな製造プラットフォームを構築しており，工場での全自動生産や生産工程管理をIoTにより管理している。また，物流をリアルタイムで可視化・同期化することに成功している（経済産業省 2017）。すなわち，製造プラットフォームには装置とシステム，サービスを相互に結びつける必要があり，このために通信インフラなどの他の企業と提携したり，買収することによりイノベーションを活性化させている。

　ボッシュで開発した製造工程のプラットフォーム化は自社だけではなく，汎用的なモジュールのサービスとして捉え，ドイツや中国などの製造企業に対してこのプロットフォーム構築をサービスとして提供している。製造プラットフォームの外部サービス事業を展開することにより，製造開発のオープン・イノベーションが活性化することになる。製造工程も自前で開発するのではなく，他社と提携しながらイノベーティブなプラットフォームを構築することで競争優位性を獲得することが可能となるのである。

第 10 章

企業はどのようにして
製品やサービスを販売するのか

―マーケティング―

本章のねらい

　まず企業は製品やサービスを販売する際に，誰をターゲットとするかセグメンテーション（市場細分化）により切り分け，そのターゲットとする顧客に向けて，提供する製品やサービスがどのような位置づけのものであるか明確にする必要がある。マーケティングの具体的なアプローチとしては，製品政策，価格政策，流通政策，プロモーション政策の 4 つを軸に立案していくことになる。

　本章では企業が製品やサービスを顧客に販売する際の要点について，1. マーケティングはどのように計画されるのか，2. 一般的なマーケティング活動プロセスとはどのようなものなのか，3. 近年の ICT の発展やグローバル化を受けてとりわけ近年のマーケティングに求められていることは何なのかという 3 点について理解することをねらいとする。

第1節　はじめに

　企業は製品やサービスを創り出し，それを消費者に販売して初めて収益となる。その収益が，新たなる製品やサービスを創り出したり，既存製品の改良をしたりする資金として使われる。すなわち，企業が継続的に活動していくためには，製品やサービスを創り出すだけではなく，それを消費者に販売する努力をしなければならないのである。ここで注意したいのが，最終的に購入するのは消費者であるということである。したがって，企業が提供する製品やサービスは消費者にとって有益なものでなければならない。こうした消費者にとって有益な製品やサービスを提供する行為または発想はこれまでマーケティングと呼ばれ，様々な研究や実践が行われてきた。例えば，マッカーシー（E. J. McCarthy）によれば，「マーケティングは顧客から始まるのであって，生産過程から始まる物ではない」とされ，顧客（消費者）が起点になることが強調されている。また，オルダーソン（W. Alderson）は，「マーケティングを供給者の観点からみるか，消費者の観点からみるかで違ってくる」と述べたうえで，「マーケティングの基本機能は品揃え形成活動である」とし，消費者起点でマーケティングを検討するべきであることを強調している。最新のアメリカ・マーケティング協会によれば，「マーケティングとは，顧客，依頼人，パートナー，社会全体にとって価値のある提供物を創造・伝達・配達・交換するための活動であり，一連の制度，そしてプロセスである」と定義されている。このように，マーケティングは，企業が一方的に行うものではなく，最終的な製品やサービスの購入者である消費者のことを考えて検討することが重要である。

　本章では，消費者にとって有益な製品やサービスを創り出しそれを届ける仕組み，すなわちマーケティング行動プロセスについて順を追って説明していく。

第2節　マーケティングはどのように計画されるのか

　ノーアイディアの状態では，どのような製品やサービスを開発し，価格を定め，流通チャネルを整備し，消費者に広告するかを唐突に決定することはでき

ない。まずは，企業にとって製品やサービスの販売対象となる魅力的な消費者はどこにいるのか，その消費者を見つけ，彼らが何を求め，どういった価値を提供するのかを探ることから始める必要がある。

　そもそも，なぜ企業は消費者を探ることから着手しなければならないのだろうか。私たちのまわりには，実にたくさんの商店が並んでおり，さらに店頭には様々な商品が陳列されている。例えば，家電量販店に行けば，多数のメーカーが自社製品を並べており，ひとつのカテゴリをとってみても多くの製品仕様，製品機能，価格帯など多岐に渡っており，消費者は多くのラインナップから自らが購入したいと思う製品やサービスを購入することができる。また，普段立ち寄るカフェにしても，多くのカフェチェーンが存在し，提供するドリンクの種類や価格，さらには店内の雰囲気やサービスレベル，その立地など実に様々である。ドリンクの価格や待ち時間にこだわる消費者がいれば，ゆっくりとリラックスした雰囲気のなか，多少高価でも店に滞在することに価値を置く消費者もいるだろう。そもそもカフェに寄らずに，コンビニやスーパーでカフェ商品を購入する消費者もいるだろう。このように，ひとつの製品やサービスが多くの企業によって創り出され提供されている消費市場のことをいわゆる成熟市場といって，こうした市場においては，私たちが自由に自らが気に入る商品やサービスを自らのスタイルで選択し購入することが可能である。需要の要である消費者が企業を，そして製品やサービスを選ぶ時代なのである。これは，企業にとって，いかに自社の製品やサービスを購入してもらうかを検討することが非常に重要な課題となっていることを意味する。消費者にとって選択される製品やサービスを創り出し，消費者の望むような利便性を伴う方法で提供されなければ，消費者は製品やサービスを購入してくれない。したがって，まず製品やサービスを創り出す以前に，どのような消費者を想定して製品やサービスを提供するのかを決定するプロセスが必要となる。性別，年齢，ライフステージ，所得，社会的地位，居住地域，価値観，ライフスタイルといった軸で見てみると消費者は実に多様である。

　消費者を上述のような軸で細分化したあとは，具体的にどの消費者をターゲットにするのかを決定しなければならない。もちろんすべての消費者をターゲットにして，製品やサービスを創り出す戦略もあるかもしれないが，企業に

は経営資源が限られているため，現実的にすべての消費者をターゲットに展開を行うことは難しい。そこで，細分化した消費者のどの部分をターゲットにするのか決定し，そこに経営資源を投入していくことが重要になるわけである。

　消費者の細分化，ターゲットとする消費者を決定すると，最後に消費者にとって提供する製品やサービスのポジショニング（位置づけ）を定める必要がある。先にも述べた通り，成熟市場では，競争企業が多いため，競争企業といかなる点で提供する製品やサービスが異なるのかを消費者にとってはっきりとわかりやすいコンセプトとして伝達する必要がある。

　こうしてようやく，製品やサービスの開発が行われる。ターゲットとする消費者に向けたコンセプトをいかなる製品やサービスとして具現化し，価格設定を行い，流通チャネルを整備し，広告するかを具体的に決定していかなければならない。

第3節　顧客をどのように見つけ出すのか

　第2節で述べたように，どのような製品やサービスを消費者に対して販売するのかを考える際に，まず検討するべきことは，その対象となる消費者を探り，ターゲットとする消費者を選定し，その消費者に対して製品やサービスをどのようなコンセプトを訴求して販売するかを決定することである。これは一般的にSTPという枠組み（S：**セグメンテーション**，T：**ターゲティング**，P：**ポジショニング**）によって検討することができる。以下では，そのプロセスについて具体的に見てみよう。

1．セグメンテーション（市場細分化）

　消費者は様々な属性から細分化することができる。コトラーによれば，細分

セグメンテーション　市場細分化のこと。市場を様々な軸によって切り分け，その市場にあった製品やサービスを提供するマーケティング活動を行うための活動のこと。
ターゲティング　市場細分化によって抽出された複数の市場細分のなかで，どの市場細分を自社が取り組むべき領域なのかを決定するための活動のこと。
ポジショニング　自社が取り組むべき市場細分の領域に対して，他社と差別化し得る自社の戦略的な位置づけを決定するための活動のこと。

化に用いられる代表的な軸（変数）は，地理的変数，**デモグラフィック変数**，**サイコグラフィック変数**，行動変数である。それぞれの変数が影響を及ぼす消費者市場について考えてみよう。

　まず，地理的変数では，消費者の居住地域やその気候帯，また都市部とローカル部との違いなどに注目する。日本国内でも，地域によって味の好みや食習慣が異なることがあるだろう。地域の特性にあわせて，スーパーやコンビニエンス・ストアでは異なった商品の品揃えや，販売する食品の味付けをうまく変えて提供している。

　次に，デモグラフィック変数とは，人口統計的な要素によって構成される変数であり，企業が最も利用しやすい変数である。最も利用しやすい理由として，統計調査で容易に入手しやすく，測定も容易であることが挙げられよう。例えば，年齢や性別，世帯所得や家族のライフサイクルによって，自動車のタイプ別の購入傾向に差違が見いだせそうである。既婚者でなおかつ子供がいれば，乗用機能性に優れたミニバンタイプが好まれるだろうし，子供が自立した老夫婦であれば，エコカーやコンパクトタイプが好まれるといったことが考えられる。

　サイコグラフィック変数は，ライフスタイルやパーソナリティといった心理的な側面を扱った変数である。上述の地理的変数やデモグラフィック変数の違いでは説明できない消費者の購買行動は，このサイコグラフィック変数を用いて説明が可能かもしれない。同じ地域に居住し，同じ年齢，性別であっても，個々人のファッションスタイルや持ち物は異なること自体決して不思議ではない。健康的で安全で豊かな食生活を望む消費者がいれば，食費に対してはコストマインドシップが強い消費者もいるだろう。例えば，消費者の間で異なるこうしたライフスタイルやパーソナリティに対応するべく，オーガニック食品を主に取り扱う高級スーパーや，卸価格に近い低価格で商品を提供する安売りスーパーなど，街には多様な小売店が立ち並んでいる。

デモグラフィック変数　人口統計的変数と訳される。性別，年齢，所得，ライフステージといった変数を指し，主に統計データなどの二次データで入手しやすいことからこう呼ばれる。
サイコグラフィック変数　心理的変数と訳される。価値観やライフスタイルなど，人間の心理的な内面を指標する尺度である。

　最後に，行動変数であるが，これは使用場面や使用状況，ロイヤルティ（忠誠）といった項目によって市場を分けるものである。こうした変数に加えて，利用経験や使用頻度によっても，購入する製品やサービスの傾向に差違をもたらすだろう。

　企業は上述の市場細分化のための軸（変数）を組み合わせて，競争企業がまだ気づいていない，あるいは攻略していない魅力的な市場を探ることが重要である。

２．ターゲティング

　セグメンテーション（市場細分化）を行った後，企業が行うべきプロセスは，ターゲティングである。ターゲティングとは抽出したセグメント（市場細分）のなかで，企業がどの部分を標的とするか決定することであるが，その際に重要なのが，抽出したセグメントの評価である。評価のポイントとなるのは，① そのセグメントが他のセグメントと比べて独自のものなのか，② 十分な規模と成長性があるものなのか，そして，③ 企業がそのセグメントに着手するときの実行可能であるのかの３点である。

　セグメンテーションによって，セグメントが抽出されたものの，それが他のセグメントと同質的であったのならば，セグメンテーションに用いた変数を再検討する必要があるだろう。具体的にはこれまで着目し得なかった新たな消費者の発見であったり，消費者が真に望むニーズが浮き彫りになったりするようなセグメントである必要がある。

　次に，仮に競争企業がこれまで攻略していなかった極めて独自性の強いセグメントを見つけても，その市場規模と成長性が十分なものでなければならない。もともとセグメンテーションは，すべての消費者に対して同じマーケティングを仕掛けるマス・マーケティングと，消費者一人ひとりにカスタマイズしたマーケティングを仕掛けるワン・トゥ・ワン・マーケティングの中央に位置づけられるマーケティング手法である。企業にとって，すべての消費者に対して同じマーケティングを仕掛けることはコスト上のメリットはあるが，きめ細かい対応が難しいというデメリットも抱える。一方で，ワン・トゥ・ワン・マーケティングではその逆で，個別の消費者に対してきめ細かい対応ができる

というメリットはあるが，その分コストが極めて高くつくというデメリットがある。また，そうした対応が求められる製品やサービスは一部の限定的な範囲に留まろう。この両者のメリットを最大公約数的に解決したのがセグメンテーションであるので，抽出したセグメントに十分な規模と成長性がなければ，セグメンテーションに費やしたコストを上回る収益を得ることはできないのである。

　最後にセグメントを攻略するにあたっての実行可能性である。仮にそのセグメントを攻略するうえで，企業が持ち合わせていない技術を使って製品やサービスを開発しなければならないというケースや，これまで以上に大きな設備投資が必要になるケース，あるいは多くの人的資源を要するケースなど，他企業との連携を含めて，企業のもつ経営資源でそのセグメントに属する消費者に製品やサービスを届けることが可能なのかを検討する必要があろう。

3．ポジショニング

　ポジショニングとは，競争企業との比較で，企業の提供する製品やサービスの独自性を明らかにすることである。これは，企業のコンセプトとも呼ばれるものである。セグメンテーションとターゲティングを経て，狙いを定めた消費者にどのように企業のコンセプトを打ち出し，消費者にその利便性が伝われば，新たな価値となり，それは収益につながる可能性が高まるだろう。

第4節　顧客にどのように価値を形成し，それを伝達するのか

　前節のSTPプロセスを経た後，企業は製品やサービスを開発し，その価格を設定することで価値を形成し，消費者にわかりやすいメッセージと流通チャネルでその価値を伝達し，消費者の購入につなげることが必要となる。これらの活動をマーケティング・ミックスといい，製品（Prodcut），価格（Price），流通（Place），プロモーション（Promotion）の英単語4つの頭文字をとって4Pフレームワークとして考えられてきた。以下ではこの**4P**について順を追っ

マーケティングの4P　製品，価格，流通，プロモーションの4つで，マーケティングプログラムを構成している。

て見てみよう。

1. 製品政策（Product）

(1) 製品やサービスの構成要素

　製品は3つのレベルで構成されている。第1のレベルは，中核となる顧客価値である。これは，消費者が求めるベネフィットである。パソコンであれば，単に作業効率を上げる機器としての価値だけではなく，自らのライフスタイルを世界に発信する機会であったり，世界中の情報にアクセスするための接触ツールとしての意味を持つ。こうした顧客価値は第2のレベルである実態製品として体化される。これは，製品の特徴，デザイン，ブランド，パッケージング，品質水準などである。第3に，製品を消費者に提供するプロセスや，アフターサービスなどから構成される拡張製品である。例えば，クレジットカード会社は，一般的にステータスが上がるほど，拡張製品レベルである消費者へのサポート水準を手厚くし，中核となる顧客価値を高めている。また，一般的に，家電量販店はインターネット業者には価格面では劣るものの，メーカーの保証期間を大きく上回る保証期間を独自に消費者のために設けていたり，製品の利用に際してのサポートオプションを用意したりして，競争企業との差別化を図っている。このように，企業は消費者にとって目に見える実態製品レベルだけではなく，目に見えない拡張製品レベルあるいは中核となる顧客価値も含むすべてのレベルにおいて，競争企業と差別化し，消費者にベネフィットを届けるチャンスがある。

(2) 新製品開発プロセス

　企業内における新製品の開発ステップは実に多くの段階を経る。企業内のマーケティング担当者や製品開発担当者だけではなく，消費者や競争企業が展開している製品やサービスからアイディアを創出し，スクリーニングをかけていく。そしてスクリーニングされたアイディアを消費者にわかりやすいメッセージを用いてベネフィットを伝えるために，具体的な製品やサービスのコンセプトを開発する。このコンセプトを具現化するべく，製品やサービスの設計が開始されるが，そこには多くの困難が伴うことも少なくない。実現を期待したコンセプトを具現化することが，工学的に可能であるとは限らないからであ

る。たとえ，工学的に開発が可能であったとしても，その生産コストが収益性計画のネックとなることもあるだろう。あるウォシュレットメーカーは世界初のウォシュレットの開発の際に感電防止のための安全装置の開発に多くの労を費やした。新製品開発にはこうした要素技術の開発を伴うことも少なくない。このステップをクリアした後は，工程設計と生産準備に取りかかることになる。既存の生産ラインで新製品を生産することができるのか，またどのように効率的な工程設計を組むのかといった課題が待ち受けている。日本ではじめて開発されたカップ入りインスタント麺の生産ラインでは，麺を揚げるために大量の油を高温に熱するための火力を実現することに苦労したという。こうして完成した製品は，テストマーケティングといって少数のユーザーへの実験的な販売や地域限定発売といったプロセスを経て，最終的に市場導入されることになる。最終的に市場導入された後に，消費者からのフィードバックによって，製品やサービスの修正がなされることも少なくない。

　このように，製品やサービスを開発するためには，マーケティング部門だけではなく，開発部門や生産部門といった諸部門も関係する多くのプロセスを経て数々の課題がクリアされなければならない。

２．価格政策（Price）

(1)　価格設定戦略

　ここでは，新製品や新サービスを販売する（企業がはじめて価格を設定する必要がある）際の代表的な２つの価格設定方法を見てみよう。

　一つは上澄み吸収価格設定と呼ばれる価格設定方法である。この価格設定方法は，まず発売当初に高価格で設定し，短期間で収益を獲得しようとするものである。例えば，スマホやPCは夏モデルや冬モデルといったように一年間のうちに数回販売されるが，販売当初は最も価格が高く，新モデルが販売されると経時的に価格が下げられることが多い。サービスの場合，映画などがこの価格設定方法が取られており，封切りされたばかりの鑑賞価格が最も高く，時間が経過すると，二本立てで上映する二番館で上映されるなど実質的な値下げが行われる。この価格設定方法が有効なのは，特に高価格であってもその価格を気にせずにその製品やサービスを購入したいと思う消費者が多数存在すること

や，企業のブランド力や独自性が強く，競争企業が容易にその市場に参入できないといった場合に特に有効である。

　次に，市場浸透価格設定と呼ばれる価格設定方法がある。この価格設定方法は，上澄み吸収価格設定とは対照的に発売当初に低価格で設定し，多くの消費者をその価格で引きつけて大きなシェアを獲得しようとするものである。例えば，日本では大手キャリア会社の通信料は世界的に見て高価格である。そうしたなか，参入し，市場での存在感を高めたのが格安通信キャリア会社である。SIMフリーのスマートフォンであれば，SIMカードを変えるだけで，自由にキャリアを選んで通信サービスを利用することができる。また同様の例として，LCC（格安航空会社）が挙げられるだろう。LCCは，航空区間は限定的であるものの，特別に航空会社に対して拘りがなく，少しでも安く移動したいと考える消費者の支持を得た。

　(2)　価格の弾力性

　製品やサービスが安くなればそれだけ販売量は増えるのだろうか。たしかに，値下げをすれば売り上げが増えることはあるだろう。しかし，なかには価格を下げてもそれほど販売量が変わらない商品もある。例えば，一般的に生活必需品の食品などは価格を下げてもそれほど販売量は変わらないが，ブランド品や宝飾品といった品物は値下げされると販売量は大きく変わる傾向にある。この価格の変化率と需要（販売）の変化率のことを価格の弾力性という。注意したいのは，価格の弾力性は一定ではなく，代替品の有無や季節条件といった要因に影響を受けるということである。例えば，レジャー施設などでは，一般価格よりも高価格で製品やサービスが販売されていることが多い。レジャー施設を出てまで低価格の製品やサービスを追求することはしないだろう。また，高価格設定は消費者にとって，製品やサービスの品質やブランドを保証する効果もある。日本ではお中元やお歳暮といった贈答品市場において，高価なトップブランドが選択される。重要なのは，こうした消費者の価格に対する受容を考慮した価格設定を戦略的に行うことなのである。

3．流通チャネル政策（Place）

　企業にとって，製品やサービスをどのような流通チャネルで販売するかは戦

略的な問題である。創り出された製品やサービスを消費者に届ける仕組みが整備されてこそ，消費者にその価値が伝達されるからである。

　一般的に流通形態には主に直接流通と間接流通が存在する。直接流通とは，企業と消費者が直接取引する流通形態のことをいう。例えば，農産物などの生産品を特定の農家から取り寄せるといった取引や，インターネットを通じて企業に直接注文する直販サイトなどを利用して製品やサービスを購入するといったケースがある。しかし，私たちの身の回りで入手した製品やサービスのほとんどは間接流通，つまり小売業者を経由したものが多い。ここで重要なのは，企業にとって，自身で直接的に消費者に販売するのか，それとも小売業者や卸売業者といった商業者を利用して販売するのかをいかに決定すれば良いかという問題である。

　商業者を介在させる流通チャネルのメリットは，例えば，広域に点在する消費者にスピーディーに対応したり，社会的な品揃えのなかで製品やサービスを消費者にアピールできたりすることである。この商業者を介在させる流通チャネルは，取引先の業者をどこまで広げるかによって，大きく分けて3つのタイプに分類される。第1に開放的チャネルと呼ばれる流通政策である。これは製品やサービスを取り扱う商業者を限定せずに，幅広く設ける方法である。新製品のお菓子やドリンクはいち早く全国のコンビニに陳列されるのはこうした理由によるものである。第2に，選択的チャネルと呼ばれる流通政策である。これは例えば家電製品などを家電量販店やホームセンターなど一部のディスカウント店に扱わせるといった例がある。商品説明をできる店員の有無や店舗設備など，要件を満たした商業者に商品を流通させる方法である。第3に，排他的（閉鎖的）チャネルと呼ばれる流通政策である。これは，ある企業の製品やサービスを専門的に取り扱う商業者（特約店や特約卸）を介して流通させる方法である。自動車のディーラー販売や高価なブランド品や化粧品は，ある企業の製品やサービスが競争企業の製品やサービスと並んで販売されることはない。流通チャネルは開放的チャネルのように多くの商業者と取引をするべく広く設定して大量に販売すれば良いというわけではない。広くなれば，それだけ商業者をマネジメントしてコントロールすることは難しくなる。

　一方で，商業者を介在させない流通チャネルのメリットは，企業が自身で製

品やサービスの販売をコントロールできること，販売データを入手できることである。しかし，流通チャネルを自前で整えることは大きなコストを伴うことには留意しなければならない。

　製品やサービスを販売するにあたっては，企業がどのような目的を優先するかによって，流通チャネルの選択を行うことが重要である。

4．プロモーション政策（Promotion）

(1)　プロモーション・ミックス

　企業が消費者に製品やサービスの価値を伝達する枠組みのことをプロモーション・ミックスという。プロモーション・ミックスのツールとしては次に説明する4つがある。第1に，広告である。広告は，テレビ，ラジオ，新聞，インターネット，街頭など様々な箇所で消費者が目にすることが多い，企業による非人的なプロモーションであり，広告主がその費用を負担するものである。第2に，人的販売であり，企業の販売あるいは営業担当が行う人的なプロモーション活動である。第3に，パブリック・リレーションズ（PR活動）であり，これは企業のステイクホルダーと良好な関係を築くために行われる。例えば，PRにはパブリシティ活動といい，マスコミに情報を提供することで広く企業の情報を提供する活動である。近年ではツイッターやフェイスブックといったSNSを通じて自社のファンになってもらうべく，積極的に広報発信をしている事例も企業のPR活動の具体例であろう。第4に，セールス・プロモーションである。これは企業の製品やサービスを取り扱う商業者に対してインセンティブを与えたり，消費者にはポイント・プログラムを提供することで，自社の製品やサービスの購入を促そうという取り組みである。

(2)　メディア・ミックス

　企業は様々なメディア（媒体）を使って，消費者に価値を伝えることが可能である。先にも述べた通り，消費者は生活圏内のいたる所で企業の広告を目にする。メディア・ミックスとは様々なメディアを複合的に使用して消費者に価値を伝えることである。例えば，新聞広告だけでは具体的な製品やサービス

SNS　ソーシャルネットワーキングサービスの略語。インターネット上でコミュニティを作り，人間関係の構築を促進するためのサービスを指す。

の仕様やデザインについての情報量を豊富に伝えることができても，その利用シーンについて具体的にそのイメージについて伝えることができない。テレビCMを利用して商品の訴求ポイントを短時間にまとめて伝えることで消費者への価値の伝達はより深まる。近年ではさらなる情報探索を希望する消費者のために，テレビCMからさらに企業ウェブサイトへ誘導する取り組みや，より的確にターゲットに訴求するために，ターゲットがよく利用する環境（例えば若者向けには無料ゲームアプリや無料コミックサイトなど）に広告を掲載するといった取り組みなど，従来のオフラインだけでなくオンラインメディアも加えたメディア・ミックスが実践されている。

第5節　これからのマーケティングに求められるもの

　マーケティングの考え方は1900年頃にアメリカで誕生したといわれる。かつてフォードがT型フォードを生産し，これが市場でヒットしたのは，市場調査や流通チャネルをしっかりと整備したことも要因として挙げられる。それから100年以上が経過し，マーケティングは今も企業が製品やサービスをいかにして消費者に販売するのかを考える基本的な枠組みとして，学問体系化され，企業は日々その実践を行っている。

　しかし，マーケティングが誕生してから，企業を取り巻く環境は大きく変わった。技術革新に加え，ICT技術の発展，グローバリゼーションの進展など，マーケティングに求められる役割は，単に企業が製品やサービスを販売するだけという側面のみに期待されるものではない。第1節で述べたアメリカ・マーケティング協会は時代の変遷とともに，マーケティングの定義を幾度となく変更している。

　技術革新やICT技術の発展により，わたしたちの生活利便性は飛躍的に向上し，企業にとってはマーケティングに留まらず様々な活動の効率的効果的運営を可能にした。例えば，われわれが必要な商品やサービスを実店舗に赴か

ICT　IT（Information Technology）は，PCやインターネット，通信インフラを用いた「情報技術」と訳されるのに対して，ICT（Information and Communication Technology）は「情報伝達技術」と訳され，情報や知識の共有に焦点が当てられている。

ずに，手軽にインターネットを利用してオンライン上で購入するということはごく自然で身近な行為となっている。いわゆるEC（electronic commerce）といわれる商取引形態は，BtoBやBtoCのみならず，最近ではメルカリをはじめとしたCtoCにまで拡大しており，BtoCに限ってみると，その市場規模は17兆9,845億円（2018年）を記録し，2010年の7兆7,880億円から2倍以上に急増している（経済産業省 2020）。メーカーは自社のウェブサイトで直接販売することができるようになり，商業者に至っては，実店舗を持たなくても，オンライン上にネットショップを持つことで販売チャネルを構築することができるので，経営資源に依存せずに販売チャネルを構築することができるというメリットが生まれた。一方で，同時にそれは新たなる企業間競争の激化の荒波に揉まれることにもなる。その際，競争の核となるのは，自社ネットショップにいかにして消費者を呼び込むかであり，消費者ユーザビリティを追求したウェブサイト構築の方法論，またSEO（Search Engine Optimization），アフェリエイト広告，リスティング広告といったインターネットビジネス特有のテクニカルな問題が発生している。そして，従来のマーケティングでは扱われなかったこうした問題を扱うインターネット・マーケティング研究が2000年代に入ってとりわけ盛んに行われるようになった（ハンソン 2001）。消費者からすればどのウェブサイトで商品やサービスを購入するか迷う，また，ネットショップを展開するメーカーや商業者からすればいかにして消費者を引き寄せ，継続的に利用してもらえるか，こうした双方が抱える課題をも包括して検討することが今後なおマーケティングに求められるものとなろう。

　また，同時にグローバリゼーションの進展は豊かな生活を世界的に普及させると同時に，貧困や環境問題といった地球規模の問題を生じさせる要因にもなった。2004年のアメリカ・マーケティング協会の定義の一部には，マーケティングとは顧客との関係構築という記述がある。これまでのマーケティングが主なターゲットとしてきた先進国や購買可能層だけでなく，世界で約40億人いると言われている貧困層である**BOP**（Base of Pyramids）市場の顧客と

BOPビジネス　ベースオブピラミッド，すなわち世界の所得ピラミッドの底辺部分にあたる貧困層である。1日2ドル以下の生活をしている人口は40億人いると言われ，こうした貧困層向けのビジネスのことをいう。また，こうした貧困層をビジネスに組み込むことで彼らの経済的自立も目指す。

の関係構築によって，彼らの生活向上に資する価値を創出したり，地球規模で起きている環境問題の解決に資する製品やサービスの創出を目指して，世界のあらゆるステイクホルダーとの連携を模索することが，今後のマーケティングに求められていることではないだろうか。

【参考文献】

石井淳蔵・嶋口充輝・栗木契・余田拓郎（2004）『ゼミナールマーケティング入門』日本経済新聞社。

W. オルダーソン／田村正紀訳（1981）『動態的マーケティング行動—マーケティングの機能主義理論』千倉書房。

経済産業省（2020）「平成30年度 我が国におけるデータ駆動型社会に関わる基盤整備（電子商取引に関する市場調査）報告書」。

P. コトラー＝ G. アームストロング＝恩藏直人（2014）『コトラー，アームストロング，恩藏のマーケティング原理』丸善出版。

W. ハンソン／上原征彦監訳（2001）『インターネット・マーケティングの原理と戦略』日本経済新聞社。

E. J. マッカーシー／浦郷義郎・粟屋義純訳（1978）『ベーシック・マーケティング』東京教学社。

Levitt, T. (1960), "Marketing Myopia," *Harvard Business Review.*

【さらに進んだ学習のために】

小川孔輔（2009）『マーケティング入門』日本経済新聞出版社。
　　　［note］初学者向けテキスト。豊富な事例とともに，マーケティング行動が学べ，マーケティングの発展史，マーケティングの社会的役割についても触れられている。

池尾恭一・青木幸弘・南知恵子・井上哲浩（2010）『マーケティング』有斐閣。
　　　［note］マーケティングの入門書を一通り読み終えたら読むことをおすすめする。マーケティング戦略に加え，消費者行動分析，競争・流通環境分析についても詳しく学ぶことができる。

山下裕子・福冨言・福地宏之・上原渉・佐々木将人（2012）『日本企業のマーケティング力』有斐閣。
　　　［note］日本企業のマーケティング行動と成果についての実証研究にチャレンジした専門的研究書。マーケティングゼミで卒業論文を執筆する学生や，大学院でマーケティング研究を目指す学生はぜひ読んでおきたい。

コラム　インターネット通販業者の急成長

　日本国内では 2000 年代に入って，小売業界のなかでも特にアパレルの分野で主力プレイヤーが変遷してきた。かつて，アパレルは百貨店が流行の発信地であり，丁寧な対面接客によって消費者にアパレル製品を提供してきた。そこに，日本ではユニクロ，海外からは GAP や ZARA，Forever21 などの SPA（アパレル製造小売企業）の進出によって，その座は百貨店にとって変わった。日本ではバブル崩壊後の依然として低迷する消費経済のなかで，これら SPA 企業のアパレル製品の手頃な価格，さらにグローバルに生産を展開する強みを背に週替わりで提供されるアパレル製品が支持された。もはや多くの若者を中心に，高価なアパレル商品を大事に長年着用するというスタイルは影を潜め，次々に出てくる新商品を季節や気分によって替えるというスタイルが定着した。ファストフードならぬファストファッションと言われる所以である。しかし，日本では近年目覚ましい成長を遂げ，メディアにも出現機会が増加しているインターネットアパレル通販サイトが登場した。ZOZOTOWN である。アメリカのアマゾンも 1990 年代に設立したが，ZOZOTOWN も 2004 年設立と以外にその歴史は古い。アマゾンもZOZOTOWN も当初は商品の品揃えが限定的で利用者数も少なかったが，徐々にその取り扱い品目を増やし，日本国内では 2000 年初頭に百貨店を窮地に追いやった SPA 企業のなかには，こうしたインターネット通販業者の登場により高まった業界内競争の激化により撤退する企業も出現している。

　従来安かろう悪かろうのイメージが強かったインターネットアパレル通販業者のサイトであったが，ZOZOTOWN はサイトを一から開発・製作することで改善した。また，従来アパレル製品は製品特性からインターネット販売に向かないと言われていたが，コミュニティサイトを構築することで，ZOZOTOWN サイドは顧客の意見を吸い上げ，また顧客同士がコミュニケーションする仕組みを作り，さらにショップレビューを豊富に掲載することで，アパレル製品の通販王者になることができた。物流を自前化し，コストを削減することで価格訴求力も備え，何よりオンラインであるがゆえに品揃えに制限はなく，24 時間営業というのも実店舗が持ち得ない強みであろう。ICT の発展により，今後はこうしたウェブベースのマーケティング手法の重要性が高まってくると考えられる。

第11章

企業はどのような仕組みで動いているのか
──組織構造とカンパニー制──

本章のねらい

　企業では異なった感情や個性をもった従業員が働いている。従業員が様々な職務を分業できるよう企業は調整していく必要がある。このために，企業は組織構造を設計し，管理することが求められてくる。ただし，適切な企業組織の構造や管理のあり方は企業を取り巻く状況により変化してくる。

　「組織は戦略に従う」という命題のように，組織構造は経営戦略や市場の在り方に応じて形成されることになる。例えば，グーグルやトヨタ自動車，ファーストリティリングのような企業は，製品・サービスの性質ならびに，企業の市場・環境が大きく異なる。このようにそれぞれの企業の市場・環境に応じた組織構造を構築することにより，持続的な競争優位性が構築されるのである。

　本章では具体的な企業組織として職能別組織，事業部制組織，カンパニー制を中心に取り上げ，市場・環境の複雑性との関係から各組織形態について説明していく。さらに，企業グループを管理するホールディングカンパニー形態についても指摘する。このように市場・環境変化に伴いどのように組織構造や管理の在り方が変化していくのか理解することが本章のねらいである。

第1節 企業組織の管理

1. 組織の管理原則

　企業とは財・サービスの取引を行う経済的な機能をもつ組織である。バーナード（C. I. Barnard）は組織の成立条件として，第1に組織のメンバー間に明確な共通目的があること，第2に共通の目的達成のためにメンバー同士が協働すること，第3にメンバー間でコミュニケーションが存在することの3つを挙げている（バーナード 1968）。つまり，企業組織は利潤の追求を目的とする**ゴーイング・コンサーン**として，様々な人々が目標達成に向けて分業しながら協力し合って活動している。すなわち，組織は分業と協業とを適切に管理することが求められる。共通目標の達成に向けて従業員を管理し，仕事をグループ化して合理的に秩序立てることが企業組織にとって重要な課題となってくる。この組織管理の原則として，命令一元化の原則，専門化の原則，**権限**と責任の原則，監督範囲の原則，階層化の原則の5つが捉えられている（井原 2008；ファヨール 1968）。

　命令の一元化の原則とは，組織の秩序を維持するための従業員が一人の上司の命令に従い，命令指揮系統を一元化することである。専門化の原則とは，職務が分業で遂行する中で仕事を細分化し，その仕事を単純で標準的なものにして従業員間で分担することである。このことにより，従業員は仕事に習熟するようになり特殊技能を得られ，組織全体として効率化がすすむことになる。権限と責任の原則とは，職務を遂行する上で権限を与えられた場合，権限に応じた責任も負うということである。責任にそぐわない権限を付与したり，権限に相応しない責任を与えてはならないのである。上司が部下に対して指示・命令権限を行使するのみで，部下に対して責任を押し付けるような部門は，部下の間で職務に対するモチベーションの低下を招くことになる。

　ゴーイング・コンサーン　「継続企業」という意味であり，企業が将来に渡り事業活動を行っていくという考え方。永続的に事業を継続できるような経営を行うことが企業にとっての重要な課題となる。このようなゴーイング・コンサーンとしての企業には企業の利害関係者との対話や社会的価値を創造する経営を行うことが求められる。

　権限　公式に行使しうる権利である。すなわち，企業ならば職位や職務などに基づいており，限定された範囲内で行使するものである。

図表 11-1　監督範囲と階層の関係

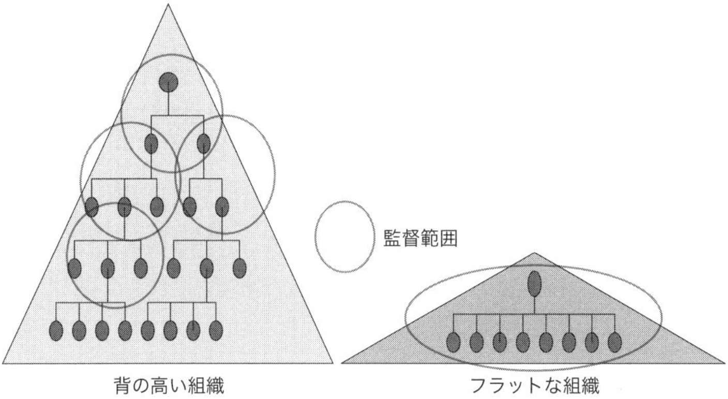

背の高い組織　　　　　　　　　　フラットな組織

出所：筆者作成。

　大規模な企業組織においては，意思決定の部門と遂行の部門とに垂直分業が
行われることになる。すなわち，会社の中で様々な意思決定が行われるがトッ
プにその権限を集中させるのではなく，下位の従業員に意思決定の権限を与え
た方が効率的な経営を行う上で望ましいものとなる。企業組織の規模が大きく
なるについて，トップは下位の階層に権限を委譲する必要が生じ，階層化が進
むことになる。

　組織の階層の数は企業規模と同時に，一人当たりの上司が部下をもつ数に依
存することになる。この上司一人が部下をもち，管理できる数のことを監督範
囲（span of control）という。一般に，適切な監督範囲は仕事の内容によって
変化することになる。この監督範囲は組織の階層の大きさを規定することにな
る。組織の規模や従業員数が同じでも，監督範囲が小さければ階層の数が増え
ることになる。反対に監督範囲が大きければ階層数が減り組織の階層は小さく
なる。つまり，監督範囲の大きさと階層の数は逆の関係にある。このように，
権限範囲や監督範囲によって，ちょうど建物の階のように階層ができるのであ
る。

2．官僚制組織とその弊害

　企業の規模は，拡大するにつれて組織階層が増大することになる。このよう

に企業規模が大きくなるにつれて，組織の管理は複雑化する。このような複雑
化した組織に規則を設け，業務内容を**標準化**することで，秩序だった管理を行
えるようにしくみを整えたものが官僚制組織である。官僚制組織では，継続的
な事業運営のために権限や業務内容が規則によって示され，組織の階層とそれ
に伴う職位が定められている。職務が専門的に分化し，各セクションが協力し
て組織を運営する分業ならびに，専門性の原則に即して組織が運営されてい
る。命令・指示は上位のものから文書によってなされることになる。

　このように文書主義，トップダウンの命令指示系統，専門化，標準化された
仕事の手続きにより官僚制組織が特徴付けられるが，規則や手続きを重視する
あまりに環境変化に柔軟に対応できず硬直的な手続きが優先される弊害があ
る。具体的には意思決定や職務遂行における**前例主義**や規則が細かすぎ手続き
が煩雑のため業務が非効率化してしまうことである。会議や文書作成が目的化
してしまい，形式主義がはびこることになる。また，業務が縦割りとなり，部
門間の意思疎通や協力が図られず，**セクショナリズム**が進むこととなる。

　つまり，組織が肥大化したために，組織全体が膨大な部署に分かれてしまい
トップの経営陣と中間管理職ならびに，下位の階層との間に幾重もの階層が形
成されてしまう。この結果，情報伝達や意思決定にいくつもの階層が存在し，
迅速な意思決定が望めないのである。階層の多い官僚制組織では，トップの意
思決定に市場環境の変化や顧客の動向を適切に反映させることは困難なものと
なる。

　このような場合，組織の階層を削減することにより，従業員の顧客へのコ
ミットメントを高め，意思決定のスピードを高めることが求められてくる。下
位の職務に権限移譲をし，下位の従業員が自律的に活動できるようになれば環
境変化に対して柔軟な対応は可能となる。さらに，現場にて自律的な意思決定

標準化　仕事の内容や形式を同じものに統一をすることである。作業内容を同じ形式にしたり，異な
　る製品の部品の設計構造を共通のものにすることで，業務の効率化を図ることができる。
前例主義　組織の意思決定や業務遂行において，過去に行っていた方法（前例）を踏襲し続けるこ
　と。今までの方法が適切かどうか判断することなく，同じことを繰り返すため，組織内における業
　務が不合理なものとなってしまう。
セクショナリズム　企業内の各部門が自部門の利益や利害にこだわり，部門間でお互いに協力しない
　ことである。企業内の縄張り争いであり，企業運営が局所最適に陥り，全社的な行動が難しくなる
　問題を招いてしまう。

が行えるため，現場での課題に対して自発的に問題解決を行おうとし，提案を
行うなど創造性を喚起される機会を従業員に与えることができる。

　下位の階層に権限を移譲し，組織の階層を削減し，組織がフラット化するに
つれて，監督範囲が大きくなり，上司と部下とのコミュニケーションが問題と
なる。インターネットやソーシャル・メディア・サービスの活用によるコミュ
ニケーションを円滑化したり，上司の裁量や部下を監督する業務内容を減らせ
ば監督範囲が大きくなっても管理が可能となる。

3．組織構造と環境

　このように組織階層や組織構造は企業を取り巻く環境に応じて変化すること
になる。適した組織構造は環境条件に依存するという考え方に基づく**コンティ
ンジェンシー理論**が，1960年代以降，盛んに研究されるようになった。バー
ンズとストーカー（J. Burns and G. M. Stalker）は環境条件として技術を取
り上げ，実証研究の結果，技術革新と組織構造との間には一定の関係があるこ
とを明らかにした。技術革新があまり生じない安定的な環境においては明確な
職能別専門化，責任，義務の厳格な規定，上司と部下との垂直的な命令系統や
階層が徹底されている機械的組織が適しており，技術革新が激しく変化のある
環境においては権限と責任の関係や職務規定も厳格ではなく，上位と下位の従
業員のコミュニケーションも柔軟である有機的組織が環境変化に対応できると
した。バーンズとストーカーは当時，環境変化が激しいエレクトロニクス産業
に参入した企業を調査し，成功したのは有機的組織の企業であり，機械的組織
の企業は失敗したことを実証したのである（Burns and Stalker 1961）。この
ように，環境変化が激しい場合にはフラットな組織形態であり，自律的に従業
員が活動できる裁量が大きいネットワーク型の組織が有効となるのである。

　ローレンスとロッシュ（P. R. Lawrence and J. W. Lorsch）は環境の異なる
プラスチック，食品，コンテナの3つのタイプの産業の企業の調査を行い，環
境条件と高業績をもたらす組織や管理の在り方との関係について分析した。彼

コンティンジェンシー理論（contingency theory）　状況依存理論とも訳され，環境と組織の有効
　性や成果との関係について，組織の内部特性（組織構造，個人属性，組織過程）を考慮すること
　により分析を行った。その後の組織論の理論的基礎を構築した。

らは，分化と統合の2つの概念から環境に適応する組織の構造を検討したのである。分化とは組織が複雑化するにつれて機能や職務に応じて部門に分かれることであり，統合とは組織の全体目標のために分化した部門が協力することである。環境の不確実性が低く，安定化していると組織は統合の程度が大きくなり，逆に環境の不確実性が高く，不安定な場合は組織の分化の程度が大きくなることを明らかにした。すなわち，環境の不確実性が高くなるにつれて，この不確実性を吸収するべく組織は部門を増やし，その一方で様々な部門の統合や調整が必要となる。環境に適応するためには，環境条件に応じた組織のプロセスや構造を構築する必要があり，これを達成できた場合，組織は高い業績をあげることができることを示したのである（ローレンス＝ロッシュ 1977）。

第2節　組織の基本構造

　環境や市場の特性に応じて適切な組織形態は変化することになる。本節では組織の基本構造について確認する。組織の基本構造にはライン組織，ファンクショナル組織，ライン・アンド・スタッフ組織がある。

　ライン組織とは，トップから末端までひとつの命令・指揮系統により統一された組織である。部下は一人の上司の指示しか受け入れず，責任の所在が明確なものとなる。このように命令一元化の原則によりライン組織は形成されているが，階層が増えると，階層のトップと末端の従業員との間の意思疎通が希薄になり従業員同士の横の結びつきが弱くなる。

　ファンクショナル組織は，権限と責任を機能別に区分し，職能に応じて組織が機能する形態である。権限や責任を持っているそれぞれの上司が様々な部下に対して指示・命令を行う。しかし，現場の従業員にとっては担当部署に応じて上司が複数存在し，様々な命令が発せられ，命令の優先が混乱することになる。

　ライン・アンド・スタッフ組織は，ライン組織とファンクショナル組織の両組織の特徴を兼ね備えており，ライン組織とスタッフ組織から構成される。ライン組織とは利益に結び付く企業の基幹的な業務を担当する部門である。メーカーならば，資材調達部や生産部門，販売部門がこれに該当する。ライン部門

図表11-2　ライン組織とファンクショナル組織

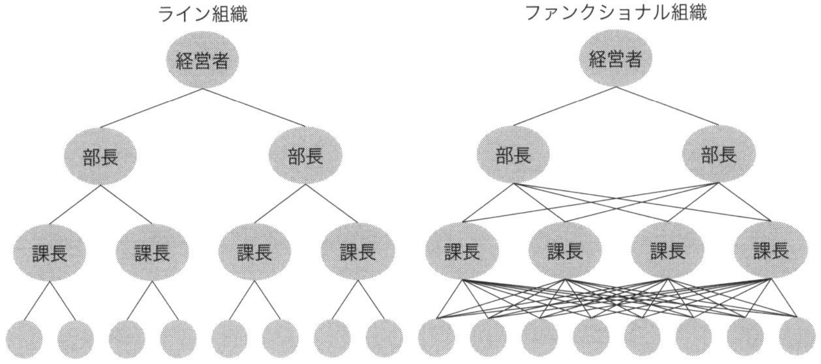

出所：筆者作成。

では命令一元化の原則により業務が遂行されることになる。

　スタッフ組織は，基幹業務を担当するライン組織を専門的・技術的活動を
もって支援し，助言やサービスを提供する立場にある。人事部門は資材調達や
生産，販売の各ライン部門の人材を配置し，人材の育成を行う。経理部門は各
ライン部門に必要な資金を割り当て，各部門の従業員に給与を支払うことにな
る。スタッフ部門は複数のライン部門に対して専門的立場で助言やサービスを
提供する組織である。スタッフ部門にはラインを補助しながら基幹業務を支援
する人事部・経理部・総務部のような専門スタッフ部門だけではなく，社長室
や企画部，管理部のようにトップの指示のもと企業経営において企画，調整，
組織化，統制などの機能をもつ管理スタッフ部門が存在する。

第3節　組織の具体的な構造

1. 職能別組織

　企業組織の実際はライン組織，ファンクショナル組織，ライン・アンド・ス
タッフ組織のいずれかの機能をもつことになるが，具体的な組織構造として職
能別組織，事業部制組織が存在する。

　職能別組織とは，組織の各部門が生産や物流，販売などのように職能別に部
門化して，それぞれの職能部門の調整をトップ・マネジメントが行う集権的な

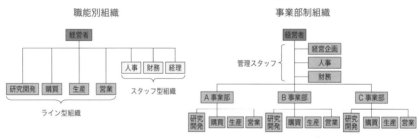

図表 11-3　職能別組織と事業部制組織

出所：筆者作成。

組織を意味する。生産部長は工場での生産を指示，監督を行いその全責任を負うことになり，研究開発部長は，製品を開発する技術や新規製品の創造やその管理の責任を担うことになる。このように生産部門・研究開発部門などの業務のプロセスに応じて職能が分化することになる。さらに，人事本部・経理本部のように専門分野ごとにスタッフ部門をもつことになり，ライン・アンド・スタッフ組織の構造によって特徴付けられるのが職能別組織である。

　職能別組織では職能別に専門化するために各部門において知識や熟練を形成することが可能となってくる。研究開発部門は新しい技術や製品の開発に，生産部門は生産性改善や効果的な生産管理に努め，営業部門は適切なマーケティングを行うことで売上の向上を目指していく。このように各部門において専門の知識・ノウハウの蓄積が可能となる。しかし，企業が多角化するに従い，各部門で複数の製品を生産し，多様な市場に対応するのは非効率となる。職能別組織は複数の製品・サービスや多様な市場への対応が困難となる問題を抱えている。

２．事業部制組織

　事業部制組織では事業分野，製品，市場に基づき部門を生み出し，各事業部で研究開発，生産，販売などの職能をもたせることにより，各事業部で自律的にマネジメントを行っていく。家電メーカーを事例に考えるとスマートフォンと洗濯機，冷蔵庫などの白物家電などの事業を展開していた場合，スマートフォン事業部，白物家電事業部のように製品・サービスごとに事業部を展開し

ていくのである。各事業部はひとつの製品やサービス，あるいは市場に対応する職能別組織になっており，**独立採算制**のマネジメントを行う。

　トップ・マネジメントは各事業部の業績を全般的に管理することになり，各部門の業績に応じて経営資源を配分するなど戦略的意思決定に専念することができる。また，各事業部での製品開発やマーケティングを立案するなど事業活動について大きな権限が与えられているため，市場に対して柔軟な対応が可能となる。

　この事業部制組織を運営するにあたり課題もある。必要な職能が事業部ごとに備えられているために，重複による無駄が生じる可能性がある。先の家電メーカーの事例で考えるとスマートフォン事業部，パソコン事業部ではともにモニター画面に使用する液晶部品を使用する。液晶部品の開発・生産には莫大な投資が必要なため，全社で経営資源や設備を共有して開発・生産を行う方が効率的に事業を進めることができることになる。

3．組織横断型の組織

（1）マトリックス組織

　部門編成の基準として職能と製品・事業あるいは，地域などの2つの軸から形成されている組織のことをマトリックス組織という。マトリックス組織では，職能ならびに製品に関する調整を同時に行うことができる。また，多元的な命令・報告経路を持つことで，より柔軟な調整やコミュニケーションを行うことが可能となる。さらに職能ならびに製品もしくは市場の双方について，専門化を行い熟練の形成を行うことができる。

　例えばメーカーならば，基幹技術や生産部門の職能別の軸と製品ごとの事業部の軸から構成されるマトリックス組織が考えられる。このメーカーがスマートフォン事業部，テレビ事業部，パソコン事業を保有していた場合，共通の部品の液晶に関する技術開発と生産管理の職能部門を立ち上げ，マトリックス組織を形成することにより，液晶技術の熟練と各製品への効果的な応用が可能となる。このように職能と製品・市場を軸に考えるならば，職能別組織と事業部

独立採算制　独立した会社のように利益責任を負うことである。各事業部で利益と費用を管理し，製品の価格や使用する材料などを決めるなど事業に対して全般的な管理権限を持つことになる。

図表11-4 マトリックス組織（職能と事業部の2つの軸）

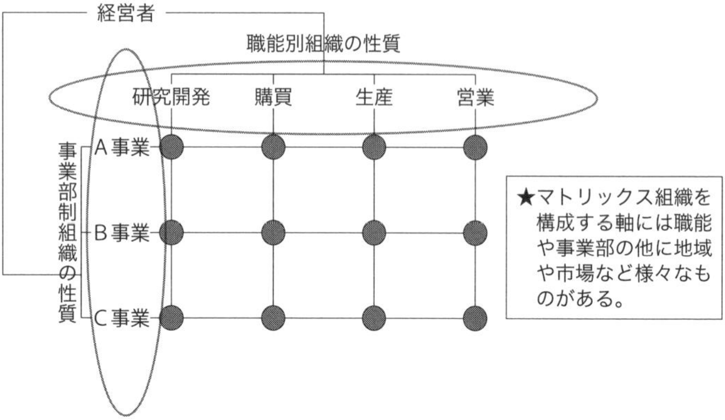

出所：筆者作成。

制組織の特徴を帯びた組織がマトリックス組織となる。

　このマトリックス組織ではファンクショナル組織のような2重の命令系統を
もつため，現場の従業員が職能部門と事業部門の要求が対立した場合，両者の
優先順位をめぐって混乱することになる。また，事業に対して各部門の責任が
曖昧になる恐れがある。マトリックス組織では双方の軸を調整するための会議
などを行うことが求められる。

　YKKではグローバル経営を効率的に展開していくためにマトリックス組織
を組織形態として採用している。YKKはファスナーやスナップボタン，繊
維・樹脂繊維などのファスティング事業，住宅やビル建材などの**AP事業**，
ファスティング事業ならびに，AP事業向けの専用機械の開発・製造までの
職能を担う工機技術本部の事業を展開している。YKKではこうした事業と職
能をグローバル展開するため，日本，北中米，南米，EMEA（欧州，中東，
アフリカ），中国，アジアの6つの地域拠点を置いている（山下・ITmedia
2014）。つまり，ファスティング，APの事業部ならびに，工機技術本部の職
能部門と，地域拠点の2つの軸からマトリックス組織を形成しているのであ
る。YKKでは，地域部門よりも事業・職能部門の優先順位を高くすることに

AP事業　Architectural Products の略であり，YKK では「窓やドア」を中心とした建築用製品を
　製造している。

より，地域部門と事業・職能部門のコンフリクトを防いでいる。このマトリックス組織が YKK のグローバル戦略をマトリックスの組織構造が下支えしているのである。

(2)　プロジェクト・チーム

　プロジェクト・チームとは特定の製品やサービスの開発に関わる業務について職能別組織を超えて組織横断的に調整・統合することを目的として，各部門から集められたメンバーを集めた臨時の組織を編成することである。製品別の事業部制組織とは異なり，開発プロジェクトが終了するとそのプロジェクト・チームは解散となる一時的に編成される組織である。各プロジェクトには必要な予算や権限が配分され，開発**プロジェクト**のリーダーとしてプロジェクト・マネージャーがおかれることになる。

　プロジェクト・チームには各職能部門から横断的に集められ，独立のプロジェクトとしてメンバーが開発業務に専念する場合と，各職能部門に席を置き，業務を行いながら，開発プロジェクトに従事する場合の2つの形態に分かれる。すなわち，後者の場合についてプロジェクト・チームは様々な職能別部門の従業員から構成されると同時に，プロジェクトの構成員は職能別部門の従業員でもある。そのため，プロジェクト・チームの構成員は開発・製造・営業といった各職能部門の部門長の指示・命令を受けると同時に，プロジェクト・マネージャーの管理下という複数の命令系統をもつことになる。

　プロジェクト・チームと事業部門あるいは職能部門の機能部門の2軸から構成されるマトリックスにおいてコンフリクトを防ぎ，効率的な組織運営をしていくためにはプロジェクトリーダーもしくは，機能部門長のいずれかにより多くの権限を与える必要がある。クラークと藤本は機能部門長よりもプロジェクトリーダーにより権限が与えられ，プロジェクトの統合業務を重視するした組織を「重量級プロジェクト・マネージャー組織」とし，プロジェクトリーダーよりも機能部門長により多くの権限が付与され，組織が機能重視になる組織を「軽量級プロジェクト・マネージャー組織」と分類した（クラーク＝藤本

プロジェクト　通常の職務から離れて，独自の製品やサービスを生み出すため実施される期間が限定された業務である。プロジェクトは目的を決められた期限までに実行するものであり，目標が達成され次第，解散となる。

1993)。

4．カンパニー制組織

　カンパニー制組織は，事業部制組織に比べ現場の事業部門により多くの権限を与えたものである。事業部制組織では各事業部に収益と損失の責任を求めたが，カンパニー制組織では現場部門に予算と人事の権限を与え，実質的な経営責任を負わしている。各事業部門をカンパニーそして，本社部門をコーポレートとして，カンパニーの長がプレジデントと呼ばれるように各カンパニーはあたかもひとつの会社のように運営されるのである。各カンパニーには疑似的に設定された予算がコーポレートから配分され資産や利益責任を負う。さらに，人事や新規事業の決定も各カンパニーの裁量で行うことができる。コーポレートは全社レベルでの事業計画や大規模な投資のような経営戦略の策定・遂行に専念することになる。このように，カンパニー制組織は各カンパニーの「事業と市場」に対する責任を明確化し市場動向に迅速に対応することを可能にした組織形態なのである。

　しかし，カンパニー制の課題として各カンパニーが独立性を持ちすぎた結果として，その全社的な位置が不明瞭になってしまい，その結果として業績悪化を招いてしまうことがある。市場動向の変化に対応できるよう各事業部門の独立性を高めて権限と責任が付与されているが，各カンパニーが社内調整に多くの時間とコストがかかり，企業経営が部分最適に陥るリスクが存在する。業績が悪化すると会社あるいは企業グループの統合が重視されるために廃止される

図表11-5　カンパニー制組織

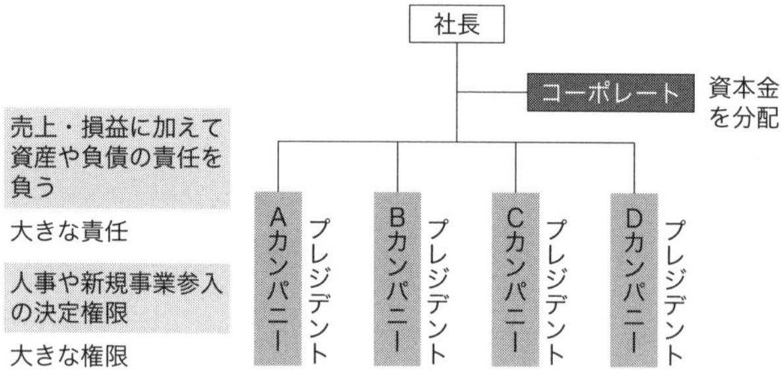

出所：筆者作成。

傾向にある。カンパニー制を1994年に日本で初めて導入したソニーは，各カンパニーの独立性が強くなり縦割り組織の弊害が生じてしまい，全社的な戦略行動が困難になってしまった。結果として2005年にカンパニー制をやめて従来の組織形態である事業本部制に戻ることとなった。

第4節　ホールディングカンパニー

　ホールディングカンパニー（Holding Company）とは，持株会社ともいわれ，他の会社の株式を所有することを通じてその企業の支配を行う親会社のことである。企業がグループ会社を管理する場合に，ホールディングカンパニー形態が用いられる。社内カンパニー制では各カンパニーは，制度上は社内の部門組織である。それに対してホールディングカンパニーを構成する事業会社は資本金を設定し，株式を発行する法律上独立した会社である。

　このホールディングカンパニーには事業持株会社と純粋持株会社の2つの形態がある。事業持株会社とは自社においても事業活動を行いつつ，同時に株式所有に基づいて他の会社の支配を行うものである。他方，純粋持株会社は自ら直接事業は行わず，子会社の支配を行うものである。持株会社はグループの構成企業に対する経営資源の配分やグループ全体の調整機能を担うだけであり，各事業会社がそれぞれの事業運営を行うことになる。

　キリンホールディングスは2007年7月にカンパニー制からホールディングカンパニー制に移行した。図表11-6のようにキリンホールディングスは国内の総合飲料事業，海外の総合飲料事業，医療・バイオケミカル事業を中心に戦略展開をしているがホールディングカンパニーの組織形態により多様化した事業を管理し，M&Aを通して事業展開の拡充を図っている。国内の総合飲料事業ではビール製造の麒麟麦酒，ワインなどの酒類飲料の輸入・製造・販売事業をメルシャン，ソフトドリンク事業をキリンビバレッジで行っている。国内での総合飲料事業の事業管理のためこれら3社を統括するキリンが存在する。海外事業ではオセアニア地域の酒類や飲料を総合的に展開するLION PTY LTDや東南アジア，中国などの地域で事業会社が展開されている。医薬やバイオメディカル事業では協和発酵キリンなどの企業が医薬品の製造を行っている。キ

リンホールディングスでは40人のホールディングススタッフが計188社ならびに，従業員約39,000人のグループ全体の戦略企画，調整を行っているのである。

　このようにホールディングスカンパニーは持株会社と事業会社との間で戦略策定と事業遂行を分離し，市場に対して迅速かつ柔軟な対応を可能にしている。カンパニー制とは異なり，各事業を担当する事業会社は独立した会社であるため，M&Aを通して事業の再編を促進することができる。図表11-6に示してあるキリンホールディングスの事業会社のうち，LION PTY LTD.，Kirin Holdings Singapore，協和発酵キリンなどはM&Aによりキリンホールディングスの傘下に入っている。近年の海外事業の不振を受けて2017年にBrazil Kirin Holdingsはオランダのハイネケンに株式売却し，ブラジル事業から撤退している（『日本経済新聞』2017年2月13日）。不採算事業会社の整理は株式売買だけの取引となり，カンパニー制や事業部制組織の会社のような事業売却に伴う複雑な手続きが求められない。また，事業会社ごとで雇用形態や労働条件を独自に設定することになるため，各事業会社に応じた適切な人材を雇用す

図表11-6　キリンホールディングスの組織概要（2017年3月現在）

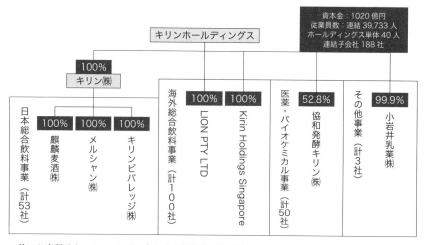

　注：％表記はホールディングスもしくは親会社の株式所有比率を示す。
　出所：キリンホールディングス株式会社『第176期キリンホールディングス有価証券報告書』7頁より筆者作成。

ることができるようになる。

　環境の変化に応じて，職能別，事業部制，カンパニー制，ホールディングカンパニーの異なった組織形態が採用されることになる。各部門の自律性，独立性が増すと各事業組織や事業会社が部分最適に陥り，全体的な統合的活動が難しくなることがある。全体最適を追求し効率的な経営を可能とするために組織ならびに，グループ全体で「統合と分化」を基礎とした適切な組織戦略が企業に求められることになる。

第5節　組織デザインと「両利きの組織」

1．組織形態の進化プロセス

　前節まで職能別組織，事業部制組織からマトリックス組織，カンパニー制，ホールディングカンパニーを紹介した。チャンドラーは，企業が市場のニーズに応じて単一製品の製造から複数製品の製造へと進める中で，集権的な職能別組織から，分権的な事業部制組織へと組織形態が変化することを指摘した。このように環境の変化ならびに，事業を多角化する中で異なった組織形態が採用されることになる。

　坂下（2014）は，分権と多角化の観点から組織形態の発展プロセスを3つの方向から整理している。先述したように職能別組織から多角化を進める中で，製品や事業ごとに事業部が編成され，事業部組織に事業戦略の策定と遂行の権限が付与されることになる。そこから，予算を策定し，市場に対する責任を負い，プロフィットセンターとして独立採算権限を強化したのがカンパニー制組織となり，さらに独立組織としてスピンオフした組織形態がホールディングカンパニーとなる。

　他方，事業部制組織においても，事業部内で複数の製品やブランドを取り扱うことがある。その場合，個々の製品やブランドことに責任を負う必要があり，ブランド・マネージャーが，特定製品，ブランドごとに研究開発，生産，マーケティングに関する事業部内のライン職能を調整することになる。ブランド・マネージャー制度は事業部内の製品・ブランドが多様化した場合でも，効率的な業務展開が可能となってくる。しかし，ブランド・マネージャーは既存

図表11-7　組織形態の進化プロセス

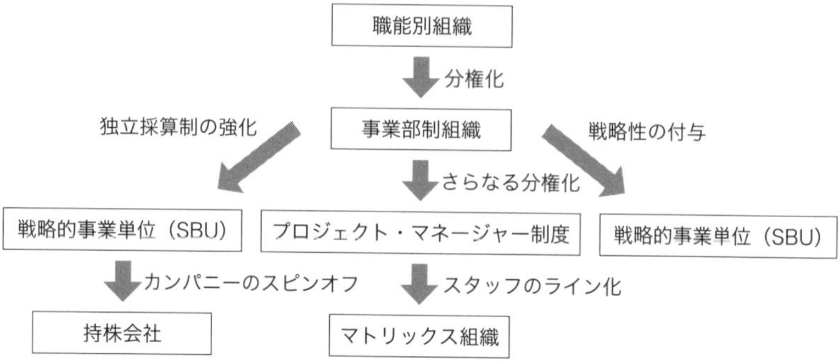

```
                    ┌──────────────┐
                    │   職能別組織   │
                    └──────────────┘
                           ↓ 分権化
   独立採算制の強化    ┌──────────────┐    戦略性の付与
          ↙          │  事業部制組織  │          ↘
                    └──────────────┘
                           ↓ さらなる分権化
┌────────────────┐ ┌────────────────────────┐ ┌────────────────┐
│戦略的事業単位（SBU）│ │プロジェクト・マネージャー制度│ │戦略的事業単位（SBU）│
└────────────────┘ └────────────────────────┘ └────────────────┘
      ↓ カンパニーのスピンオフ      ↓ スタッフのライン化
┌──────────┐          ┌────────────────┐
│  持株会社  │          │マトリックス組織│
└──────────┘          └────────────────┘
```

出所：坂下昭宣（2014）『経営学への招待』白桃書房，143頁から作成。

の職能を調整するため，スタッフとして活動することも多く，さらにブランド・マネージャーに権限が与えられる必要がある。マトリックス組織は，このようなラインとスタッフの権限のアンバランスの問題を解決し，ブランド・マネージャーにライン権限を付与することにより，ライン職能を水平的に調整することができるようになるのである。

　事業部に戦略性を付与した戦略的事業単位（SBU：Strategic Business Unit）がある。単一の事業部が戦略的事業単位となることもあるが，類似した事業を行う複数の事業部や事業グループをひとつの戦略的事業単位とし，その戦略的事業単位に対して経営陣あるいは，経営企画部門が戦略的な投資を行っていく。戦略的事業単位では，独立のミッションをもち，製品・市場・組織に関して他の戦略的事業単位とは異なった戦略計画を策定し，遂行していくことになる。

　坂下（2014）は，市場・環境変化にともない，企業は多角化し，各事業組織に対して分権化が行われることを示している。すなわち，組織は統合と分化を繰り返しながら，環境に対して適応していくのである。

2．「両利きの経営」と組織デザイン

　企業が存続するためには，環境の変化に適応するだけではなく，環境に対して積極的に働きかけていく必要がある。すなわち，企業が新たな戦略や事業を探索することにより，新規事業を創発することが求められてくる。オライ

図表 11-8　「両利きの経営」の組織のデザイン（ACG の事例から）

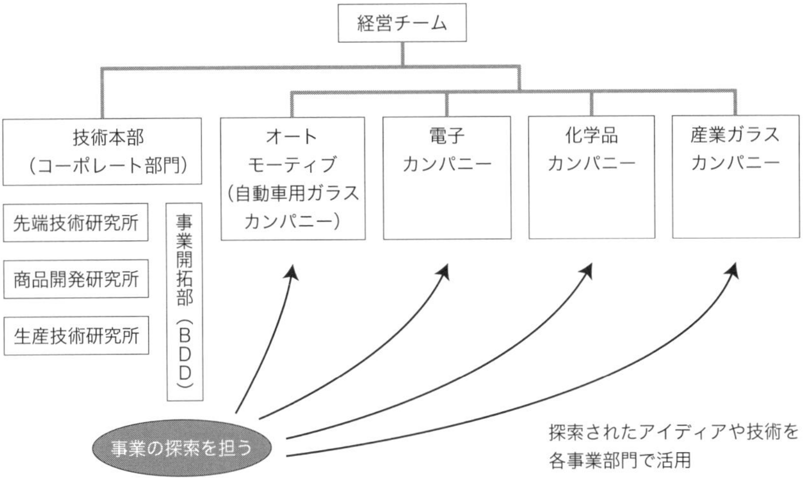

出所：加藤雅則＝チャールズ・A. オライリー＝ウリケ・シェーデ（2020）『両利きの組織をつく
る―大企業病を打破する「攻めと守りの経営」』英治出版，87 頁から作成。

リーとタッシュマンによる「両利きの経営」が最近，注目を集めている（オラ
イリー＝タッシュマン 2019）。これは，既存事業を深化させていくだけではな
く，イノベーションや実験的な取り組みを行うことで，新たな「知」の探索を
行い，企業が環境に対して自己組織化していくことを意味している。確かに企
業は既存事業の収益性を高めるために，既存事業の活動を深化するよう努める
必要がある。しかし，既存事業にこだわってしまうと，短期的な効率性を追求
するあまりに知の範囲が狭まり，新たな技術や事業を生み出すイノベーション
活動が阻害され，将来への発展の可能性が失われてしまう。企業は発展してい
くために，既存の事業や組織能力を深化させつつも，新たな知を探索すること
で新規事業を創発し，将来に向けた組織能力を醸成する「両利きの経営」が求
められてくる。

　加藤（2020）は，両利きの経営を実現する組織として，世界最大のガラス
メーカーである ACG を事例にとりながら，知を探索する組織形態のあり方を
示している。ACG の事業部門はおもに建築用および産業用ガラス，自動車用
ガラス，化学品，電子の４つの事業から構成されている。

　加藤（2020）は，研究開発部で開発された技術やそこで生み出された事業へのアイディアを活用し，事業化し，各カンパニーでもそれを活用できるようにする事業開拓部（BDD：Business Development Division）のあり方に注目している。探索型の事業はすぐに成果ができるものではなく，既存事業に重きが置かれるあまりに，新規事業のアイディアが実現されることが難しくなる。さらに，既存事業と探索的事業との間での利害の相違からコンフリクトが生じて，新規事業が潰されてしまう可能性がある。このようなことを防ぐには，構造的に探索を担う事業を既存事業から独立させる必要がある。

　ACG では，事業開拓部が既存事業から構造的に切り離され，独立部門として存在している。既存事業との軋轢を調整しながら，研究開発部で生み出された技術やアイディアをカンパニーごとに活用する仕組みが構築されている。このような組織を構築することにより，部門間で生じる軋轢やコンフリクトを回避し，既存事業を深化させながらも，新規事業を探索することができる「両利きの組織」を ACG は実現したのである（加藤 2020）。

　企業は環境の変化に対して受動的に適応するのではなく，既存の事業を深化させる一方で，あらたな事業を生み出す機会を探索し，既存事業と新規事業の探索を両立させる両利きの経営が求められる。組織デザインにおいて重要な課題は，このような既存事業の深化と新規事業の探索を同時に実現するのに適した「両利きの組織」を構築することである。

【参考文献】

Burns, J. and Stalker, G. M. (1961), *The Management of Innovation*, Tavistock.
雨宮寛二（2015）『アップル，アマゾン，グーグルのイノベーション戦略』NTT 出版。
井原久光（2008）『テキスト経営学［第 3 版］―基礎から最新の理論まで』ミネルヴァ書房。
入山章栄（2019）『世界標準の経営理論』ダイヤモンド社。
C. A. オライリー＝M. L. タッシュマン／入山章栄監訳／渡辺典子訳（2019）『両利きの経営』東洋経済新報社。
加藤雅則＝チャールズ・A. オライリー＝ウリケ・シェーデ（2020）『両利きの組織をつくる―大企業病を打破する「攻めと守りの経営」』英治出版。
K. B. クラーク＝藤本隆宏／田村明比古訳（1993）『製品開発力』ダイヤモンド社。
坂下昭宣（2014）『経営学への招待』白桃書房。
田中康一（2011）「経営学分野における本社の定義及び関連事項に関する一考察―より詳細かつ正確な本社立地分析のために（その 5）―」『高知論叢』高知大学経済学会，35-60 頁。
C. I. バーナード／山本安次郎・田杉競・飯野春樹訳（1968）『新訳　経営者の役割』ダイヤモンド社。
J. H. ファヨール／幸田一男訳（1968）「管理の一般原理」H. F. メリル／上野一郎監訳『経営思想変遷

史』産業能率大学出版部。

山下竜大・ITmedia（2014）「世界中どこででも同一の商品，同一の品質を提供― YKK の強さの秘
　　訣は一貫生産と技術力」『ITmedia エクゼクテブ』2014 年 9 月 10 日（参照 URL：http://mag.
　　executive.itmedia.co.jp/executive/articles/1409/10/news024.html，2017 年 8 月 19 日）

P. R. ローレンス＝ J. W. ローシュ／吉田博訳（1977）『組織の条件適応理論』産業能率大学出版部。

【さらに進んだ学習のために】

延岡健太郎（2002）『製品開発の知識』日経文庫。
　　[note] 製品開発における戦略や組織の課題を体系的に整理したものである。製品開発を継続的
　　　　　に行うことができる組織のあり方を考察している。

沼上幹（2004）『組織デザイン』日経文庫。
　　[note] 組織デザイン，組織の設計について基本論理，原則が記されている。組織デザインを仕
　　　　　事の分業と調整の観点から詳述しており，組織構造のあり方を学ぶには最適な本である。

岸田民樹（2006）『経営組織と環境適応』白桃書房。
　　[note] 企業の環境適応と組織構造の関係について組織論の観点から検討している。とりわけ，
　　　　　状況適合理論を中心に，環境適応のための組織の構造について述べている。

エリック・シュミット＝ジョナサン・ローゼンバーグ＝アラン・イーグル／土方奈美訳（2014）『How
　　Google Works―私たちの働き方とマネジメント』日本経済新聞出版社。
　　[note] グーグルの関係者がグーグルの組織・文化，戦略などを語ったものである。優れた従業
　　　　　員を惹きつけ彼らの能力を十分に活用しうる組織やマネジメントのあり方について述べ
　　　　　ている。

コラム　グーグルのイノベーションを支える組織構造

　グーグルのイノベーティブな経営はその組織構造によって支えられている。グーグル
は組織運営について職能別を中心に展開する一方，フラットな組織構造を構築してい
る。製品・サービス別の事業部制組織を編成すると各事業部が事業部の製品やサービス
の開発に集中してしまい，人や情報の流れが阻害されてしまうリスクがある。あえて人
事や財務，研究開発などの職能別の組織にすることで革新的なアイディアに対して部門
横断的に人材や資源を配分し，イノベーティブな製品やサービスの創造を促しているの
である。

　フラットな組織によりグルーグルでは意思決定者と従業員との円滑なコミュニケー
ションが可能となる。このことにより迅速な意思決定を行い，イノベーションを促進す
ることになる。階層が削減されるためマネージャーの監督範囲が拡大し，マネージャー
が多くの部下の管理が難しくなる恐れがある。しかし，グーグルでは「スマートクリエ
イティブ」というビジネス感覚に優れ革新性に富んだ従業員のあり方を提唱している。
すなわち，マネージャーが部下に対して指示・命令をするよりも，従業員の自律性を求
めることで，組織全体の創造性を活性化することを目指しているのである。さらに，
グーグルでは各従業員は勤務時間の20％を自分が担当している業務以外の分野に使う
ことができるルールがある。従業員に対して自由に新規のアイディアに挑戦し，そのた
めの必要な経営資源を付与しているのであり，イノベーティブなサービスの開発に繋
がっている。

　グーグルは検索エンジンサービスを提供するベンチャー企業として創業したが，オン
ライン・インターネット事業からバイオ技術，自動運転，ベンチャーキャピタルなど
事業を多岐に大きく拡大させ，巨大企業へと成長していった。当初は職能別組織にプロ
ダクトを中心とする事業部制を設けることにより，効率的な組織運営を行っていたが，
2015年にグーグルはアルファベットを持株会社とするホールディングカンパニー形態
へと移行した。アルファベットの傘下で，インターネット・オンライン事業はグーグル，
自動運転などの最先端技術はエックス（X），バイオ技術はキャリコ（Calico）のように
事業会社が設けられた。ホールディングカンパニーに移行しても各事業会社においては
職能を重視したフラットな組織を維持することにより，クリエイティブな組織環境の創
造を目指している。

第12章

企業はどのようにモノづくりを行っているのか
─生産管理─

本章のねらい

　資源の乏しい日本が第二次世界大戦後，廃墟から立ち上がり，1968年に当時の西ドイツ経済を追い抜き，2010年に中国に追い抜かれるまで世界第2位のGDP規模の「経済大国」の地位を築いたのは加工貿易型（輸出主導型）経済構造の発展がある。確かにこの間，日本も「ペティ・クラークの法則」が教えるように，第3次産業のウェイトが高まり，経済のソフト化・サービス化が進んでいるものの，『平成28年経済センサス─活動調査（速報）』によれば製造業はわが国の経済において売上高で23.7％と卸売業・小売業の30.5％に比べ少ないとしても，付加価値額でみれば24.9％と後者の18.2％を上回り，わが国の産業の中で最も大きい割合を占めている。この意味でモノづくりは日本経済にとって依然として極めて大きな存在である。なかでも「輸送用機器」，「一般機械」および「電気機器」産業はわが国の貿易黒字を稼ぎ出してきたモノづくりの基幹的存在であると言っても過言ではない。

　本章は，こうした加工組立て産業を中心とする製造業（本章はこれを「モノづくり」と呼ぶ）の世界的規模での歴史的発展過程を，モノづくりの基礎─規格量産型，モノづくりの発展─多品種少量生産型，そしてモノづくりの高度化─多品種大量生産型と捉え，その特質とこうしたモノづくりの進化を生み出してきた動因を明らかにする。

第1節　モノづくりの基礎―テイラーの科学的管理

　19世紀までは徒弟制度（親方―職人―徒弟の身分秩序）下で営まれた手づくり単品生産（craft production）が支配的であり，顧客の注文を受け，顧客の要望を聞き取りながら生産を開始することが一般的であった。こうした手づくり生産方式は顧客の個別のニーズに対応した柔軟なモノづくり・熟練工による高品質生産が可能となる一方，完全受注生産方式のため製品価格は極めて高価とならざるを得なかった。特に欧州では，こうした親方，職人と徒弟を中心とした「工房（workshop）」でモノづくりは営まれてきた。ここでの管理は，親方（マイスター）を中心に，工房内での分業と協業の「調整」が親方や熟練工の経験や勘に基づいて行われてきた。

　一方，19世紀後半，米国では急速な工業化の下で量産システムが時計，農業機械，タイプライター，自転車等の機械製品のモノづくりにおいて生まれてきた。こうした量産システムの実現の鍵は，ゲージ（測定器具），金型技術そして工作機械の発展により可能になった**部品の互換性**（interchangeability）であり，部品の標準化・規格化こそ量産システムを可能にする条件であった。同時に，この量産システムを実現する上では大量の労働者の雇用と大規模な設備投資を必要とし，このため大量のリスク・マネー（「自己資本」）を必要としていた。当時の米国では，株式会社制度が急速に普及し，こうした株式の発行によって大量の資本を調達することが可能となった。同時に量産体制の実現のための需要的条件は，鉄道・通信技術の発達に伴って，これまで分断されてきた地方市場（local market）が統合されて生まれた全国市場（national market）による大規模な需要（mass market）の出現であった。これによって市場の需要を予め予測して市場に投入するという「見込み生産ないし市場生産方式」が生まれることになった。

　しかし，19世紀末当時の米国のモノづくり現場では，最新の機械を導入し

互換性部品　規格量産型実現の鍵は，機械（製品）の構成部品が部品のそれぞれについて寸法・形状その他の仕様について斉一性（uniformity）を有し，同一品種の部品が手直し・修正作業なしに相互に置き換え可能なことであり，当初軍需工場で銃（マスケット銃）の生産で実現されてきたが，19世紀に入って時計，ミシン，農業機械，タイプライター，自転車などに徐々に普及していった。

ても工場現場の生産性が改善しないという問題が大きな問題と認識されていた。当時の工場現場で生産性改善や無駄排除問題に取り組んだのが機械技師（エンジニア）と呼ばれる人々であった。彼らが結成した「アメリカ機械技師協会（ASME）」に結集した機械技師たちによって「能率向上運動」が取り組まれることになった。彼らは工場での「組織的怠業（systematic soldiering）」問題の解決のために各種賃金制度の改革（「能率給」制度の導入）によって労働者の創意と工夫を引き出そうと考えた。

　こうした機械技師の一人であったテイラー（F. W. Taylor）はこうした改革を労働者の仕事そのものをコントロールせず，労働者の気まぐれや成り行きに委ねる「漂流式管理（drifting management）」と呼んで批判するとともに，「科学的管理（scientific management）」を提唱し，「アメリカ経営学の父」とも呼ばれることになった。彼の主要業績は『一つの出来高給制度』（1895年），『工場管理』（1903年），『科学的管理法の原理』（1911年）であるが，こうした一連の著作の中で，**差別的（ないし異率）出来高給制度，計画部制度，職能的職長制度**そして**作業指導票制度**といった一連の管理制度が提唱された。

　テイラーの科学的管理は現場の生産性を労働者自身の創意と工夫の奨励によって高めるのではなく，労働者の仕事を経営側が直接管理し，コントロールすることの重要性を主張した。このため，各作業の最も能率的・標準的な作業

差別的（ないし異率）出来高給制度（differential piece-rate system）　設定された「課業」が労働者によって達成され，維持されるようにするために「課業」を達成した労働者には高率の出来高賃率を，達成できなかった労働者には低賃率の出来高賃率を適用する能率給制度。

計画部制度（planning department）　これまで労働者側にあった現場作業の計画・統制機能（作業の時間・方法・手順等）を経営側に集中させるために提唱された制度であり，作業の諸条件および方法を標準化して，時間研究によって「課業」を設定するとともに，「課業」を基準とする計画的生産について様々な企画を行うことを任務とする。従って，現場作業に関する計画的・頭脳的・事務的業務はすべて計画部門に集中される。

職能的職長制度（functional foremanship）　計画部門によって決定された作業条件を維持し，作業方法を能率的に教授し，指導するために従来の伝統的な「万能型職長制度」に代えて新たにテイラーによって提唱されたもので，職能的に専門化された特別の領域のみを担当する「職能的職長」の分業的協業の方法によって指導を合理化しようとするもの。

作業指導票制度（instruction cards system）　決定された作業標準の方法（例えば作業の内容，作業の標準時間等）作業順序に従って記録され，その各操作に要する標準作業時間が指定されており，労働者はこの作業指導票（今日ではマニュアル化とも呼ばれる）に記録されている通りに作業を行えば，「課業」が達成することができる。

手順と作業時間の決定を時間研究（time study）や動作研究（motion study）による科学的・合理的設定に求めた。これによって設定された労働者の「一日当たりの公正な作業量」を「課業（task）」と呼び，これが管理の基準となるべきであると主張したのであり，しばしばテイラーの科学的管理は「課業管理（task management）」とも呼ばれる。こうしたテイラーの考え方はギルブレス夫妻（F. B. & L. M. Gilbreth）やガント（H. L. Gantt）といった弟子たちに受け継がれ，産業工学（Industrial Engineering）の発展の基礎となった。

　テイラーは作業の科学を確立し，工具や材料の置き方等を含めて一連の作業の標準化を通じて現場の管理・統制の可能性を経営側にもたらすことになった。図表 12-1 のように，テイラーは，動作研究により労働者が行う作業を一連の要素動作に分け，無駄のない一連の動作に再編成するとともに，ストップ・ウォッチを使って各要素動作に必要な時間を計測し，作業の最速時間を科学的・客観的に測定し，こうした科学的・客観的分析によって無駄な動作を省き，作業の標準動作を確立し，標準化・マニュアル化することの重要性を説いたのである。

　こうして，テイラーの科学的管理は労働者の熟練の技能（「暗黙知」）を「見える化」（「形式知化」）することによって不熟練工化を実現し，労働者の人件費の低減を可能にさせただけではなく，この科学的管理によって初めて量産体制の作業組織的基盤（「流れ作業組織」）が生み出されることになった。しかし，こうした「頭の労働と手の労働」の徹底した分離や仕事の単純化・反復化・無内容化は，米国の喜劇俳優として名高いチャプリン（C. Chaplin）が演じた「モダン・タイムズ」の映画で風刺されたように，その後，大きな批判に晒されることになった。「ヒト」を生産の攪乱要因として捉え，労働者の影響

図表 12-1　熟練作業の不熟練工化

出所：筆者作成。

力を可能な限り減らそうとする工学的発想が仕事の単純化・反復化を著しく進め，**労働疎外現象**を生み出す原因ともなった。しかし，テイラーが主張した，無駄のない作業，暗黙知の形式知化，作業の科学的分析（仕事の分解と再編成）は現代のモノづくりの基礎ともなっている。

第2節　モノづくりの基礎—規格量産タイプのモノづくり

　米国で生まれた量産体制を象徴するのがクルマづくりの量産体制の確立であった。19世紀末に内燃機関の付いた自動車が発明されたのはドイツであったが，規格量産型自動車生産は20世紀初頭の米国のヘンリー・フォード（H. Ford）によって実現された。これによってフォードは「自動車王」として歴史に名前を刻むことになった。彼のモノづくり哲学は「金持ちの独占物を大衆の手に！」というスローガンにあった。彼によれば，企業は一般大衆の生活水準の引き上げを目指す「奉仕の機関」であり，事業目的は利潤ではなく「奉仕動機（service motive）」に求められた。そこで事業を行う上で顧客にはできるだけ安い価格で，労働者には高い賃金を支払う「低価格（低生産費）・高賃金の原理」が事業の指導原理とされた。通常，企業の目的は「利潤動機（profit motive）」にあり，それを実現するために「高価格・低賃金の原理」を必要とすると考えられていた「常識」に反するモノづくり哲学であった（藻利1973，102頁）。

　彼は1903年にフォード社を設立し，様々なクルマを生産していたが，その経験とくに顧客との対話に依拠しつつ製品コンセプトを固め，それまでに生まれていたバナジウム鋼や流星型トランスミッション等の画期的イノベーションを組み込んだ乗用車モデルとして，"Tin Lizzie"という愛称で呼ばれたモデルTを1908年に販売した。モデルTは製品の単純化（部品点数の削減）・標

労働疎外現象　人間が自己の作り出したもの（生産物や制度など）によって支配される状況であり，人間が仕事に生き甲斐や働き甲斐を見出せず，人間関係が利害関係をもつ関係と化し，人間性を喪失しつつある状況を指すと言われるが，テイラー主義的作業組織では本来人間が自分で考えて計画し，実行しながら，その結果を再検討する（Plan-Do-See）ものが，完全に実施作業のみに特化し，その上その作業自体が単純・反復化する結果，無内容化し，その作業中では作業者の成長や自己実現欲求が満たされず，著しく勤労意欲が低下してしまう現象を言う。

準化を徹底して追求したクルマであり，これは部品の規格化・互換性によって
製造のしやすさ・修理のしやすさでも画期的であった。運転操作に不慣れな大
衆でも簡単に運転でき，修理できる製品であった。翌年の 1909 年にはフォー
ド社は，モデル T をどの車種のプラットフォーム（車台）にも用いるとする
「単一製品政策」を発表した。

　モデル T の販売後，すぐに多くの顧客の支持を受け，モデル T は自動車と
いう製品の「**事実上の標準（デファクト・スタンダード）**」たる地位を確立す
ることになった。こうして，大量の需要が生まれた結果，フォード社は量産体
制を確立する必要があり，このため量産化のための徹底した機械化・特殊化が
行われた。つまり，モデル T のみを製造できる大規模な専用機械設備，大量
の専用工具・冶具が導入された。しかし，組み立て作業については作業者によ
る組み付け作業が必要とされていた。こうしたヒトによる作業については，
ベルトコンベアを採用した流れ作業組織が導入された。このベルトコンベアは
単なる運搬手段としてではなく，運転速度の規則性によって作業の時間的強制
性を確保する機能を持ち，ここでの作業は常に一定の作業タクトと作業リズム
をもって継続的・規則的に反復される。これによって作業の待ち時間は排除さ
れ，製品の完成に至るまでの経過時間は最小限度まで短縮される。従来の静止
組み立て作業方式に比べてベルトコンベアによる移動組み立て方式が生産性向
上にいかに効果的であったかは図表 12-2 を見れば明らかである。

　この流れ作業組織において生産性向上に決定的に重要なことは，各作業地
点において反復実施される作業について，各作業対象に対する作業の開始時
から作業を終了して次の作業対象に対する作業を開始するまでの時間，すな
わち作業タクトが均等であることが作業対象の滞留や労働者の手待ちを発生
させないために要請される。これは作業タクトの均等化ないし作業の同期化
（synchronization）とも呼ばれる。これはテイラーの科学的管理の作業分析に
よって初めて作業を円滑に進行させる「流れづくり」は可能となるのである。

事実上の標準（デファクト・スタンダード）　ある技術や製品の仕様などについて，公的機関や標準
　化団体が関係する企業や団体，専門家などを集めて議論を交わし，策定した標準規格がデジュリ・
　スタンダード（de jure standard）と呼ばれるのに対して，家庭用ビデオにおける VHS，パソコ
　ン向け OS における Windows のように市場における競争を通じて結果として事実上標準化された
　基準を指す。

図表 12-2 静止作業組立て方式と移動組立て方式の組立て作業時間比較

組立所要時間 （単位：分）	静止組立て方式 （1913 年）	移動組立て方式 （1914 年）	削減率
エンジン	594	226	62％
磁石発動機	20	5	75％
車軸	150	26.5	83％
最終組立て	750	93	88％

出所：ウォマック他（1990）『リーン生産方式が、世界の自動車産業をこう変える。』経済界、41 頁。

1920 年代初頭に稼働した，世界最大の自動車工場と言われたリバー・ルージュ工場（The Ford River Rouge Complex）は，自動車生産に関わる，ありとあらゆる工程（鉄鋼・タイヤ・ガラス等の生産）が工場内で繋がる垂直統合型一貫生産体制を構築し，自動車生産のすべての作業が時間的強制進行性をもって完全に同期化される「同期化管理」を実現することになった。

　こうした量産体制が確立されるのに伴い，当初 950 ドルで発売されたモデルT は，その後，**規模の経済性**効果による単位コスト削減により販売価格を引き下げ，1920 年代に入ると 300 ドルを切るまでに価格は低下していった（図表12-3）。当時の平均労働者の賃金のわずか 3 カ月分でモデル T は購入できるようになっていった（秋元 1995，153 頁）。これによって，一般大衆の手の届く低価格の乗用車を供給することで自動車の大衆化を実現するとともに，20 年代初頭には市場の 5 割のシェアを握る全米最大の自動車企業に躍進を遂げることになった。同時に 1915 年には「日給 5 ドル・8 時間労働」（それまで日給2.4 ドル，9 時間労働であった）という破格の労働条件を発表し，これを契機として米国の労働者全体の所得水準の引き上げにつながっていった。

　その後，1920 年代にスローン（A. P. Sloan, Jr.）社長が掲げた「あらゆる予算，用途，人のための車！」というモノづくり哲学の下で高級車から大衆車といった幅広い車種を投入し，定期的モデル・チェンジ，下取り・割賦販売政策

規模の経済性（economy of scale）　生産規模の拡大に伴って，スケール・メリットにより効率が上昇する結果，生産物の単位当たりのコストが下がることであり，生産量が拡大すれば，単位当たりの固定費が下がり，さらに供給業者に対する交渉力が高まる結果，原材料の仕入れコストが下がる結果，低コストを実現できる。しかし，ある点（規模）を越えると逆に調整・管理コストが急増する結果，規模の不経済が生じることも見逃されえない。

図表12-3　「T型フォード」の価格と生産・自動車の普及

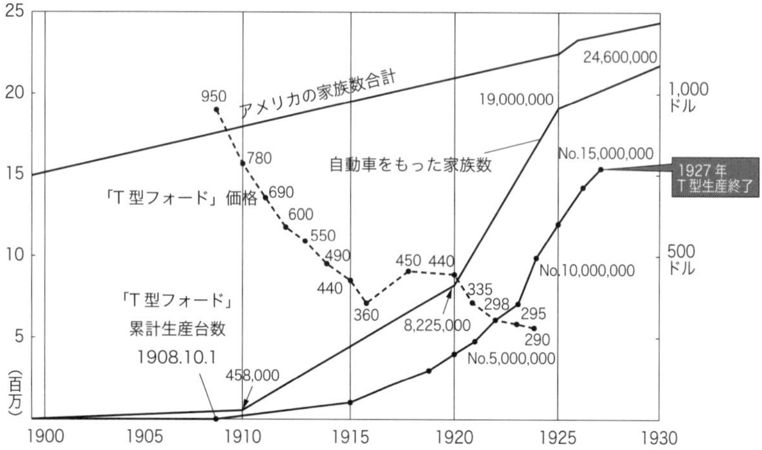

出所：三輪晴治（1968）『アメリカの自動車』日経新書，67頁。

を掲げたGM（General Motors）が，次第に買い替え需要を中心として販売を伸ばし，1920年代後半にはフォード社を追い抜き，全米最大の自動車メーカーに躍進することになった。エントリー・カーとしては絶大な支持を集めた，黒塗りのフォードT型も低価格・堅牢さだけでは所得水準の向上した大衆の支持を集めることはできなかった。しかし，GM社でも，そのモノづくりは基本的にフォード社によって生み出された量産システムを基盤としていたことに変わりはない。

　こうして，1910年代から20年代にかけて米国のモータリゼーションはフォード社が生み出した規格量産型モノづくりを基盤としていたのであり，これはその後のアメリカン・システムともフォード主義（Fordism）とも呼ばれる「大量生産・大量消費社会」を生み出すところとなった。同時にこのシステムは，労働者には高賃金をもたらす一方，その労働は単純反復的労働であり，深刻な労働疎外現象をもたらすものであったし，大量消費社会は大量廃棄という大きな副作用を持つことも次第に明らかになっていった。

第3節　モノづくりの発展─多品種少量生産タイプのモノづくり

1. 規格量産タイプのモノづくりの限界

　こうした，米国で生まれ，発展してきた規格量産型モノづくりが大きな限界を露呈させることになったのは，1970年代の石油危機以降のことであった。こうした限界は環境的・社会的・市場的・技術的限界として規格量産型モノづくりの変革を迫るところとなった。

　1970年代の2度に及ぶ石油危機を契機として，資源の有限性・枯渇，「使い捨て文化」に伴う大量の廃棄物，排ガス・工場の煤煙に伴う大気汚染や工場排水等による水質汚染の深刻化，大量の二酸化炭素（CO_2）発生に伴う地球環境の温暖化等が深刻な環境問題として認識される中で，「循環型社会」の実現が大きな関心と議論を集めることになった。そのために使用後の製品の再利用（リユース），減量化（リデュース），再生利用（リサイクル）といった「静脈系」を従来のモノづくりの「動脈系」と連動させるモノづくり構想が目指されることになった。また排ガス・煤煙・工場排水等のモノづくりの環境への負荷を可能な限り低減することも求められるようになった。その後，世界的にますます環境規制は厳しくなっており，こうした環境規制の強化はモノづくりの持続可能性を左右する大きな挑戦的課題となっている。

　また規格量産型モノづくりでの単調・反復的な非人間的な労働のあり方に対する労働者の不平・不満，勤労意欲の低下，生産性の低下やモノづくり品質の劣化が作業組織改革を促すところとなり，職務拡大，職務充実，職務交代そして自律的作業集団と呼ばれる「新しい作業組織」に焦点を当てた「**労働生活の質的改善**」（QWL）や「労働の人間化」が先進工業諸国において大きな関心を集め，労働者の参加意識を高め，勤労意欲を引き出す職務再設計（job

---

労働生活の質的改善（Quality of Working Life）　労働を通じての能力の拡大や人間的成長，さらには自主的な決定を可能とする領域の拡大を通じて，より民主的な産業社会と産業生活を実現しようとする考え方を意味する。職務拡大が従来の職務を統合することで水平的に拡大しようとするのに対して，職務充実は計画機能と統制機能の一部を作業者自身に委ねようとするものであり，職務交代は定期的または不定期に担当職務を後退することで職務の幅を広げようとするものある。自律的作業集団は集団を職務設計の単位としてまとまりのある職務を与え，その集団内での話し合いの下で半自律的に仕事の割当て，作業方法などを自主的に決めていく方式を指す。

redesign）や作業組織改革も多くのモノづくり現場で実践されることになった。

　同時に市場ニーズの多様化と目まぐるしい変化（ニーズの揮発性：volatility）を背景として，規格量産型のモノづくりは大きな市場的限界に対する認識が高まっていった。多様で，目まぐるしく変わる市場ニーズに俊敏に対応するモノづくり，規模の経済性よりも**範囲の経済性**（☞第6章参照）を志向するモノづくりを実現することが求められるようになった。同時にこの時期，こうした市場の急速な変化に俊敏に対応することが技術的に困難な規格量産タイプの技術的硬直性も認識されるようになった。1970年代以降，産業用ロボットに代表されるME（マイクロ・エレクトロニクス）技術革新が技術的柔軟性を高めるものとして大量に投入されるようになっていった。

2．トヨタ生産方式への世界的関心

　1970年代後半から1980年代にかけて，日本のモノづくりが世界市場で大きなシェアを拡大する中で大きな関心と議論を集めることになった。その中でも北米市場でますます輸出を伸ばしていた自動車は日本のモノづくり競争力を象徴する商品であった。特にトヨタ自動車のジャスト・イン・タイム（JIT）として知られているモノづくりはフォードのモノづくりに取って代わるポスト・フォーディズムのモノづくりとして世界的注目を集めることになった。マサチューセッツ工科大学（MIT）のウォーマック（J. P. Womack）らは，トヨタ生産方式に代表される日本のモノづくりをベースとして，これを一層純化させた「贅肉のとれた」，「無駄のない」という意味で「リーン生産方式（lean production）」を提唱し，これが21世紀の次世代生産方式であると主張した。こうした研究成果は欧米の自動車業界に大きな衝撃を与え，「日本に学べ！」が欧米のモノづくり企業の経営者の合言葉にもなった。ウォーマックらの研究は生産性・品質等で日本のメーカーが際立って高い業績を生み出していることを各種実証研究によって明らかにしたからでもあった。

　トヨタ自動車が編み出したモノづくりは，戦後間もない当時，最良の実践（ベスト・プラクティス）とされた，フォードのモノづくりの実践を必死に学びながら，トヨタの技術者であった大野耐一氏らを中心とする技術者が当時のトヨタの市場的・技術的・資本的条件に適合させる形で再編成したモノづくり

であった。

　トヨタ自動車において 1949 年の経営危機の教訓として「いかに在庫を減ら
すか」が大きな経営課題と認識されていた。これこそ「必要なものを必要な時
に必要な量だけ生産する」システムを生み出すモノづくりの原点にあり，こう
したトヨタのモノづくりの基本は，生産量を必要量（売れ行き）にイコールに
させる市場連動型生産方式であった。ここでは，つくり過ぎの無駄，在庫・仕
掛品のムダ，不良品のムダ，動作のムダといったすべての「ムダ」を徹底して
排除することが目指されている。

　トヨタ生産方式は「スーパー・マーケット方式」とも呼ばれる。ここでは，
生産ラインの後工程の労働者が（スーパーの「顧客」にあたる）が，必要な
部品（「買いたい品物」）を必要なときに，必要な量だけ，前工程（「商品陳列
棚」）に行って入手する。したがって，前工程では後工程が引き取っていった
部品（「品物」）を置き場（「商品棚」）に補充する分のみの製造を始めるだけ
でよい。これは「引っ張り方式（pull system）」と呼ばれ，フォードの「押し
出しないし押し込み方式（push system）」とは対照的な生産管理手法であっ
た（図表 12-4 参照）。後工程が前工程から引き取るべき加工対象の種類と量と
は，「カンバン」と呼ばれるカードを用いて指示されることから「カンバン方
式」（工場内の無数の工程間，また工場と工場との間で，後工程（下流工程）
が引取り，生産的に消費した分だけを前工程（上流工程）が生産して補充する
方式であり，そのための工程間の生産指示情報，運搬指示情報および最低工程
間在庫水準管理のための手段として「カンバン」を使用する。）こうした「カ

図表 12-4　引っ張り方式と押し込み方式

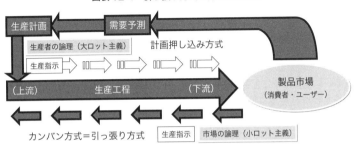

出所：筆者作成。

ンバン」方式は次第にグループ・サプライヤー全体に広がり，全体最適を目指すサプライチェーン全体に適用されることになった。現在では，「カンバン」はIT化により「eカンバン」へと進化し，さらに生産効率を高める手段として活用されている。

　またトヨタ生産方式では，機械に異常が発生したら機械自身が判断して止まる「ニンベンの付いた自働化」＝自働化が強調され，しばしばJITと自働化こそトヨタ生産方式と呼ばれることもある。トヨタ自動車の源流をなす豊田自動織機の創業者である豊田佐吉が発明した自動織機は自働杼換（ひがえ）装置や緯糸切断自動停止装置をはじめ自働化・保護・安全等不良品を未然に防ぐ装置がついていた。これは，後工程による「引き取り方式」が円滑に進展するために後工程が前工程から引き取るものが完全に「良品」であることを不可欠としていたからでもある。

　このため市場の売れ行きに合わせて生産指示が生産工程の下流から上流に向けて流されることになるが，**ロット・サイズ**をできるだけ小さいものとして小回りの効くフレキシブルな生産体制を実現することが必要となる。これは「小ロット主義」ないし「一個流し生産」と呼ばれ，フォードの「大ロット主義」と対照的であるとされる（図表12-4参照）。このことからトヨタ生産方式は「多品種少量生産方式」とも呼ばれ，そのため最終組み立てラインで組み立てられる車種は多様な車種が流れることになり，それは「混流生産方式」とも呼ばれる。

3．チーム作業方式とカイゼン活動

　トヨタでは「後工程はお客様」という発想の下で「品質の工程での作りこみ」が強調される。ここでは工程ごとに作業者一人ひとりが責任を持ってひとつの作業ごとに品質を確かめ，良いものを後工程に流すために自主検査をし

ロット　ロットとはあるまとまった量（すなわち，同じ品種を同じときにまとめて作る量）のことを言い，ロット生産とは製品種類や仕様から見て，あるまとまった量を継続して行う生産方式を指す。ロットの切り替えでは段取り替えが必要となり，生産は中断する。従って生産の効率性からはロット・サイズはできるだけ大きい方が望ましいが，需要への対応面からは考えるとロット・サイズは小さい方が有効である。トヨタ生産方式では小ロットから生ずる問題を改善や技能工の対応等の現場力で克服してきた。

て不良品はその場で摘出することが求められている。もし異常や不良が発生したら，その発生時点でラインを止める権限が作業者に与えられている。問題を「見える化」し，問題の発生時点で問題の根源に迫り，徹底した原因の究明と対策を取ることが基本とされる。大野は問題が発生した時に5回なぜを繰り返すことを求めたといわれる。大野は言う。「機械が動かなくなったとしよう。① なぜ機械は止まったのか？→電圧がかかり過ぎてヒューズが飛んだからだ。② なぜ電圧がかかり過ぎたのか？→ベアリングに十分な油を差していなかったからだ。③ なぜ十分な油を差していなかったのか？→油差しのポンプがきちんと動かなかったからだ。④ なぜポンプは十分に動かなかったのか？→ポンプのシャフトが磨耗して，がたがたになっていたからだ。⑤ なぜシャフトは磨耗したのか？→ストレーナーがついていないために金属滓が入ったからだ。」こうして，ストレーナーをつけるという対策を講ずることでこの機械の故障は二度とこの原因では起こらないことになる。もしヒューズを取り換えるといった表面的対応に終わっていたら，必ずや再び機械は故障するであろう。問題を深掘りすることの大切さは今も何ら変わっていない。

　トヨタ生産方式では柔軟な作業組織も生産性向上と品質改善の基盤をなす。これは作業者個人の「課業」・「職務」が厳格に設定される作業組織とは異なり，職務の範囲は柔軟に変更される。仕事量に応じて職務は柔軟に変更され，「班」ないし「チーム」内での移動が頻繁に行われる。チーム内では職務交代を通じて新たな技能の習熟がOJT（職場内学習：上司や先輩が仕事を通じて若手を育成・指導すること）を通じて行われており，「多能的技能養成（multi-skilling）」が職場内に組み込まれている。こうした学習機能がチーム内にビルトインされていることで現場での異常への対応・不確実性への対処能力が育成される。ここではさらに品質改善・工程改善，作業改善などの職場内の諸問題を自主的に解決する取り組みがQCサークル活動，改善提案活動として奨励されている。こうした日常的学習が職場の問題解決に役立つだけではなく，それによって職場内の人間関係の改善や作業者の勤労意欲・働き甲斐意識を高める。

4．部品サプライヤーとの密接な協力関係

　フォード生産方式は自動車生産の同期化管理のために自社の工場内ですべての部品・エンジン・車体・組み付けの生産工程を連結する垂直統合型生産体制を実現した。その結果，1970年代には米国自動車メーカーの内製率は約7割にも達していた。これに対して，トヨタをはじめとする日本の自動車メーカーでは約3割に止まり，それ以外は部品サプライヤーからの外部購入品であった。しかし，トヨタは，これを第1次サプライヤー，第2次サプライヤー，第3次サプライヤーといった階層組織として重層的に管理する体制を構築し，完成車車体工場の生産ラインのリズムに連動させて全サプライヤーの部品供給をJIT（時間指定納入）さらにはJIS（ジャストインシーケンス：時間指定かつ順序指定納入）で律動させる系列システムを構築してきた。こうした系列取引業者は，外部のサプライヤーでありながら，事実上は内部化されているとも言える。こうした系列取引では長期安定的取引が行われ，中小サプライヤーに対して，債務保証等の支援や親会社の技術者による価値分析（VA）・価値工学（VE）による技術指導が行われる一方，複社発注による，品質・コスト・納期をめぐる激しい競争が系列内で展開される。こうした激しい競争がさらに部品の品質向上や原価低減を実現させている。また特に1次サプライヤーを中心として完成車メーカーの製品開発の初期の時点に関わり，製品開発のスピード・効率化に貢献している。こうした系列取引は組織内取引の要素と市場取引の要素を共に含む「中間取引」形態と位置付けられる。しかし，同時に一切のムダを排除した生産システムはシステム全体を極度の緊張状態にさらしている。もし1個の部品が適時に適切に納入されなければトヨタの生産システム全体が止まってしまうことにもなる。

第4節　モノづくりの高度化―多品種大量生産タイプのモノづくり

　すでに述べたように，1980年代から90年代に，欧米の自動車メーカーは必死に日本の自動車メーカーのモノづくりに学び，自社内で展開し，その改革に努めてきた。こうした学習過程で，ドイツの自動車メーカーは，1990年代半ば以降，「範囲の経済性」を実現するためにマルチ・ブランド化，多仕様化を

進めるとともに，外部サプライヤーの利用，海外事業拠点の展開を進めてきた。その過程で，モジュール部品（複合部品）と呼ぶ大きな部品の塊を，その部品の開発から組み立て，さらにはJITないしJIS供給まで，ボッシュやコンチネンタルといった有力モジュール・サプライヤーに大胆に委ねる一方，中東欧の低賃金・低コストの部品供給・完成車組み立てを積極的に活用することで競争力を高めてきた。こうした部品の共有化やモジュール化の動きは，完成車自体は，その部品間での微妙な調整を必要とする「インテグラル（擦り合わせ型）」であるにせよ，その中身を徹底して共通化・共有化する組み合わせ型の設計思想をクルマづくりでも生み出すところとなった。こうしたモジュール化は，市場ニーズの多様性から生じる生産車種の多様化がもたらす複雑性問題を生産現場の作業員（半熟練工）の技能やカイゼン努力で処理しようとする日本的手法に対して，製品の開発・設計段階で処理する新しいアーキテクチャー発想をもたらすことになった。自動車製品全体は典型的なインテグラル型製品を保持しつつ，中身の構成部品は共有のモジュール部品として開発設計され，多様な車種に組み付けられる。

　こうしたモジュール化の動向は一層進展しており，2000年代半ばには，ドイツのVWグループは多様な車種を統合するフレキシブル・メガ・プラットフォームや多数の共通モジュール部品をベースとしてセダンからSUV・MPV等の多様な車種を開発する大胆なモノづくり革新を実践しており，これによって生産・開発工程の複雑性問題を軽減しようとしてきた。例えば，VWグループのモジュール・レゴ戦略（MQB：Modularer Querbaukasten）はひとつのプラットフォームでブランドを越えた多様な車づくりが実現されている。こう

図表12-5　モジュール化によるマス・カスタマイゼーション

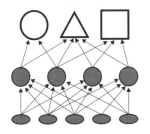
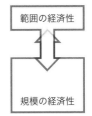

出所：筆者作成。

図表 12-6 モノづくりの歴史的展開

社会編成	生産方式	基本的志向	基幹労働者	経済性
前工業化社会 (19 世紀末まで)	クラフト生産方式	単品生産方式 (受注生産方式)	熟練工	
画一的工業化社会 (1910~1970 年代)	規格量産型生産方式	少品種大量生産方式 (見込み生産方式)	不熟練工	規模の経済
柔軟な工業化社会 (1980~2000 年代)	リーン生産方式	市場連動型生産方式	半熟練工	範囲の経済
デジタル産業社会 (2010 年代以降)	デジタル・モジュール生産方式	多品種大量生産方式 (単品大量生産方式)	IT 労働者	規模・範囲の経済・速度の経済

出所：筆者作成。

したモノづくりは「単品大量生産（マス・カスタマイゼーション）」と呼ばれている。

　さらにこうしたモノづくりの流れは，現在進行中のデジタル化によって大きく進化しつつある。あらゆるものが各種センサーを通じてインターネットに繋がり，こうして集められたビックデータが人工知能（Artificial Intelligence：AI）によって処理・最適化される "インターネット・オブ・シングス（IoT）"，"Industrial Internet"，あるいは「第 4 次産業革命（the Fourth Industrial Revolution）」と呼ばれる大きな流れである（風間・廣瀬 2017，181-184 頁）。これは，一層の自動化技術の導入と結びつけて，生産工程・機械を機能別にモジュール化し，企業の境界を越えて，モジュール同士の接続インターフェースを共通化することで，各種モジュールを柔軟に組み合わせ，自動的に組み替えることで生産ラインの段取り替えを自動化し，「一品モノ」の製品を大量生産と同様の納期と価格で提供することが目指されている。さらにはモノづくり現場の情報の収集・分析とフィードバックにより，顧客の個別ニーズに応じて工程モジュールの組み合わせによって多種多様な製品を迅速に提供し，これによって「規模の経済性」，「範囲の経済性」そして「**速度の経済性**」（これらを

速度の経済性　商品の開発，生産，販売，流通，物流の回転速度を上げることによって得られる経済的効果を意味している。ここでは，特に情報技術やインターネットの積極的な活用によって，業務のスピードを上げて，競争優位や投資効率の向上，売れ残りのロス削減，商品転換を実現させ，容易にする効果をもたらすことを意味している。

統合的に実現するという意味で「デジタル化の経済性」と呼ぶこともできる）を同時に実現することが目指されている。これは，デジタル・モジュール生産方式として捉えることができる（図表12-6参照）。

　同時にこうした製造業の進化の過程で，かつてME技術導入において大きな議論を集めた，労働市場の二極化問題と雇用減少問題が再び克服すべき大きな課題となることが予想されるし，サイバーセキュリティ問題は現実にモノづくりの大きな脅威となっている。

【参考文献】
秋元英一（1995）『アメリカ経済の歴史：1492-1993』東京大学出版会。
風間信隆（1997）『ドイツ的生産モデルとフレキシビリティ』中央経済社。
風間信隆・廣瀬幹好（2017）『変革期のモノづくり革新』中央経済社。
藻利重隆（1973）『経営管理総論（第2新訂版）』千倉書房。

【さらに進んだ学習のために】
坂本清（2017）『熟練・分業と生産システムの進化』文眞堂。
　　[note] アメリカの産業革命から最近のIoT時代における生産システムの発展過程をモノづくり原理の革新という視点から考察している。
藤本隆宏（2001）『生産マネジメント入門 I・II』日本経済新聞社。
　　[note] 生産システム全般の体系的研究書であり，本書は生産システムの理解を深めることができる。
前田淳（2010）『生産システムの史的展開と比較研究』慶應義塾大学出版会。
　　[note] アダム・スミス，テイラー，フォード，トヨタへの生産システムの歴史的展開を比較分析により考察し，その特質を剔抉している。
和田和夫（2009）『モノづくりの寓話』名古屋大学出版会。
　　[note] フォード・システムについての従来の見解を当時のフォード工場の実態に即して批判的に考察し，その日本への導入がいかなるものであったかを論じている。

コラム　電気自動車（EV）と破壊的イノベーション

　1908 年に発売されたフォード T 型は自動車の「事実上の標準」たる地位を確立したが，その後の自動車は基本的にオットーサイクル・エンジンという内燃機関を積んだ自動車であり，その持続的イノベーションがこの 100 年の自動車技術の進化であった。しかし，ここ数年，次世代電動自動車（EV）の登場によって自動車ビジネスの破壊的イノベーションの可能性が高まっている。

　これまで自動車の未来について短・中期的にクリーン・ディーゼル車もしくはハイブリッド車（HV）によって環境規制に対応し，時間をかけて内燃機関を持たない電動車か燃料電池車（FCV）かに重点を移していこうとするシナリオが中心的予測であった。しかし，2015 年 9 月の VW の排ガス不正でクリーン・ディーゼル車が決定的にダメージを受ける中で，そのシナリオを覆し，一気に電動車（EV）化する動きが急進展している。英国や仏など 2040 年までにディーゼル・ガソリン車の販売が禁止されることが報じられており，米国カリフォルニア州での ZEV 規制に続いて，中国の新エネ車（NEV）規制の強化によってそうした動向は一層進展している。欧州の自動車メーカーは特にクリーン・ディーゼル技術の限界が露呈したことで，ここにきて急速に電動車投入の動きを速めている。これにはなお現実的に越えねばならないハードル（車両価格の高さ以外に，バッテリー電池容量・充電時間の長さ，充電スタンドインフラ整備等）が指摘されているが，現実に米国のテスラや中国の BYD などの新興メーカーが相次いで新車の投入を図っており，この EV 化の流れが決定的となっている。電動車は基本的に，モーター，蓄電池，インバーターから構成され，部品点数も 3 分の 2 程度に削減され，モジュール化が進展することから新規参入の脅威は高まっている。こうした電動化の動きは，これまでのサプライヤー構造の再編を促す可能性が高い。

　同時にここにきて自動運転技術も急速に進んでいる。認知能力が衰えた高齢者が引き起こす痛ましい事故が後を絶たず，こうした自動ブレーキをはじめとする運転支援技術はすでに実用化されているが，さらにはレベル 5 の完全自動運転車も 2025 年頃には市場化されるとの期待も高まっており，グーグル等 IT 企業をはじめ，多くの企業が自動運転車の公道での実験も繰り返している。

　さらには米国のウーバーやリフトをはじめ，配車アプリビジネスが急進展しており，「共有経済（sharing economy）」が大きく拡大する中でこれまでの「所有」を前提とした自動車ビジネスのあり方は大きく変わっていくことが考えられる。

第13章

企業にはワーク・ライフ・バランスを推進する上で何が求められているのか
──雇用と人事──

本章のねらい

　ワーク・ライフ・バランス（work-life balance：WLB）とは、「一人ひとりがやりがいや充実感を持ちながら働き、仕事上の責任を果たすとともに、家庭や地域生活などにおいても、子育て期、中高年期といった人生の各段階に応じて多様な生き方が選択・実現できること」を表す概念として現代社会における極めて重要な課題として認識されている。

　個々人が仕事をする上で、それぞれに求められる責任を果たしながら、自己のやりがいや充実感を得られることは大変に望ましい。他方で、子育てや介護を含む家政を営み、また地域とのつながりや自己啓発等に向けて時間や資源を使いながら、健康で豊かな生活ができることもまた本来の人間的生活の基盤であり、こうした制度を社会全体で整え、これを実践していくことは強く求められている。

　しかし、こうした社会制度を構築していくこと自体は強く望まれてはいるものの、日本社会の現状を振り返ってみると、現実的には仕事と生活との両立は必ずしも容易ではない。いくつもの複合的な要因、構造的要因があるが、従来からの社会経済構造が、現代の人々の働き方に関する意識の変化や環境の変化に適応しきれていないことが一因だ。

　WLB社会を構築するための制度設計とはどのようなものだろうか？　また企業にはどのようなことができるのだろうか？　こうした問題意識の下、本章では長時間労働の是正と女性の社会進出との両側面から見ていくことにしよう。

第 1 節　いま何故仕事と生活の調和が必要なのか

1．仕事と生活を両立させにくい現実

　1990 年のバブル経済崩壊ならびにその調整に伴う不況期から長く続いたデフレ期間と，急進展した経済のグローバル化の時期とが重なりあった 1990 年代後半以降，人々のライフスタイルは大きく変化し，また多様化した。日本企業の特徴として受け止められてきた「会社と従業員とが公私にわたって密接に結びついていた働き方」は，バブル期までは多くの従業員が程度の差こそあれ，それなりに保持してきた（長時間労働を含む）会社への一種の盲目的信頼から生じる行為によってその命脈を保ってはきたが，近年では多くの人々からこれに疑問が呈されるようになった。

　諸外国と比較しても，日本は物質的に十分に満たされ，ある意味高い次元での合理性と効率性とを兼ね備えた社会システムを有している。しかし，人々の労働のあり方がこうした社会システムの維持と物質的満足とを満たすためだけのものになる一方で，他方，働く個人はただただすり減っていくという中で展開されているのであれば，「働くためだけに生きているわけではない」という反発も当然のことながら生じるであろう。賃金制度を含む年功序列制や終身雇用が少しずつ綻びを見せはじめた 2000 年代初頭からのデフレの継続的進行もあって，働き手は給与の上昇が見込めなくなった。こうしたことから，「自分は会社が求める働き方に見合った対価を得られていない」との意識を持つ働き手も増加した。同時に，不完全な形での成果主義の導入や，業務の再構築の過程で生じる多くの早期退職や事業閉鎖による雇用の不安定化を目の当たりにする一方，経済的な低成長が続く状況でありながらも，**長時間労働／過労死**が多数発生していることに対する働き手の懸念も顕在化した。

長時間労働／過労死　「ブラック企業」という言葉で表される，極めて長時間の超過勤務や残業代未払いの労働に対する批判が高まっている。超過勤務とは，企業の就業規則等で定められた所定労働時間を超えて働くことではなく，法定労働時間（労基法：週 40 時間，1 日 8 時間）を超えて働くことを指す。また，「過労死」事件の頻発も大きな問題となっている。過労死とは，業務における過重な負荷による脳血管疾患若しくは心臓疾患を原因とする死亡若しくは業務における強い心理的負荷による精神障害を原因とする自殺による死亡又はこれらの脳血管疾患若しくは心臓疾患若しくは精神障害をいう（過労死等防止対策推進法第 2 条）。これらによって引き起こされる労働現場における様々な諸問題は，日本の企業社会にとって克服すべき大きな課題となっている。

　わが国の労働時間は諸外国と比較して長いことが指摘されている。近年では従前に比して公式の数字はかなり改善されてはきているが，より深刻な問題は退勤時間を打刻してからの残業，いわゆるサービス残業が依然として残っていることである。当然，労働効率性の低さも指摘されており，多くの人々がかつては持っていた，自らが勤めている会社や日本の労働システムに対する信頼は，大きく揺らぎ始めているのだ。

　同時に，現象としての少子高齢化も大きな問題として顕在化してきた。少子高齢化は将来の消費市場が縮小していくことのみならず，働き手も減少していく。そのため政府も，働き手としての女性に今まで以上に労働市場で活躍して欲しいとして様々な政策を打ち出しているが，**男女共同参画**が未だ充分に進んでいないということもあり，従来からの多くの課題が解消されずにいる。

2．WLB と女性の労働のあり方

　こうした状況が続いてはいるが，様々な次元で「よりよい生活と労働のあり方」の模索が展開され始めていることも事実だ。もちろんのこと，「働き方の多様化」が働き手に何をもたらしたのかという点については議論が分かれている。しかし元来，働き手の属性は多様である。個の自立を図るための手段としての労働という側面だけではなく，働きたいという意志はあるが，子育てや介護あるいはハンディキャップなどの制約があって望んだ働き方ができない人，家庭の事情で働かざるを得ないという理由で働いている人も多い。また，働く人々の中でも仕事以外の生活において大切にしたいこと，取り組みたいこと，取り組む必要のある人も増加している。例えば，結婚して家庭を築き，子供を育てるとはいっても，子育て世代は男女ともに，従来型の働き方をしていては子供を育てる時間はおろか結婚に向けた時間さえ得られないのが現実である。

　こうした実情を受け，家庭生活（子育て，介護，家事など），自己啓発，趣味・遊び，健康維持，地域生活，社会貢献活動，生活のゆとりなどを重視し

男女共同参画社会　男女共同参画社会基本法第2条によれば「男女が，社会の対等な構成員として，自らの意思によって社会のあらゆる分野における活動に参画する機会が確保され，もって男女が均等に政治的，経済的，社会的及び文化的利益を享受することができ，かつ，共に責任を担うべき社会」と位置付けられる。

ながら職業・職場を選択する動きが加速している。すなわち WLB の追求である。WLB というと，日本では子育て支援問題に還元された上での男女共同参画という視点に偏る向きもあるが，本来の意味は仕事以外の生活と仕事との両立を阻害する要因を取り除き，その両立が可能となるような制度の設計とその実践とにある。人は働くためだけに生きているわけではない。もちろんのこと，男女共同参画の視点は女性の社会進出を後押しすることに大きく貢献するが，こうした点のみならず，高度経済成長期に代表されるような（とりわけ男性の）働き方を根本から見直すことにもつながる。こうした意味においても，男女共同参画の視点は WLB を考える上で非常に重要だ。また，極論にはなるが，少なくとも「男性を早く家に帰す」ことができなければ家庭生活の充実は図れず，したがって WLB の追求は覚束ない上，女性に偏りがちな子育てを中心とした，いわゆる性別役割分業もいつまでたってもなくならない（男性の意識改革ももちろん必要）。

男女共同参画の問題や WLB は，近年急速に膾炙^{かいしゃ}するようになった**ダイバーシティ・マネジメント（DM）**という概念とも連動している。DM は「人材と働き方の多様性を企業の競争力として活かす経営・人事戦略」として概ね理解されているが，様々な理由があるとはいえ，わが国では女性や高齢者，あるいはハンディキャップを持っている働き手をどのように活かすのかというような扱われ方が中心であり，人種や宗教あるいは LGBT に代表される多様性の受容とこの平等な扱いという本源的な展開はまだ主流ではない。

本章では紙幅の制限もあり，包括的な視点からの WLB や DM の課題を詳細にわたって言及することは難しいが，これらの本源的意味を踏まえつつ，先ずは長時間労働問題とならんで，近年のわが国の最重要課題のひとつである女性の労働のあり方への新たな制度設計とその実践とを整理，確認することにしよ

ダイバーシティ　ダイバーシティは「多様性」と訳され，これは一見して認識できるたやすく目に付く表層的な特徴や属性と，よりその人を知った上で明らかになる属性，例えばその人の個性，価値観あるいは知識や教育歴などの内面に埋め込まれた深層の特徴や属性とがある。

LGBT　法務省は LGBT と呼称される性的指向及び性自認を理由とする偏見や差別をなくす啓蒙を HP（http://www.moj.go.jp/JINKEN/jinken04_00126.html）上で行っている。そこでは LGBT に関して次のように説明している。それぞれ L：女性の同性愛者（Lesbian：レズビアン），G：男性の同性愛者（Gay：ゲイ）B：両性愛者（Bisexual：バイセクシャル）T：こころの性とからだの性との不一致（Transgender：トランスジェンダー）。

う。その上で，特に若い世代対象として，彼（彼女）らの働き方そのものの多様性についての検討を通じて WLB を考えてみよう。

第2節　共働き世帯の増加と働き方の二極化

1．働き方の二極化と労働市場への女性の流入

　企業間競争が激化する一方で経済の低迷が続き，また産業構造が大きく変化している現在，正社員以外の働き手の大幅な増加と，正社員の労働時間の高止まりとが顕著になった。夫が働き，妻が専業主婦として家庭や地域で役割を担うという姿が一般的であったかつての日本社会の労働のあり方は，女性の労働市場への流入が近年著しく増加したことを受け，共働き世帯のほうが多くなっている。

　しかし，こうした変化がある一方で，働き方や子育て支援などの社会的基盤は従来のままである。この理由として，職場や家庭，地域では，男女の固定的な役割分担意識が依然として強く残存していることが指摘されている[1]。この節では男女共同参画の側面から，性別役割分業について考えてみよう。

　90年代から指摘されてきたように，男女共同参画社会の実現が遅れている現状を表している一面として，わが国では家庭では母親に子育て負担が集中し，職場は会社・男性中心になっている点が顕著であるとされる。家計収入は国際的にみても，「世帯主の勤務先収入」への依存度が高く，「男性稼ぎ主」型である。また，未婚率の上昇が少子高齢化の主因であることもよく知られている。家庭内での役割分業意識が強いことから若い女性は子育て以前に妻になることに負担感を持つようになり，他方では，不況が長く続く中，男性も結婚して「妻子を養う」見通しが立たないこともあって，ますます未婚率の上昇に拍車がかかったと分析されている。

　この指摘からすでに20年以上が経ったが，状況は大きくは変わっていない。「女性の社会進出」は確かに進んだが，一方で**働き方の二極化現象**も進んでいる（これは女性のみならず男性の働き手にもみられる）。とりわけ大企業

働き方の二極化　二極化とは，正社員以外の労働者が大幅に増加する一方で，他方で，正社員の労働時間は高止まりしたままの状態にあることを指す。

では産休，育休の制度整備が進み，また運用も進んでいることから，正社員として従事している女性の割合は確かに高くなってきた。しかし，正社員としての働き手は未だ男性中心であり，また男女ともに正社員の労働時間の長時間化は指摘され続けている。他方，女性の働き手は非正規労働が多いということも指摘されている。これは正社員の長時間労働問題と連動して，男女ともに家庭生活を充実させられないという，働き方の大きな課題の根本的原因のひとつとなっている。

　まず，女性の労働市場への流入を確認しよう。最新データはコロナウイルス感染症拡大の影響が顕著にでているので，総務省統計局による『2020年（令和2年）労働力調査（基本集計）』（総務省統計局，2020年10月30日）を基にみると，2020年3月末での**労働力人口**は6,876万人であり，前年同月比で15万人増加している。男女別前年同月比では，男性は3,824万人と5万人の増加，女性は3,052万人と10万人の増加である。また，生産年齢人口たる15〜64歳の労働力人口は2020年3月末で5,960万人となり，前年に比べ4万人の減少となったが，男女別にみると男性3,270万人と12万人の減少に対して女性は2,690万人と8万人の増加であることからも女性の労働力市場への流入状況が高い水準にあることがわかる。この点は非労働人口統計からも確認され，5年遡ってみると，2016年3月の女性の非労働人口は2,899万人，2017年3月は2,866万人，2018年3月は2,734万人，2019年3月は2,685万人，2020年3月では2,670万人と一貫して減少している。

　次に女性の労働参加について，長期の視点からもみてみよう。『厚生労働白書』にしたがって，女性の労働力率について20歳から59歳までをみると，1975（昭和50）年までは産業構造の変化や都市化の進行もあり低下したが，「女性の社会進出」などにより上昇し始め，その後も極めてなだらかではあるものの右肩上がりである[2]。直近の約30年間では1985（昭和60）年には39.7％であったが，2019（令和元）年には44.4％にまで上昇した（図表13-1）。年齢階級別労働力率の推移をみても25〜29歳から65歳以上までのすべての年齢階級で労働力率が上昇している。とりわけ30代女性の労働力率の高ま

労働力人口　15歳以上人口のうち，就業者と完全失業者を合わせた人口。

りにより，いわゆる M 字カーブの底の押し上げが見て取れる（図表 13-2）。

これは未婚者比率の上昇による効果もあるが，直近 10 年間の違いを比較し

図表 13-1　労働力人口及び労働力人口総数に占める女性割合の推移

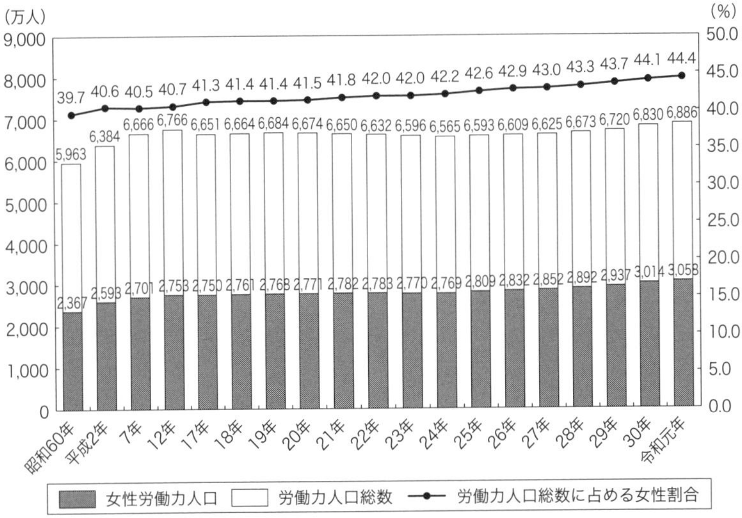

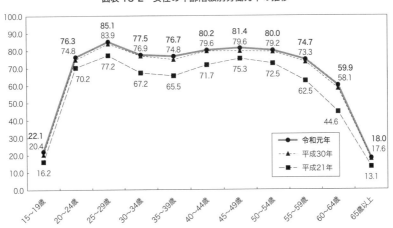

出所：厚生労働省雇用均等・児童家庭局（2020）『令和元年版働く女性の実情』厚生労働省，
　　　2頁。

図表 13-2　女性の年齢階級別労働力率の推移

出所：厚生労働省雇用均等・児童家庭局（2020）『前掲書』厚生労働省，4頁。

ている図表13-3からもわかるとおり，労働力率の上昇幅が最も大きかった「25〜29歳」では，「有配偶者の労働力率」の上昇の効果が大きい。2019（令和元）年の就業者数は，2019年平均で6,724万人と，前年比60万人増加した。この内女性は2,992万人と46万人増加している（男性は3,733万人：16万人増）。15〜64歳の就業者数でみても，全体として2019年平均では5,832万人と，前年比30万人増であったなかで，男性は3,202万人と4万人減少しているのに対し，女性は2,630万人と34万人の増加となった。15〜64歳の就業率を見ても，男性は84.2%と0.3ポイントの上昇，女性は70.9%と1.3ポイントの上昇となった[3]。

　このように女性の社会進出（労働市場への進出）は進んでいると言えるが，特に「有配偶者の労働力率」の上昇が確認される中で問題点も指摘されている。すなわち，働き手そのものの属性がいままでとは大きく変化しているにも関わらず，制度が想定している正社員は未だ男性中心である。働き手の変化に応じて職場の環境整備，労働時間の配分，仕事の振り分け方等に代表される働き方も変える必要があるにも関わらず，これがなかなか変わらないのである。

図表13-3　女性の配偶関係，年齢階級別労働力率（平成21年と令和元年との比較）

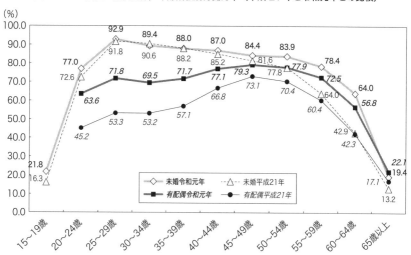

出所：厚生労働省雇用均等・児童家庭局（2020）『前掲書』厚生労働省，5頁。

こうした点は,「女性の働き方」を変えてゆく重要な要素であると同時に, それに留まらず全ての働き手を対象としながら対応していかなければならない喫緊の課題事項でもある。

　さて, 現実的には女性の働き手は家庭での役割を果たすことも望まれていることから様々な固有の課題も山積している。こうした点は未だ大きな男女の就業形態や賃金あるいは地位の差異を産む要因になっているのだろうか?　以下ではこの点を考察するためにも, まず共働き世帯について確認しよう。

2．共働き世帯の増加と残る役割分業意識

　まず, なぜ共働き世帯が増えているのかということを考えてみよう。

　これまでは男性雇用者と無業の妻からなる世帯(夫が働き, 妻は専業主婦という世帯)が多かったが, 1992年から共働き世帯数が逆転しはじめ, 1994年, 1995年を除き, 1996年以降は一貫して共働き世帯数が増加している(2018

図表 13-4　1人当たり平均年間総実労働時間(就業者)

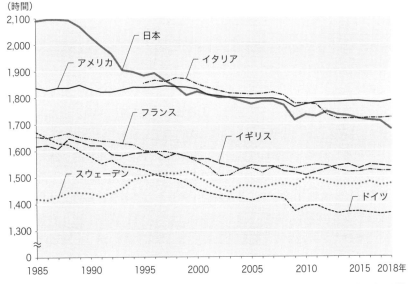

出所：労働政策研究・研修機構(2019)「データブック国際労働比較 2019」労働政策研究・研修機構, 241頁。

年時では共働き世帯 1,219 万，夫が働き，妻は専業主婦の世帯 606 万）。

　要因のひとつは仕事をしたいという女性が増えていることだろう。しかし，特に若者世帯が該当すると思われる夫婦共働き世帯の割合を押し上げている要因を，バブル経済の崩壊直後を意味する「1991 年以降」という時代背景から考えると，子育てに専念したいけれど夫のみの給料だけでは生活が困難なため働いているというケースが考えられる。つまり生活のために働かざるを得ず，しかも子育てをしながらだと時間の制約が非常に高いことから，非正規の仕事を選ばざるを得ない。女性雇用者は男性雇用者と比較して「非正規の職員・従業員」が多いのである。また，女性の「非正規の職員・従業員」は小売業やサービス業，とりわけ飲食業に従事している層が多い。この特性も相まって今般のコロナ禍の中で働き口を失った女性が多いということも付記しておこう。

　総務省統計局の『労働力調査 2019（速報）』をみると，たしかに直近の役員を除く雇用者数は全体として増加している。雇用形態（勤め先での呼称による）別にみると，2019（令和元）年の女性は，「正規の職員・従業員」が 1,161 万人（前年比 23 万人増。男性：2,342 万人。前年比 5 万人減少），「非正規の職員・従業員」が 1,475 万人（同 22 万人増。男性 691 万人。22 万人増加）となった。

　しかし，非正規の職員・従業員を男女比でみると，男性が 32％であるのに対して女性は 68％を占めている。女性は，男性の 2 倍強の人が非正規で働いているのである。こうした事実は年間収入にも大きく影響する。女性の非正規の職員・従業員の年間収入（2019 年）をみると，100 万円未満が全体の 100 万円未満が 44.0％，100〜199 万円が 38.6％を占めているのである。

　この非正規の職員・従業員について，男女別に現職の雇用形態に就いた主な理由をみると，男女共に「自分の都合のよい時間に働きたいから」が最も多いが（男性 29.3％女性 31.2％），「勤務時間・休日などが希望とあわない」という理由を挙げる人の実数は女性のほうが多い。もちろん，女性の働き手のすべてが家庭での役割を果たすことを望まれているとは限らないが，とりわけ子育て中の世帯の女性が家庭中心のライフスタイルを取らざるを得ない状況が強いことからも，女性がフルタイムで働くことに対するハードルは高い。

　他方で，正社員の労働時間の高止まりは，端的に言えば仕事量が多すぎて定

時での帰宅が困難であるということである。こうした現在の雇用システムの下では，どうしても女性が正社員として働くには大きな壁が立ちはだかる。また，子どもを持つ世帯においては，生活を維持するために性別役割分業を維持したほうが合理的な面も残る。例えば，小さな子どもを持つ若い世帯であれば両親が働こうとすると子どもを保育園にいれなくてはならない。しかし現実では保育園に入れないことも多く，仮に入園できても18時には迎えにいかなくてはならないため，夫婦どちらかは定時退社の必要がある。こうした制度的な制約もあり，収入が高い方（多くは男性）が働き，収入が低い方（多くは女性）が労働時間を短くして子どもを迎えに行くケースが多くなり，場合によっては正社員という働き方を辞め，パートタイムや契約社員などにシフトしていくことも多い。こうした点も女性が非正規労働形態を選択する一因である。また，内閣府の『女性の活躍推進に関する世論調査（令和元年9月調査)』によると，「夫は外で働き，妻は家庭を守るべきである」との考え方について，「賛成」が35.0％（「賛成」7.5％＋「どちらかといえば賛成」27.5％），「反対」が59.8％（「どちらかといえば反対」36.6％＋「反対」23.2％）となっている。2014年の調査結果と比較してみると，「賛成」（44.6％→35.0％）の割合が低下し，「反対」（49.4％→59.8％）の割合が上昇している。回答者の性別でみると，「賛成」とする者の割合は男性で，「反対」とする者の割合は女性で，それぞれ高くなっている。

　賛成の理由として「妻が家庭を守る方が子どもの成長などによい」と答える人は約55.2％に達する。これが「子どもの成長のためには，外で男性が働き続けるべき」という意味を包摂しているとすれば，WLBの達成と働き方の多様化との両者が求められている現代であっても，「男性の働き方はかくあるべき」という社会的意識がまだ残っているのかもしれない。ちなみに「反対」の理由の中で最も高かったものは「固定的な夫と妻の役割分担の意識を押しつけるべきではないから」で，56.9％であった。

第3節 多様な働き方の模索：外部環境—法改正による制度整備

1．長時間労働の是正に向けて

　生活のために共働きを選択せざるを得ない場合，現在の制度のままでは働かないという選択肢を取ることができないので，たとえ結婚しても子どもを持たないという選択をする人が多くなるかもしれない。あるいは子どもを持たないという選択は「結婚しない」という選択に繋がることもあって，ますます一人世帯が増加するだろう。政府も喫緊の課題とされている急速な少子高齢化対策の面からも安心して働き，家庭を持ち，子どもを育てられる環境づくりを進めてはいるが，—暫時的な改善は見られるものの—未だ十分とは言えない状況である。では，多様な働き方，柔軟な働き方を実現するための制度整備とは具体的にどのように展開されてきたのであろうか？　直近15年の動きを概観してみよう。

　厚生労働省は2002年9月には少子化対策の一環もあり，「少子化社会を考える懇談会中間とりまとめ」において「男性を含めた働き方の見直し」を含む4つのアピールと10のアクションを提言した。また，2004年には同じく厚生労働省から『仕事と生活の調和に関する検討会議報告書』が公開され，この中で「働き方の二極化」を前提とした社会から，働き手が労働時間や就業場所についても様々な組み合わせを選択できる社会を目指し，WLBを推奨するようになった。

　労働三法のひとつである労働契約法が2007年に改正された。この中の「労働契約は労働者及び使用者が仕事と生活の調和にも配慮しつつ締結または変更すべきものとする」（同法3条3項）という条文は，雇用上の措置や労働条件内容を決める際に雇用する側が働き手のWLBに配慮するように促していると解されるが，雇用する側がこれをどの程度重要なポイントとして捉えているのかは疑問も残る。

　その一例として，異常なまでの長時間労働が根絶されていないことが挙げられる。長時間労働は企業にとっても社会全体にとっても負の作用が大きいことが様々な点から指摘されている。しかし2016年末に起きた大手広告代理店電通の女性若手正社員が過酷な労働環境に置かれ続けたことを主因として自ら命

を絶った事件からも判るとおり，大手優良企業といわれる会社でも過労死に繋がる労働管理が行われているという事実に社会は大きな衝撃を受けた。同時に「ブラック企業」は会社の規模や社会的知名度とは関係なく存在していることも改めて明らかになった。

　報道によると，東京地検は電通が本社の労使協定（**三六協定**）が定めた月50時間を超えて社員に違法な残業をさせていたとして，労働基準法違反罪の両罰規定を適用し，法人としての同社を略式起訴したが（2017年7月6日），東京簡裁は同年7月12日に労働基準法違反罪で電通を罰金刑とする略式命令を不相当と判断して検察側の略式起訴を退け，正式な裁判を開くことを決めた。

　2017年10月6日には，電通に対して労働基準法違反であるとして，求刑通りとなる罰金50万円の有罪判決が言いわたされた。公判では同社社長も出廷し，起訴内容について「間違いありません」と認め，謝罪している。

　この事件を契機に，多くの企業で今まで蔑ろにしてきた長時間労働に対する規制に正面から向き合い，（一時的かもしれないが）働き手の労働時間管理を従来よりも厳しくするようになった。以前から，政府も企業トップも現行の労働法制や慣行などの働き方の枠組みの中に労働時間規制の導入を図るべきか，あるいは導入するとしたらどのような仕組みにすべきなのかという点について，既存の障壁を特定し，打開策を設けることの重要性自体は認識してきた。しかし現場レベルでは経済的効用の増大を旗印に，長時間労働を是認する会社もあるのだ。では本当に経済的効用と労働時間短縮はトレードオフの関係にあるのだろうか？

　個々人が自らの人生の内容の質や社会的にみた生活の質を高め，幸福を見出せるようになるためには「経済的豊かさ」も追求されなければならないだろう。したがって働き方の仕組みを整え，実働労働時間を短縮させるという，労働の「量的見直し」と労働の質を高めることで働き方を改善していくという

三六協定　労働基準法第36条により，法定の労働時間を超えて労働（法定時間外労働）させる場合，または，法定の休日に労働（法定休日労働）させる場合には，あらかじめ労使で書面による協定を締結し，これを所轄労働基準監督署長に届け出ることが必要。この協定のことを通称「36協定」という。

「質的見直し」の両者での対応が必要となる。

　日本の国民1人当たり GDP は，1990年代初めに OECD 加盟国中6位まで上昇し，主要先進7カ国でも米国に次ぐ水準になったこともあったが，2000年以降をみると1970〜1980年代と同じ17〜20位程度で推移している。近年の順位をみると，2008〜2009年に20位まで落ち込んだところで底打ちし，現在は緩やかながらも上昇へと転じている。

　一方，国民1人当たり GDP によって表される「経済的豊かさ」を実現するためには，より効率的に経済的な成果を生み出すことが欠かせない。それを定量的に数値化した指標のひとつが**労働生産性**である。日本の労働生産性はこのところ米国の6割強の水準で推移しているが，これは1980年とほぼ同じ水準である。1990年に米国の4分の3近い水準にあった日本の労働生産性は，2000年代になって7割前後に低下し，それ以降も緩やかに差が拡大している。2000年以降でみると，主要先進7カ国で最も労働生産性の高い米国の生産性向上改革のスピードにはついていけず，OECD 加盟国35カ国の比較でも18位に留まっている。また，労働生産性を時間当たり労働生産性で見てみると，2018年の日本の就業1時間当たり労働生産性は46.8ドル（4,744円：PPP 換算）である。日本の働き方にはまだムダな部分がたくさんあるということなのだ4)。

2．「多様な働き方」への制度設計

　正規雇用と非正規雇用の働き方の二極化の解消を通じたアプローチは，WLB の実現のためにも働き方の見直しを制度的に後押しする動きのひとつである。働き方の二極化を解消するためには，① 正規雇用と非正規雇用の処遇格差の是正，② 非正規雇用から正規雇用への転換の推進，③ 正社員の長時間労働や職場ストレスなど労働負荷の抑制，④ 限定正社員制度に代表される「多様な働き方」の導入，の4つの課題が指摘されているが，**限定正社員**制度に代

労働生産性　付加価値（国レベルでは GDP）を就業者数または就業者×労働時間で除すと，1人当たりの労働生産性が求められる。

限定正社員　非正規労働とは異なり，ある程度正社員と同じような扱いができる非正規の働き手を雇用できるシステムが望まれる中で，従来の正社員でも非正規労働者でもない，正規・非正規の働き手の中間に位置する雇用形態。

表される「多様な働き方」を導入することは WLB の実現の一助となると考えられる。数年前から導入されたこの制度は，正規雇用と非正規雇用との中間的な働き方を広げることで働き手の選択肢の多様化を図るという視点から，非正規の多様化というよりはむしろ「多様な正社員」という概念で把握されうる。

改正労働契約法では，有期契約を反復更新して通算5年を超えた場合に，労働者の申込みに基づいて期間の定めのない労働契約（無期契約）に転換できるルールが新設された。このルールの運用に全く問題がないというわけではないが，「多様な形態による正社員」は，非正規雇用で働く労働者を正規雇用化する上でも有効であるし，学卒者の新規採用の際にも適用されている。これは雇用形態として労使が選択できるものであり，従来の正規雇用と同様に無期の労働契約である点で有期労働契約の非正社員とは異なる。配属先の事業所や活用業務が限定されていること，残業がないこと，短時間勤務であることなどのいずれかの点で，非正社員の働き方と共通する点があり，総合職とは賃金テーブルが異なることや昇進・昇給の速度や住宅手当に代表される様々な手当の面で違いがある場合が多いものの，例えば**地域限定総合職**は総合職であれば避けられない「全国転勤」の対象外でありながら昇進も可能などの点で WLB を追求する上での柔軟性を有しているといえ，現実的にはとりわけ学卒者新規採用時に女子学生がこの雇用形態を選択することも多い。

では次に，「多様な働き方」への制度設計に関する直近の動きをみてみよう。2015年8月に成立した「女性の職業生活における活躍の推進に関する法律」は，女性活躍推進の取り組みを着実に前進させるべく，国，地方公共団体，一般事業主それぞれの責務を定め，雇用している，または雇用しようとしている女性労働者に対する活躍の推進に関する取り組みを実施するよう努めることとしている。これに伴ない常時雇用する労働者の数が301人以上の事業主に対しては，① 自社の女性の活躍に関する状況把握，課題分析，② 状況把握，課題分析を踏まえた行動計画の策定，社内周知，公表，③ 行動計画を策定した旨の都道府県労働局への届出，④ 女性の活躍に関する状況の情報の公表が義務づけられた。

地域限定総合職　エリア総合職，準総合職，特定総合職など様々な呼称がある。

　加えて，2017年6月に発表した『日本再興戦略2016—第4次産業革命に向けて—』の中で，政府は労働基準法の執行の強化，時間外労働規制の在り方の再検討と並んで，女性や若者などの多様で柔軟な働き方の選択を広げるべく，非正規雇用労働者の待遇改善を更なる徹底を通じて，「長時間労働を前提とする働き方の改革を男性・女性を問わず社会全体で進めていくことにより，育児と介護等を理由にこれまで仕事に就けなかった新たな働き手の就労等が可能となる。また，労働時間の減少を生産性向上で補おうとする企業の様々な取組・工夫や勤務時間内で成果を挙げようとする個人のモチベーションの高まりが労働の「質」を向上させる」としている。合わせて**同一労働同一賃金**の実現[5]や，労働契約法，パートタイム労働法の改正にも触れており，長時間労働の是正を図るためにも全国的なWLB運動の展開を志向している。2019年の常用労働者の労働時間についてのデータによれば，女性は120.7時間（前年差2.7時間減，前年比2.2％減），男性は155.1時間（前年差3.1時間減，前年比2.0％減）の労働時間であった。

第4節　多様な働き方の模索：内部環境—働く場としての企業

　わが国は人口の減少と驚異的速度で進展する少子高齢化との，2つの極めて大きな問題に直面しており，近年では労働者不足問題も顕在化している。かかる状況下において，企業による働き手のWLB支援は働き手の仕事へのモチベーションの維持・向上や組織への定着化など，現在働いている人に向けたものだけでなく，新規採用時に良い人材を確保するための条件ともなっている。

　前述したように女性の就業者が増加していることに加え，特に子育て世代やそれに準じる若い世代にとって，会社に自分の時間をむやみに「縛られる」ことは受け入れ難い。したがって，企業の人材活用上，WLB実現のための具体的な実践方法やベストプラクティス開発は不可欠な取り組みになっている。基

同一労働同一賃金　この考え方が広く普及しているといわれる欧州の制度を参考にした，いわゆる正規雇用労働者と非正規雇用労働者との間の不合理な待遇差の解消を目指し，雇用形態にかかわらない均等・均衡待遇を確保して，賃金格差をなくそうという考え方である。しかし，この概念は本源的には男女間の労働賃金格差の解消からスタートしたものであるとともに，職務給・職能給の違いに依拠する様々なハードルがあることも事実である。

本的には長時間労働の削減を図ることではあるが，育児・介護休暇制度，長期休暇制度，フレックスタイム制，テレワーク制度，短時間勤務制度など，企業が取りうる方策には様々なものがある。WLBは社員にとっての「新しい報酬」なのである。

　もちろんのこと，働きやすい職場とは，労働と時間との関係性だけで語れるものではない。例えば，女性が離職する理由は必ずしもライフイベントに依拠するわけではない。大沢（2015）によれば，仕事への不満やキャリアの行き詰まりを感じて離職する女性は，結婚・出産・育児等を理由として離職するより多いとされる。したがって，働き手の意欲を如何に引き出すのかということも，一方で重要な視点である。

　例えば，2020年は多くの組織でリモートワークやテレワークが導入されたが，コロナ禍以前から富士通は①時間の有効活用と生産性の向上，②多様な人材が活躍できる職場環境を作ること，③BCP（事業継続計画）の3点を主たる目的として，勤務場所の制限を緩和する「テレワーク勤務制度」を2017年4月に導入した。テレワークは，移動時間，通勤時間の削減を可能にし，通勤時の疲労の低減や能率向上に寄与する。また，キャリアアップのための自己啓発，趣味，社会貢献などの時間を生み出すことを可能にし，育児や介護が理由の離職を防ぐことにもつながる。この富士通の制度は全社員約3万5千人が対象となり「自宅やサテライトオフィス，出張先や移動中など，場所にとらわれないフレキシブルな働き方を可能にする」とされている。同社によれば，この仕組みは一律的な運用ではなく，環境や業務特性を踏まえ，職場が主体となって生産性を高める働き方を検討・実施するものであり，労働時間管理はPCやスマートフォンを通じてどこでも出退勤打刻ができる仕組みを利用している。また必要な残業は上司の指示のもとで実施するように図り，時間を意識した効率的な働き方を管理職と一般社員とがともに考えることで，働き方に対する意識改革と労働時間管理の強化，経営実践上のポイントへの理解を図っている。

　他にも，厚生労働省の調査（厚生労働省『多様な人材活用で輝く企業応援サイト』）によれば，イケアジャパンは非正社員・正社員の雇用区分を廃止した。すべての社員を同一の身分とした上で同一労働同一賃金を実現し，どのよ

うな局面でも仕事を続けられる環境を整備するということである。また，りそな銀行は2008年に人事制度改定を行い，社員とパートナー社員とに共通の職務等級制度を導入した。これは役割等級・職務グレードが決まれば職務給（基本給）が決まる仕組みで，役割等級・職務グレードが同じであれば，社員・パートナー社員といった職種にかかわらず，時間当たりの職務給は同一となる（フルタイムのパートナー社員に限る）。

　企業が競争環境の中で生き残るために，働き手の意欲や組織への貢献・帰属意識を向上させ，優秀な人材を集めることが求められている現在，こうしたフレキシブルな働きかたの仕組みを持っている企業と持っていない企業とでは，人材獲得の側面での差が大きくなってくる。こうした意味からも，WLBは働き手にとっての「新しい報酬」となってきているのだ。

　これまでとは異なる労働や家庭に対する価値観を有する世代に対応していくためにも，新たな労働環境を構築しなければならない。例えば，日本経団連は春季労使交渉の企業向け指針において「ジョブ型」雇用制度の積極的導入を呼びかけた[6]。こうした制度の安易な導入は禁物ではあるが，他方で労働量を時間で測るという意識が浸透している現在，働き手の意識改革を進めることも必要になってくるだろう。また，かつて週休二日制を導入する際にも多数の批判があったことを振り返って考えてみれば，まずは経営者やリーダー自身が働き方に対する自らの意識を変え，これを推進していくことが求められている。

【注】
1）内閣府『仕事と生活の調和の実現に向けて』（http://wwwa.cao.go.jp/wlb/towa/nanoka.html）。
2）厚生労働省『厚生労働白書』平成18年版，44頁。
3）厚生労働省雇用均等・児童家庭局『令和元年版働く女性の実情』2020年，2-5頁。
4）日本生産性本部「労働生産性の国際比較2019」2019年，8頁。
5）日本郵便の契約社員が正社員と同じ仕事をしているのに手当などに格差があるのは違法であるとした訴訟で，東京地裁は正社員との格差につき一部不当との判決を出している（『日本経済新聞』2017年9月15日朝刊）。また，ドトールは非正規労働者にも退職金を支払うことを発表している（『日本経済新聞』2017年9月26日朝刊）。
6）『日本経済新聞』2021年1月26日朝刊。

【参考文献】
大沢真理（2002）『男女共同参画社会をつくる』日本放送出版協会。
大沢真知子（2006）『ワークライフバランス社会へ』岩波書店。
大沢真知子（2015）『女性はなぜ活躍できないのか』東洋経済新報社。

厚生労働省『令和元年版働く女性の実情』。
内閣府男女共同参画局（2020）『男女共同参画白書令和元年版』内閣府。
日本生産性本部（2017）『労働生産性の国際比較 2016 年版』。
日本経済再生本部（2017）『日本再興戦略 2016—第 4 次産業革命に向けて—』。
日本生産性本部（2019）『労働生産性の国際比較 2019 年版』。
富士通株式会社（2017）『今考えたいワークスタイル変革　富士通の社内実践から見えてきた効果と課題，進め方とは』富士通株式会社。
労働政策研究・研修機構（2016）「働き方の二極化と正社員」『労働政策研究報告書』No.185，労働政策研究・研修機構。
労働政策研究・研修機構（2019）「データブック国際労働比較 2019」労働政策研究・研修機構。渡辺峻（2009）『ワーク・ライフ・バランスの経営学』中央経済社。

【さらに進んだ学習のために】

武石恵美子（2010）「ワーク・ライフ・バランス実現への課題：国際比較調査からの示唆」『RIETI Policy Discussion Paper Series 10-P-004』経済産業研究所。
　　［note］日本の WLB の現状および課題を，欧州諸国との比較を通じて「働き方」の視点から捉えたもので，制度を整えることは重要ではあるが，従業員サイドから見ると制度以上に職場の上司のマネジメントや互いに助けあう風土など，自律的に働くことのできる柔軟性が確保されることが，WLB への満足度や職場のパフォーマンスを高めることが示唆されている。

大竹文雄・白石小百合・筒井義郎編著（2010）『日本の幸福度—格差・労働・家族』日本評論社。
　　［note］主観的幸福感と生活満足度とからなる幸福意識という主観的側面もつ概念を経済学の立場から包括的，体系的，かつ理論的，計量的に分析したもので，とりわけ第 4 部でワーク・ライフ・バランスの問題に注力している。

島貫智行（2017）『派遣労働という働き方』有斐閣。
　　［note］様々な形態の働き方が広がる現代の日本の職場で，働き方の多様化が働き手に何をもたらしたのかを考えるためにも是非読んで欲しい好著である。

山口一男（2017）『働き方の男女不平等 理論と実証分析』日本経済新聞出版社。
　　［note］前著では長時間労働の是正を取り上げ，本書では日本の雇用と職場における男女の不平等について統計的データを用いて詳細に分析している。

コラム　働き方の多様化は服装から？

　朝の通勤ラッシュ帯の電車には，特に多くの人々が乗っており，そのほとんどは，スーツにネクタイの通勤途中の男性サラリーマンである。

　ターミナル駅で降車し，オフィス街への道筋を少し高いところから臨むと，オフィス仕様のコンサヴァティブな装いの女性も多く歩いてはいるが，そのほとんどは一様にダークスーツを纏った男性サラリーマンの大群で，どんどんとビルに吸い込まれていく。かつて「スーツはサラリーマンの戦闘服だ」というコピーもあったが，そうは言っても近年ではクールビズやオフィスカジュアルの普及もあり，スーツも少しずつ多様化し始めている。

　こうした中，働き方改革の一環として職場の服装規定をよりカジュアルな方向へシフトする企業も出てきた。日本経済新聞（2017年9月15日付朝刊）によると，日本オラクルでは従来からスーツ着用の義務はなかったものの，ジーンズやTシャツ，スニーカーは禁止していたが，この度服装規定を撤廃した。ルールの変更は，企業風土や文化，働きやすい環境などを重視する若い世代に向けて，風通しのよい職場をアピールすることで優秀な人材の確保に好影響を及ぼしたいとの考えだ。元来IT企業は比較的働き手の服装の自由度が高いという特徴があったが，大手企業での服装規定撤廃は注目される。

　伊藤忠商事も服装規定のカジュアル化を進めている。毎週金曜日には，アンクル丈のパンツやジーンズでの勤務を解禁し，スニーカーでの勤務も認めている。これは楽な格好で仕事をするというのではなく，柔軟な発想力を養うことにつながるとして，生産性向上活動の一環として社長が先頭に立って進めている。また，産経新聞WEB版（2019年9月2日）によると，三井住友銀行，三菱UFJフィナンシャルグループ，みずほ銀行といった「お堅いイメージ」の金融機関でも同様の動きが見てとれる。

　このように服装が仕事に与える好効果を指摘したこのような動きは，一部の金融機関でも取り組まれている。確かに服装規定上，「堅苦しい」スーツのみというのは，仕事の生産性を上げるために必ず必要というわけではないだろう。リモートワークが普及する中では尚更である。

　働き方改革は，個々人が仕事をする上でそれぞれに求められる責任を果たしながら，自己のやりがいや充実感を得られることを目指し，仕事と生活双方の調和が実現できるような社会を構築するためのものだ。そのためには，働き手の能力や個性を引き出すことが必要不可欠。仕事とは別の次元での制約をできるだけ排除し，働き手の個性の伸長を図るための試みであれば，服装規定の自由化もよきWLBを構成する一要素なのかもしれない。

第14章

企業は海外でどのように経営しているのか
──国際経営──

本章のねらい

　現在，様々な産業において企業が国境を越えてその活動範囲を拡大している。その典型が多国籍企業である。多国籍企業の存在は，貿易によるモノ，カネ，情報の国際化のみならず，企業経営そのものが国境を越えて移転，展開される点に特徴がある。企業が国境を越えて経営を行う場合，国内経営との比較においてどのような独自の問題が生じるのだろうか。そして国際経営の実践において生じるこれら問題に対して，企業はいかなる方法で対処しているのか。本章ではまず企業経営が国境を越える独自の意味や問題を解説する。そのうえで企業が現地国に生産拠点や研究開発拠点を設置することの経営上の意味とねらいを考える。これら基本的な枠組みの理解を通じて，多国籍企業の成り立ちと国際経営のしくみについて理解を深める。

第1節　はじめに

　企業は効率的な生産体制・調達体制の確立と豊かな市場を求め，国境を越えて活動を展開している。22世紀に向けて走り出した現代，科学技術の飛躍的な進化に伴い企業の国際展開はますます加速している。しかし一方で，自国第一主義を掲げる米国トランプ政権の誕生やテロの多発に見られるように，依然として国境は経営にとって大きな壁として存在している。本章では経営が国境を越える意味の検討を通じて国際経営の独自問題を理解し，その対処法として開発されてきた様々なしくみについて考える。

第2節　国際経営とは何か

1．経営が国境を越える

　貿易はモノとカネが国境を越えて取引される行為であり，人類史上に初めて登場した国際ビジネス形態である。貿易を通じた国際的な商取引は，ときの権力者や有力な商業者（商人）により古くから世界各地で実践されてきたことは言うに及ばない。地中海で活躍したフェニキア人，ベニスの商人，シルクロード交易，東インド会社，朱印船貿易など，ビジネスの歴史は貿易の歴史そのものである。貿易ないしは交易は，生産活動とともに富を生み出す行為として人類の営みを長きにわたって支えてきた。しかし意外にも，企業経営が国境を越えて展開されるのはごく最近始まったばかりである。実は国際経営が本格化するのは1950年代の米国企業の欧州進出以降であり，その歴史はたった70年ほどに過ぎない。グローバル企業の目覚しい発展やグローバル人材の必要性に注目が集まっているわが国において，読者の皆さんはこれを意外な事実として感じるのではないだろうか。

　それでは「経営が国境を越える」とはいかなることを意味するのか。貿易とは異なるのであろうか。企業がその経営のしくみを国境を越えて移転し，発展させる行為こそが国際経営である。すなわち，本書ですでに解説してきた組織構造，企業理念，企業文化，戦略，ガバナンス，雇用と人事体制，生産システム，マーケティングなどあらゆる経営のしくみが本国より海外へ移転され，現

地国で発展していくプロセスこそが国際経営なのである。これは伝統的な国際
ビジネス形態としての貿易とは全く異なる。企業がその経営を国境を越えて展
開するとき，国内経営や貿易では捉えきれない独自の問題に直面する。順を
追ってみていこう。

2．国際経営の独自問題：現代にも通じるフェアウェザーのフレームワーク

　1969 年に米国で出版されたジョン・フェアウェザー著『International
Business Management』は 1960 年代に活発化した米国企業の海外進出を背景
にして，経営が国境を越える意味を検討した先駆的な学術書である。1969 年
に出版されたにも関わらず現代にも通じる論理がすでに提示されていることに
驚きを隠せない。フェアウェザー（J. Fayerweather）は国際経営の独自性を
図表 14-1 の概念フレームに整理している。解説していこう。
　今，日本（図中の本国）に企業 A が存在すると仮定しよう。企業 A は日本
の市場，法体系，文化などの外部環境との対話を通じて形成された企業組織体
である。企業 A は日本市場での競争に勝つために戦略を練り，経営資源を蓄
積してきた。また日本の環境の中で企業理念，雇用・人事のしくみ，ガバナン

図表 14-1　企業経営が国境を越える意味

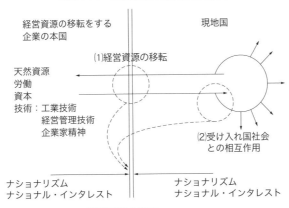

出所：Fayerweather, J. (1969), *International Business Management*
　　　を参考に筆者作成。

スを構築してきた。この企業Aが国境を越えて中国（図中の現地国）へ進出するとき，まず生じるのは企業Aから中国への経営のしくみの移転である（図中の→(1)）。技術，企業文化，組織構造などの経営のしくみが日本から現地国である中国へ移転されていく。そして現地国では，移転されてきた本国本社の経営が現地国の社会や文化との相互作用を開始する（→(2)）。例えば，日本における終身雇用や年功序列の人事慣行の有効性は，中国では十分に理解されないかもしれない。そのような場合，企業Aは経営のしくみを中国の環境に合わせて適応化する必要が生じる。そのため，企業Aは現地国との相互作用を通じてコンフリクトを解消し，相互関係の確立を目指していく（→(3)）。以上のように企業Aの経営を国境を越えて移転することは容易ではない。現地国との対話を通じた相互関係の確立という独自の問題が国際経営には含まれている。製造業の場合，典型的には直接投資を通じた生産機能（工場）の海外移転が国際経営の始まりとされる。そこでは生産技術や労務管理の移転に伴い現地国との相互作用が生じる。日本の生産現場で「良し」とされてきたルーティンが必ずしも現地国の労働環境に適しているとは限らない。特定の立地（国）で構築された経営のしくみは，異なる立地（国）環境において適応を促される。

3．複数の国境を同時に越える多国籍企業の独自問題

　国際経営の独自問題は異なる環境の影響により生じるが，二国間の問題である以上は時間をかければ解消に向かうだろう。相互関係は時間の経過とともに確立していく。しかしさらなる成長を模索する企業は二国間の関係に止まらず複数の国に連続的に進出する道を選ぶ。このように，複数の国において同時に経営を展開する企業を**多国籍企業**と呼ぶ。複数の国境を同時に越える多国間モデルの場合，二国間での国際経営よりも問題は複雑化する。フェアウェザーはこの問題を「統一化と分散化」と呼んだ。企業Aに戻ろう。企業Aが複数の国へ同時に経営を展開する場合，それぞれの現地国において独自の相互作用が生じる。その結果，アメリカに適合する経営のしくみと中国に適合する経営の

多国籍企業　直接投資によって数カ国以上において現地法人を設立し，経営している企業。あたかも複数の国籍を持つように現地において経営を行うことから「多国籍（multinationals）」と呼ばれる。

しくみは全く異なる形へ進化するかもしれない。つまり経営のしくみが複数の国においてバラバラになっていくのである。これを「分散化（fragmented）」と呼ぶ。各国の環境との相互作用を優先すれば，この帰結は当然である。しかし過度な分散化は多国籍企業全体の経営にとって新たな問題を引き起こす。例えば，製造業の場合，アメリカと中国の工場において品質管理方法，労働者の訓練方法や求める技能レベルが異なれば，その生産管理は複雑化し高コスト化する。アメリカの子会社で有能な人材を中国子会社へ送り込むことも容易ではない。なぜなら異なる経営のしくみへと進化したそれぞれの海外子会社は全く別の組織構造，企業文化，ガバナンスを採用しているかもしれない。そのため多国籍企業は複数海外子会社と本社を一括で管理する統一的な経営のしくみを導入せざるを得ない。これを「統一化（unification）」と呼ぶ。この現代にも通じる統一化と分散化を高い次元で同時追求することが多国籍企業における独自の経営問題であるとフェアウェザーはすでに1960年代に指摘している。

第3節　国際経営の組織モデル

1．グローバル産業とマルチドメスティック産業

　多国籍企業はどのような組織構造（モデル）を用いて経営しているのだろうか。組織構造は企業がおかれた産業特性に影響を受ける。多国籍企業が属する産業はグローバル産業とマルチドメスティック産業へ大別でき，それぞれの産業に適した組織モデルを企業は採用している。グローバル産業とは，競争がグローバル市場を舞台として展開され，各国における競争が互いに影響し合う特徴を持つ。大規模なグローバル・プレーヤー同士の競争である。グローバル産業に属する企業は世界的に標準化された製品・サービスの販売を志向する。例えば，PCやスマートフォンなどのハイテク製品を扱うメーカー，高い技術を駆使した自動車部品や医療機器を扱うメーカーがこれにあたる。グローバル産業に属する企業においては全社において統一的なマネジメントを推進する組織構造が適している。すなわち，本社に権限を集中させ，子会社はこの本社の統合的な管理のもとで与えられた業務を遂行する。これは「グローバル組織モデル」と呼ばれ，フェアウェザーのいう「統一化」を重視する。

　一方，マルチドメスティック産業とは，競争が各国市場において展開され，取り扱う製品・サービスも子会社ごとに異なる特徴を持つ。各国の市場環境，法規制，文化の違いが顕著であるため，それぞれの環境に適した組織構造を子会社が自ら採用する傾向にある。食品メーカー，小売業などがこれにあたる。マルチドメスティック産業では，企業は子会社へ分権化し，それぞれの子会社が自律して経営を行うことから，フェアウェザーのいう「分散化」を重視する「マルチドメスティック組織モデル」を採用する。マルチドメスティック組織モデルでは本社の経営資源や戦略に依存することなく，現地国においてそれぞれ独自の経営資源の開発や戦略の展開を行う。

2．トランスナショナル組織モデル

　バートレットとゴシャール（C. A. Bartlett and S. Ghoshal）はこれら2つの組織モデルのそれぞれの欠点を補い，双方の利点を同時追求する新しい組織モデルを提案した。**トランスナショナル組織モデル**である。グローバル組織モデルは現地国の環境や競争に適応することには不向きであり，またマルチドメスティック組織モデルは多国籍企業全体としての強みを発揮しにくい。例えば，グローバル組織モデルではローカル企業による現地顧客へのきめ細やかな対応に遅れを取ってしまう。マルチドメスティック組織モデルでは多国籍企業全体で投資するイノベーションやグローバル生産による規模の強みを生かしきれない。トランスナショナル組織モデルはこの問題の解決策として考案された。トランスナショナル組織モデルは，子会社がそれぞれの専門領域において独自性を発揮しつつ同時に子会社間で経営資源を共有する理想的なネットワーク組織である。本社は子会社同士の協力を促進し，多国籍企業全体で統合的に戦略を推進するための調整役となる（バートレット＝ゴシャール 1990）。図表14-2に国際経営の3つの組織モデルの特徴を整理している。

　トランスナショナル組織モデルの典型例として有名な企業はP&Gである

トランスナショナル組織モデル　グローバル組織モデルとマルチドメスティック組織モデルの双方の利点を同時追求しかつ弱点を補完する多国籍企業の理想的な組織モデル。子会社はそれぞれの専門領域において独自性を発揮しつつ，同時に子会社間で経営資源を共有するネットワーク組織であり，本社は調整役となる。

図表 14-2　国際経営の組織モデル

組織モデルの特徴	グローバル組織モデル	マルチドメスティック組織モデル	トランスナショナル組織モデル
1）組織構造	本社への集権化	分散型（分権化）子会社は自律	子会社は分散し専門化しているが同時に相互依存関係にある
2）海外子会社の役割	本社の戦略の実行者	現地で戦略を開発・実行する	子会社へそれぞれ役割を与え，グローバルな視点より経営を統合する
3）経営資源の開発と普及	本社で経営資源を開発し，子会社へ移転する	子会社が経営資源を開発し，それぞれ保有する	本社，子会社がそれぞれあるいは共同で経営資源を開発し，全体で共有する

出所：バートレット＝ゴシャール（1990）を参考に筆者作成。

（Bartlett 2004）。米国のシンシナティに本社を置くこの多国籍企業は，世界最大のヘルスケア・トイレタリー総合メーカーである。P&G は 1980 年代まではマルチドメスティック組織モデルを採用し，各国市場において最適な製品を最適な方法で届けてきた。しかし 1980 年代末よりグローバル市場における共通のニーズを捉えたイノベーションを起こすために組織を再編し，トランスナショナル組織モデルを目指した。この意思決定には，経営資源の過度な分散化によりグローバル市場でヒットする新製品開発が困難になったという背景があった。そこで，それまで世界に分散化していた製品開発チームを米欧日で統合し，それぞれの市場で開発してきた技術や製品を活用しつつ新製品開発を行い，グローバル市場での同時販売に乗り出した。1990 年代後半にはグローバルチームでの新製品開発とグローバル市場への素早い導入を実現する組織モデルとして「Organization 2005」を立ち上げた。この組織モデルのもとで，日本市場においてのみ人気の高かった高級化粧品「SK-II」のグローバル市場展開を開始している。

第4節　経営資源とグローバル調整

1．多国籍企業における経営資源の開発と活用

　トランスナショナル組織モデルにおける本社の役割は調整役である。本社と

子会社が開発し保有する様々な経営資源（製品技術，生産技術，流通方法，人的資源，マーケティングノウハウ，ブランドなど）を相互に活用し協力し合うしくみの構築が課題である。ここでは多国籍企業が開発し，活用する経営資源についてみていこう。多国籍企業はどこでどのように経営資源を開発し，どのようにして世界中の市場において活用しているのだろうか。

　経営が国境を越えるとき，企業は現地の競合と互角以上にわたりあうために，競合が保有していない独自の経営資源を本国から現地国へ移転する。初期段階ではこの本国資源を活用して企業は現地市場を開拓する。先進国の多国籍企業は，主に技術的優位性をもって後進国へ参入し，市場を開拓してきた歴史を持つ。ラグマンとバーベク（A. Rugman and A. Verbeke）は，多国籍企業における経営資源の開発と活用を以下のように説明している。

　経営資源は，当該企業が自ら開発し保有する経営資源（**企業特殊優位**）と立地から生じる経営資源（**立地特殊優位**）とに分類できる。企業特殊優位は企業が保有する専有性のある独自の経営資源である。一方，立地特殊優位は特定の国に特定の活動が立地していることから生じる経営資源である。特定国（立地）における法規制の違い，特有の市場機会，最先端の技術が集積した**産業クラスター**が立地特殊優位の源泉となる。企業は，自らが保有する独自の経営資源に加えて，特定の国や地域に立地することから獲得できる経営資源の両方を活用する（Rugman and Verbeke 2003）。

　多国籍企業が開発する経営資源のうち，特に現地国で獲得する立地特殊優位は国際経営の独自問題を生じさせる。例えば，日本には自動車分野において最先端の技術が集積する巨大産業クラスターが存在する。世界中の自動車メーカーや部品メーカーは日本の自動車メーカーや部品メーカーとの取引を通じて新しい技術を開発することが少なくない。これら新しい技術は本国のみで経営

企業特殊優位（資源）　多国籍企業が現地市場の競争で勝つために必要となる独自で専有性の高い経営資源。製品技術，生産技術，流通方法，マーケティングノウハウ，ブランドなどが含まれる。

立地特殊優位（資源）　特定の国に特定の活動が立地していることから生じる経営資源である。特定国（立地）における法規制の違い，特有の機会，最先端の技術が集積した産業クラスターが立地特殊優位の源泉である。

産業クラスター　特定の産業や技術に従事する企業や研究所，大学，行政機関などが集中して立地している地域（エリア）のことをいう。最先端の技術情報や人材が豊富であるため，活発に取引や交流が促進され，イノベーションの源泉として機能する。

していては入手困難である。同様に，米国のシリコンバレーには世界中のIT
企業が研究所を設置している。シリコンバレーにあるIT産業クラスターが新
しい経営資源の獲得機会を与えている。

　前節で紹介したトランスナショナル組織モデルでは，本国と現地国の双方の
立地を活用した経営資源を立地の制約を乗り越えてグローバルに統合しイノ
ベーションを起こすことが求められている。そこではグローバル・ネットワー
クの強みを最大限活用する本社－子会社間，子会社同士の双方向の知識の交換
を必要とする。しかし，言語，文化，競争環境，顧客特性，法規制などが異な
る国同士での知識の交換は容易なことではない。これこそがトランスナショナ
ル組織モデルを目指す現代の多国籍企業が抱えるマネジメント課題である。

2．グローバル調整

　子会社による新たな経営資源の開発とそれらの活用は多国籍企業マネジメン
トの課題である。ここではかかる課題への対処法として注目される「調整」と
いうマネジメント方法についてみていこう（諸上・根本 1996）。分散化する子
会社を統合するためには「統制（Control）」と「**調整**」の2つのマネジメント
方法がある。本社による統制は子会社の身勝手な行動を抑制し，本社の戦略や
方針を順守させることに適している。一方，調整は長期的視点に立った緩やか
なマネジメント方法であり，本社による一方的な命令ではなく，子会社の自発
性や潜在性を引き出すのに役立つ。調整によるマネジメントは，企業規模が
大きく組織内部に多様性があり，技術が複雑で不確実性が高い環境に適してい
る。自身のゴールを追求する複数の子会社をいかに多国籍企業全体の成果へ貢
献させるように協力を促すかという課題への対処法として調整によるマネジメ
ントは登場した。

　それでは具体的に調整によるマネジメントにはいかなる方法があるのだろう
か。調整によるマネジメントは，公式的な方法（部門化，権限の集中化，手続

調整　本社による子会社の統制的管理ではなく，本社は子会社との間で双方向のコミュニケーション
を通じて子会社の能力を引き出し，経営資源を共同で開発し，多国籍企業全体で活用するためのマ
ネジメント方法である。特に担当者間における人的なコミュニケーションや企業文化の共有などの
非公式な方法が有効である。

きの標準化，アウトプットと行動の管理）と非公式的な方法（非公式コミュニケーション，人事異動，本社と子会社間の双務的関係性，企業文化）に大別できる。本社と子会社間の調整において特に有効なのが非公式な方法としての人的，文化的な調整である。子会社の知識や能力を引き出すには，本社が様々な公式ルールを設けるよりはむしろ，本社と子会社の担当者間の良好な人間関係の構築が有効である。理念や文化の共有も有効である。同じ目標や理念を共有すれば，異なる環境にある子会社であっても多国籍企業全体の戦略へ進んで貢献する。

　調整は世界に分散する知識の統合的な管理と活用に適している。本社と子会社の知識や経営資源を統合するとき，本社と子会社間，子会社同士における非公式で双方向のコミュニケーションが不可欠となる。最近の多国籍企業では各国の担当者がLINEのようなソーシャルメディアを活用して非公式なグループを作成し，情報交換を行っている例もある。よりカジュアルな情報交換の手段としてソーシャルメディアのようなツールの活用はグローバル調整にとってますます重要になる。

第5節　経営の現地化

1．現地化の必要性と課題

　現在でも日系多国籍企業の現地経営陣や幹部は日本人によって占められていることが一般的である。しかし本国から人材を派遣し子会社の経営を任せることには2つの限界がある。第1は人的資源の量的限界である。日本から有能な人材を供給し続けることは困難である。進出する国や地域が拡大し，団塊世代の大量退職時代を迎える現代の日本では，経験豊富な熟練人材がこれからも不足していくことが予測されている。第2の限界は現地人材の能力開発と定着による長期的な貢献にある。現在のように現地経営陣ポストを本社からの日本人出向者が占めているようでは現地人材のモチベーションと職務満足度は低迷したままになる。キャリア形成における見えないガラスの天井（ガラスシーリング）は現地人材の雇用と定着に悪影響を及ぼす。現地の有力大学出身の新卒者は欧米企業への就職を希望し，たとえ日系企業に就職した有能な人材であって

も日系企業での経験を強みとして，その後欧米企業へ転職してしまう。有能な現地人材を雇用し，経営陣，幹部人材へ育てていくことは日系多国籍企業にとって喫緊の課題である。それでは企業はいかにして**現地化**を進めているのだろうか。

2．現地化の取り組み

　現地化への道のりはまず自社の理念や文化に理解を示す現地人材の採用から始まる。一口に現地人材といっても，個々人のキャリアゴール，指向性，経験，専門性，経済的立場は千差万別である。同じタイ人でもわが社に合う人材とそうでない人材が存在するため，まずは有効な採用システムの構築が必要となる。次は研修プログラムの整備である。企業は現地人材に対してできるだけ短期間でコストをかけずに業務内容を修得することを期待している。研修プログラムと日々の学習機会の体系化が現地人材の能力開発に有効である。そして同時にキャリアプランを明確に示すことである。これには，報酬体系の整備，キャリアパスの選択肢，先輩によるロールモデルの提示などが含まれる。キャリアプランの明示化は長期的な職務満足の形成にプラスの影響を与える。ここで重要なことは，現地人材に対してキャリアステップと求められる職務内容を明確に示すことである。何ができるようになればどのような職務に就くことができるのかを明示することで長期的な努力を引き出すことができ，また公平な職務評価を担保できる。将来的に現地人材に子会社の経営を移管するのであれば，幹部候補としての選抜基準の明示化と幹部候補者向けの研修プログラムの整備が求められる。多くの日系企業では，現地の幹部候補者には日本本社での研修や出向の機会を与え，体系的に現地の経営陣育成に取り組んでいる。これら現地化の取り組みでは，国や地域の文化・法規制への理解と適応化が必要となることはいうまでもない。

　現地で幹部人材が育ってきた企業で次に取り組むべきことは日本人抜きの実践である。これには先駆的な事例がある。トヨタ自動車はタイに東南アジア地域の中心となる生産拠点としてグローバル生産センター（GPC）を設置し，タ

　現地化　日本からの出向者の数を最小化し，現地人材に現地法人の経営を任せること。また部品や原材料の現地国や周辺地域からの調達比率を高めること。

イ人の熟練トレーナー（指導員）による新人トレーナーの育成を行っている。トレーナーズトレーナー制度である。以前は日本から出向してきた日本人が生産現場で指導にあたり，現地人トレーナーも育成してきた。しかしGPCが導入したトレーナーズトレーナー制度では，試験に合格した熟練のタイ人トレーナーが，東南アジア各国から集まってくる現地のトレーナー候補者に対して指導を行っている。つまりこれは，現地人材による現地人材への知識・技能の移転である。ベトナムの生産現場で現地ベトナム人へ指導を行うベトナム人トレーナーは，ベトナムでの修行ののちにタイのGPCへ研修で訪れ，タイ人の熟練トレーナーの指導を受ける。この制度により日本人の熟練トレーナー抜きで現地において人材育成が完結する。この取り組みは経営の現地化の先駆的事例として注目を集めている。

第6節　おわりに

　国内市場の低成長と新興国市場のますますの発展を背景として，日系多国籍企業はこれまで以上に国際経営の質を磨くことが求められている。海外子会社において現地人材と協働し，経営を任せ，かつ能力を引き出し，多国籍企業全体でこれら知識や経営資源を統合してグローバル市場を切り開く組織能力の開発が課題である。そのためにわれわれ日本人は，異文化理解力，語学力，専門知識などのコミュニケーション能力をこれまで以上に磨くことが期待されている。

【参考文献】

Bartlett, C. A. (2004), *P&G Japan: The SK-II Globalization Project*, Harvard Business School press (case 303-003).

Fayerweather, J. (1969), *International Business Management: Conceptual Framework*.

Rugman, A. and Verbeke, A. (2003), "Extending the theory if the multinational enterprise: internalization and strategic management perspective," *Journal of International Business Studies*, 34 (2), pp. 125-137.

臼井哲也 (2009)「グローバル製品化プロセスの探索的研究―住友スリーエム社〈ポスト・イット〉製品のケース―」『日本大学法学部創設120周年記念論集』第2巻。

C. A. バートレット＝S. ゴシャール／吉原英樹監訳 (1990)『地球市場時代の企業戦略』日本経済新聞社。

諸上茂登・根本孝編著（1996）『グローバル経営の調整メカニズム』文眞堂。

【さらに進んだ学習のために】

中川・林・多田・大木（2015）『はじめての国際経営』有斐閣。

　　[note] 国際経営の基本問題と現代的問題に関して理論，実践の双方を網羅的に押さえたテキス
　　　　　ト。初学者が国際経営の全体像を掴むには最適の書である。コラムには数多くの事例も
　　　　　示してあり，大変読みやすい。

諸上・藤澤・嶋編著（2015）『国際ビジネスの新機軸』同文舘出版。

　　[note] 国境の存在が依然として重要である現実をセミ・グローバリゼーションという鍵概念で
　　　　　説明した上で，国際ビジネスに関する現代的課題を解説している。国際ビジネスの範囲
　　　　　を広く捉え，グローバルなサプライチェーンマネジメントや設立間もなくグローバル化
　　　　　を志向する中小企業である「ボーングローバル企業」についても詳しい。

関口・竹内・井口編著（2016）『国際人的資源管理』中央経済社。

　　[note] 国際人的資源管理の分野におけるわが国初の本格的なテキスト。日系企業が海外進出を
　　　　　加速させ，現地人材を活用するにあたり必要となる理論とフレームワーク，実例が数多
　　　　　く示されており，大学生のみならず実務家にも役立つ良書。

コラム　日本子会社から世界へ広がった〈ポスト・イット〉ふせんタイプ
(臼井 2009)

　〈ポスト・イット〉ノートは 1980 年に米国ミネソタ州に本社を置く 3M 社が世に送り出した「貼ってはがせるメモ用紙」である。現在, 〈ポスト・イット〉製品は, 世界 60 カ国で約 1,000 種類が販売されるまでの成長を遂げた。この世界的な成長に日本子会社は大きく貢献している。米国での好調を受けて, 〈ポスト・イット〉ノートは日本子会社の住友スリーエム（現, スリーエム・ジャパン）を通じて日本市場に導入されるが, 当初は大いに苦戦を強いられた。そこで日本子会社はオフィス街において 60 万袋のサンプリングを実施した。当時, 日本のユーザー（主にオフィス・ワーカー）はメモ用紙にお金を払いたくないという意識が一般的であった。営業担当者はサンプルの配布後, 配布先のオフィスへ再度訪問し, 使用用途に関する聞き取り調査を実施した。それら情報が〈ポスト・イット〉製品の新しい用途開発に役立つこととなる。収集された情報の中に付箋紙として使用している例が多数報告された。ユーザーはカッターナイフで〈ポスト・イット〉ノートを付箋紙状に縦長にカットして, 貼ってはがせる付箋紙として使用していた。特に官公庁では「付箋として使えるサイズが欲しい」という要望が多数寄せられた。これを受け, 〈ポスト・イット〉ふせんが日本市場独自の新製品として市場導入されることになった。一度貼ってしまったらはがすことができない従来の付箋紙よりも〈ポスト・イット〉ふせんがはるかに便利であったため, それまでメモサイズの〈ポスト・イット〉ノートには興味を示さなかった企業もオフィスへの導入を開始し, 大ヒット商品となる。その後この日本子会社発のふせんタイプは広く世界市場へ展開され, 〈ポスト・イット〉製品の市場成長に大いに貢献した。このように子会社の能力活用は多国籍企業の経営にとってとても重要な役割を果たしている。

求められる新しい企業像

──社会の健全な発展と企業価値の向上とを目指して──

本章のねらい

　企業は，交換を目的として財やサービスを作り出し，市場を通じてそれらを消費者に提供する。中にはその社会性にこそ主たる存在意義を有する公企業や社会的企業という組織もあるが，ほとんどの企業は常に売上高，コスト，そして利益でコントロールされ，営利の獲得を目的とする経済的存在である。

　また企業内では，複数の人々の協働があってこそ，財やサービスの生産・販売が可能となる。こうした側面からみれば，企業とは組織的存在でもある。

　加えて，企業は豊かな社会の実現のために，様々な革新的技術を開発し，それを用いて常に時代を切り開く新産業を生み出してきた。こうした点に焦点を当てれば，企業は革新的側面も保持しているといえる。

　最後に最も重要な企業の存在意義を確認しよう。それは，企業は社会的存在であるという点である。企業とは，人々にとって有用な財やサービスの創造を通じて，社会を豊かにするという役割を持っている。そしてなによりも，雇用を通じて多くの人々の生活を支えている。企業は誰かにとっての幸せを形作るために，上記で指摘した多様な側面を有機的に結合させながら，経済活動を展開しているのである。

　本章では，全章を通じて言及されてきた，企業活動の個々の側面を捉えた経営学上の個別分野における展開を踏まえて，こうした多面的存在としての企業が，社会の中で果たすべき役割を，最後にもう一度確認することにしよう。

第1節　企業の多面性と存在意義：社会性を有する存在として

　本書の第1章では，企業（≒会社）は「社会的存在」，「資源変換の場」，「経済的存在」，「組織的存在」，「心理社会的存在」など多面的な性質をもつものであり，同時に社会的責任を果たすことを求められながらその経済活動によって一国の経済の富を生み出している点を確認した。また第2章では，企業形態に注目しながらも経済社会のセクター別の特徴という視点から企業を分類し，それぞれのセクターにおける企業の役割を論じてきた。

　では企業という言葉を聞いたときには，人はどのようなものを思い浮かべるであろうか？

　それはおそらく，近くの商店であり，町の工場であり，身内が働いている職場としての企業であろう。あるいは広告でみたり，商品を購入したことがあるような，トヨタや日立，アマゾンやアップルといった巨大企業を思い浮かべる人もいるかもしれない。企業とは高次化した現代社会のメインプレーヤーのひとつとして，様々な業種，規模，形態のもとで数多く存在しているのである。総務省統計局の「令和元年経済センサス—基礎調査（甲調査確報）」によれば，日本の民営営事業者数は令和2年3月31日現在で639万8,912事業所（このうち令和元年経済センサス‐基礎調査で新たに把握され，継続的に経済活動を行っている企業等数は118万7,518事業所）存在している。また，総務省・経済産業省の「2019年経済構造実態調査二次集計」によれば，必要な事項の数値が得られた企業等を対象として集計した2018年の売上高は約1,520兆7,130億円弱に上る。

　企業の定義は固定的なものではない。しかし，一般的に企業とは「営利を目的として，一定の計画のもとに経済的活動を営む（経済）主体」であるとの位置づけが，多くの人々の通念上の認識だろう。そしてそれは，基本的には複数の人々による資本の拠出を通じて個人による資力の限界を突破し，また個人の力だけでは展開できない経済活動を複数の人々の協働によって達成しようとするものでもある。加えて，こうした形態を採りながら社会に有用な財やサービスを市場での交換を念頭に産出することを通じて，豊かな社会，よりよい社会の構築に資する，**ゴーイング・コンサーン**（☞第11章を参照）としての存在

でもある。

　また別の観点に立てば，企業—もう少し正確に言えば会社—とは，人々が，様々な制約条件の下ではあるものの，よりよい生活を営むために作り出した，市場を舞台として機能するしくみのひとつであるともいえる。

　もちろん，こうしたしくみは私たちが私たちのために私たちの手で作り出したものではあるが，残念なことに，このしくみたる企業を舞台として，労働の現場で起きている様々な問題や，不正な取引に端を発する企業不祥事が後を絶たないことも事実である。企業が社会に及ぼす影響は負の面も含めて著しく大きくなっているのである。

　ただそうはいっても，そもそも企業とは本来は前述のとおり，豊かな社会，よりよい社会の構築を目指して，「誰かの幸せ」のために協働する人々によって組織され，機能する経済主体である。その意味では，いわゆる「社会的な性格」を元来持っているものとも解される。以下ではこの経済主体がもつ多様な側面にもう一度焦点を当てながら，その姿を確認していくことにしよう。

第2節　資源変換の場として何が求められているのか

　企業は，人々の生活充足のために営まれる生産活動（人間生活に必要な物質的基盤）を行っている。そこではふたつの次元で資源を変換していることが見てとれる。

　ひとつめは，貨幣を媒介として，市場での交換を前提とした財やサービスを産出しているという次元だ。それは市場の物的・時間的要求ならびに社会の要請を効果的かつ経済的に満たすように，とりわけ自然界から資源を調達し，その資源に技術的な変換を施すことで財とこれに関するサービスとに変換しているということであり，換言すれば新たな価値を創造しているということになる。これは付加価値という指標で表される。

　一方で，もうひとつの資源変換の場としての企業をみる視点は，企業はいわゆる**経営資源**（ヒト・モノ・カネ・情報）を別のモノに変換しながら価値創造

経営資源　E. ペンローズ（Edith Penros）が 1959 年に著した *The Theory of the Growth of the Firm*（邦訳『会社成長の理論』）で示したもので，経営上必要となる要素であり，ヒト・モノ・↗

を行っているという視点である。

　人的資源は企業の価値創造にとって最も重要であり，多くの企業で戦略上最重要なもののひとつとして位置づけられている。ヒトの能力とその成長こそが，企業の経営実践における価値創造に大きく寄与することは多くの研究で明らかにされている。

　モノの変換については多くを語らずとも自明であろう。企業は材料を仕入れ，これに技術的な作用を施すことによって財（製品）に変換させている。このプロセスにおいて新たな価値が創造される。この点は科学的管理，フォーディズム，大量生産から多品種少量生産への転換といった製造の思想の変遷を確認し，現代の生産現場においてより効率的な価値創造に寄与することを志向した生産方式の転換について概観してきた第11章でも触れている点である。

　カネは経営資源の中で最も流動性，汎用性が高い。企業はこれを材料や部品の調達や労働市場での労働力獲得（つまりは雇用）など，様々なものとの交換に使う。すなわち他の経営資源に変換するのである。またカネは金融機関への預金から生じる金利のみならず，株式や債権に転換することでも新たなカネを生むこともできる。第7章でもみてきたように，とりわけ1990年代以降，企業経営に影響を及ぼす機関投資家によって株主価値経営が求められるようになったことから，企業は効率的な資金調達や資金運用を実施するためにも企業財務の位置づけをいままで以上に重視するようになっている。

　情報は経営資源の中でも異質な存在である。情報は物理的な実態を持たないことから利用に応じて減少することはなく，また同時に複数の場所で複数人が使用することができる。また複製が容易であり，情報それ自体の価値は時間・空間的変化に応じて相対的に劣化する場合はあるが，複製や使用量の多寡による情報の劣化は基本的には生じない。さらにITの加速度的発展を背景として，個人と同様，企業でも情報の発信・受信のレベルが格段に高速化，有価値化，多層化ならびに複雑化している。かかる状況下にあって，企業は情報の取り扱いに一層注力する必要にかられている。情報は第9章で取り扱ったイノ

　＼カネ・情報として理解される。「情報」はヒトにつくものとして捉える場合もあるが，本章では個別に扱うこととした。また情報とは何かという解釈も論者によってやや異なるが，ここでは技術力や信用，ブランドなども含むものとする。

ベーションを生み出す源泉である。また第3章で検討してきたように，企業内で醸成され，組織の内外へと何かを媒介して発現してゆく企業文化もまた，こうした資源のひとつとして位置づけられるであろう。

第3節　価値づくりの場として求められる姿

　前節でみてきたように，企業は様々な経営資源を投入し，これに何らかの変換を加えることで，財やサービス生産し，市場に投入している。そこで得られた利益は，再度新たな経営資源として新たな価値創造のために使われる。

　加えて，企業とは経済的主体として位置づけられる存在でもあり，個別資本としてその運動過程で価値増殖を図るメカニズムをもっている。序章でも触れられているように，経営学の誕生期にドイツ各地に設立された商科大学では，個別経済学ないし私経済学と呼ばれる企業の経済的側面（価値的・会計的側面）を重視する学問が研究・講義された。

　さて，企業は上述のとおり経済的主体としての活動の過程で利潤追求を図る。こうした営利性の追求は，これまでも（とりわけ物質的に）豊かな社会の構築に重要な役割を果たしてきた。資本の蓄積，すなわち利潤の一部を内部に留保して次の期の事業展開をさらに拡大し，また新たな利潤を積み上げることでさらなる拡大再生産を可能にしてきたのである。

　例えば，産業革命は人類の生活様式を根本的に変えたターニング・ポイントとして知られているが，その動向を具体的に支え，豊かさを創出するために実践的活動をしてきたのは企業である。企業は資本を集め，大工場を建設・稼働させ，鉄道を敷設し，巨大な船舶を造り，大農場を経営してきた。いうまでもなく，こうした活動においては原材料の調達，加工，販売といった様々な次元で様々な企業が関係し，またそれぞれの現場では雇用が生み出され，経済的価値もまた，これらの過程で創造された。こうした側面からみても，経済的側面は企業の最も重要な特質のひとつといえよう。

第4節　働く場としての企業に求められる変革

　企業は，複数の人々の協働によって財やサービスの生産・販売を可能としている。これは組織を構成する様々なヒトの繋がりを通じて新たな価値が創造されているということであるが，他方で企業の組織的側面たる「働く場としての企業」，つまり人々の働き方を巡る雇用と人事との問題は，経営学の草創期から洋の東西を問わず長く議論されてきた。

　かつて労務管理ないしは人事管理と呼ばれる研究領域で取り扱われてきたこのテーマは，近年，経済学のみならず，心理学や政治学などの考え方を取り入れながら，雇用管理，人材育成とその評価システム，働き手のモチベーションの問題やリーダーシップなどの分野で統合的に人的資源管理（HRM）として展開され，現在でも多くの研究が積み重ねられてきている。

　こうした研究課題は極めて重要である。本書では，第13章においてこの研究領域にある諸課題を取り上げてはいるが，それへの接近手段としてWLBと女性労働問題とを最重要のキーワードとして取り扱いながら，雇用と人事の問題に言及している。これはもちろん，HRMのアプローチによる研究よりもWLBと女性労働の問題との方が重要であるということではない。本書にてWLBと女性労働の問題とを取り上げた最も大きな理由は，この問題がとりわけ若い世代にとって生活と直結した問題であることから，まさに労働のあり方を考えるためにも有用なテーマであると考えたことにある。

　さて，労働の問題に対する近年の日本の取り組み，とりわけバブル経済崩壊以降の働き方改革の動向は，労働生産性を如何に上昇させるかという視点からのコスト削減を志向したものであった。すなわち，正社員の員数を抑え，そのかわりに非正規社員の比率を増大させたのである。同時に企業の経営サイドは従業員に自らがもつ「稼ぐ力」を最大限に発揮できるように求め，働き手自身にも自らの変革を促し，組織内外での能力開発をすすめるようになった。

　企業組織そのものも様変わりした。組織を巡る様々な概念や組織形態がその対象の大小を問わず模索され，また第8章で言及したように，組織の規模や性質を大きく変えるM&Aも頻繁に起きている。効率的な生産体制・調達体制の確立と成長性が高い豊かな市場を求め，国際展開も――その動機や要因は様々

ではあるが―盛んになっている。第14章で整理されているように，あらゆる経営のしくみが本国から海外へと移転され，現地国で発展していくプロセスこそが国際経営であるが，この背後では常に本国での「働き方」もが議論されてきた。

　もちろんのこと，かつてチャンドラー（A. D. Chandler Jr.）が「組織は戦略に従う」と述べたとおり，企業が持つ組織的側面とは雇用と人事との問題だけではなく経営戦略の視点とも極めて密接なかかわりを持つが，現代の企業の組織的側面を支える個々の働き手そのものが多様化していることから，彼（彼女）らの働き方も多様化せざるを得ないだろう。しかし，こうした状況にあることこそが組織の多様性を生み出している要因であると捉えれば，これから望まれる組織は「ネットワーク組織」という概念で説明されるような小規模組織の集合体・結合体であり，かつその結びつきが緊密なものとは限らない組織，という特徴がより強くなるとも考えられる。大企業においても，**職務記述書**をもとにした企業と個人との間の労働契約が明確なものになってゆけば，ネットワーク組織の構成要素は現在よりもずっと小さな単位として位置付けることが可能となる。もちろん労働組合との関係からそう簡単に変わることはないかもしれないが，折しもコロナ禍をきっかけのひとつとしてこうした組織の質的変容に応じた雇用のあり方，ひいては働き方そのものも大きく変容することになるだろう。企業は今以上に様々な属性を持つ働き手が集って仕事をこなす「場」としての性質をより強めるだろう。企業の「組織的側面」の捉え方も再考する必要が出てくるかもしれない。

第5節　イノベーションの場として必要とされるものとは

　多くの人が，イノベーションという言葉を耳にしたことがあるだろう。この言葉はすでに陳腐化の危機に晒されているという指摘もあるほどに，企業経

職務記述書　職務分析で得られた情報を一定の様式に整理したものという理解が一般的であり，その形式は企業によって様々ではあるが，就職時にはこの職務記述書が明示され，仕事の範囲が指定される。また人事評価もこの職務記述書に応じてなされる。職務給制度をとる企業では受容されており，通常は ① 職務特定，② 職務の概要，③ 職責と任務の明示，④ 説明責任，⑤ 職務要件，⑥ 作業条件などの項目から成る。

営の実践現場の様々な場面で使われており，「イノベーションは組織を活性化し，企業を成長させるために最も重要な要素である」との認識のもと，多くの企業でその実現が強く希求されている。

　今日，イノベーションを実現できた企業は他の企業との間での競争優位性を確立し，超過利潤の獲得を容易にするとの理解が一般的になっている。しかし，「イノベーション」とは具体的に何を実現することなのかは未だ不明確な点が多く，同時にイノベーションそれ自体，どのようなプロセスを経れば生み出せるのか，といったイノベーション創出の問題は解明されているとは言い難いのが現状である。

　第9章でも触れているが，一般的にイノベーションとは，新規技術を用いて未知のサービスないしは事業を生み出すことであり，他方で，先進的技術を用いて既知の事業を変革させることを指す。これは，製品イノベーションとプロセスイノベーションとの分類を通じて理解されることが多いが，いずれにしても従来自社がやってこなかった事業領域に参入することになることから，事業のやり方それ自体の変革を通じて既存の市場へと参入することや先進的な技術を自社の事業に応用することが必要となる。

　しかし，イノベーションを起こし，それを通じて新たな価値を創造するという作業はひとりの力だけでは難しい。だからこそ組織メンバー個々の創造性を刺激し，様々なアイデアが産まれやすい環境を整え，彼（彼女）らが協働できるしくみをつくることが必要となる。

　こうした従業員の能力発揮の「場」としての存在意義も，企業がもつ一側面なのである。そもそも企業とは，ひとりでは成し得ない事業を複数の人々の協働を通じて達成するためにつくられたしくみである。協働こそが価値創造を可能にするとの基底的理解のもと，先進的企業の多くは従業員に対して人材育成や知識共有，あるいは組織学習の機会を提供し，イノベーションの実現に向けて様々な取り組みを行っているのである。

第6節　人間生活の場を形作る企業と持続可能な社会

　とりわけ第二次世界大戦以降，戦後の混乱からの脱却を目指して物質的豊か

さを実現するためにも，企業は経済的厚生を最大化できる社会の構築に寄与する非常に有力な存在となっていった。作り，消費し，また作り，という大量生産・大量消費社会の主たるプレイヤーとして活動するためにも，企業の「環境適応機能」のベクトルは経済動向，市場動向へと向けられ，消費者の嗜好や価値観，ライフスタイルへの「適応」が志向された。しかし，営利性を追求するあまりに社会の進歩，発展に寄与するとは言い難い部分が企業行動の様々な側面の中に確認されるようになってきた。こうした点は，企業の負の側面として地球環境問題，労働環境問題，公害問題，消費者問題，企業不祥事などを引き起こす要因となった。他方で社会の側も，物質的豊かさの実現と引き換えに，企業が産出する様々な負の副産物に目を逸らしてきた部分もある。こうした動向への対応を図るためにも国連によってSDGsの考え方が提唱され，この考え方に基づいた活動に企業が積極的に取り組んでいくことが望まれている。もちろんのこと，第3章で整理，検討を加えたように，企業倫理の問題も極めて重要なTOPICとして20世紀後半から議論が重ねられてきている。

　梅澤が指摘しているように，1970年代以降，企業の環境適応機能を働かせる対象の範囲や質は大幅に拡大・変容した[1]。すなわち，市場で活動する単なる経済的存在として存立するために必要な環境適応機能のみが求められるのではなく，社会問題への適応，例えば自然環境問題解決に向けた積極的な姿勢や，マイノリティの問題や人権の尊重，あるいは生命の尊厳に関わる事項等へと，企業の環境適応機能の対象が拡大したのである。つまり，事業活動の課題が社会的諸課題と連動するようになったがゆえに，企業には従来よりも積極的かつ創造的に環境適応機能を果たすことが期待されるようになったのである。こうした意味において，前述のとおり今では企業の環境適応機能は企業の社会的役割として位置づけられるようになっているといえる。

　SDGsの取り組みにもあるとおり，現代の日本における社会的課題として，自然環境保護や消費者保護の観点に加え，貧困対策や社会的弱者への配慮の観点も求められるようになっている。こうした社会的課題の解決に向けた企業実践には様々なものがあるが，ここでは従来から日本ケロッグが行ってきた「Breakfasts for Better Days™」活動から確認してみよう。

　日本ケロッグのプレスリリースによれば，この活動はケロッグ社として世界

的に展開しているもので，日本では，主力商品であるシリアルを日本初のフードバンクであるセカンドハーベスト・ジャパンに寄贈するという活動が行われている。また「朝食の専門家」として自社を位置づけている日本ケロッグが子ども達を対象として行っている支援活動の中には，東京都豊島区の NPO 法人「豊島子ども WAKUWAKU ネットワーク」，足立区の「居場所を兼ねた学習支援事業」や「平野屋こども食堂」といった団体や行政とも足並みを揃え，上記 NPO 法人が運営する「子ども食堂」を利用している子ども達に毎月行っている，朝食用シリアルの無償提供や，食育教室の実施等がある[2]。

　企業による寄付，寄贈の例は古くから様々な形で存在するし，こうした活動はマーケティング戦略の一環として行われるにすぎないとの指摘もあるが，企業の中にはこのように一般的な「企業の論理・資本の論理」とは異なる行動原理でも動くものもある。特に近年では，第 6 章でも確認したように，経営戦略の策定時に，営利性のみから成る事業活動を経営実践の場の中心に据えるのではなく，社会性を充分に考慮した企業経営を標榜する戦略を立案することが求められており，またその実践が重要となっている。これは企業が社会からの信頼を得るためには必要不可欠なことであり，したがってこれがなければ企業の持続可能な成長は望めない。事実，資金調達の場では SDGs の実践は企業を評価する指標になりはじめている。

　企業の本質は確かに利益を生み出す事業体である。しかし同時に，現代の企業はその規模にかかわりなく，持続可能な発展の追求を前提とした現代社会とのかかわりの中で，「企業とはいかにあるべきか」ということを常に考え直しながら，自らが拠って立つ社会環境と親和的に事業を展開することを，従来と比較して一層強く求められているのである。

【注】
1 ）梅澤正（2000）『企業と社会』ミネルヴァ書房，326 頁以下に詳しい。
2 ）http://www.kelloggs.jp/content/dam/Asia/kelloggs_jp/ja_JP/images/PDF/20160210.pdf

【参考文献】
上村達夫・金児昭（2007）『株式会社はどこへ行くのか』日本経済新聞社。
梅澤正（2000）『企業と社会』ミネルヴァ書房。
総務省統計局（2020）「令和元年経済センサス―基礎調査（甲調査確報）」総務省。
総務省統計局（2020）「 2 019 年経済構造実態調査」二次集計結果の概要【甲調査編】総務省・経済産

業省。
日本ケロッグ HP「プレスリリース」http://www.kelloggs.jp/ja_JP/press-releases.html
宮本光晴（2004）『企業システムの経済学』新世社。

【さらに進んだ学習のために】

C. I. バーナード／山本安次郎訳（1968）『経営者の役割（経営名著シリーズ 2)』ダイヤモンド社。
　　[note] 人間中心の経営を「協働システム」の概念を通じて体系化し，また公式組織という抽象
　　　　　 的分析の枠組みを構築した組織論の古典的名著。深く理解するには難解ではあるが，何
　　　　　 度も読み直すことによってその度に新しい発見がある。
エディス・ペンローズ／日髙千景訳（2010）『企業成長の理論【第 3 版】』ダイヤモンド社。
　　[note] 非常に難解ではあるが，企業の発展の歴史的展開過程を丹念にトレースしつつ，経営者
　　　　　 機能の効率化と専門化という，企業の内側からみた視点も提示しながら企業成長のメカ
　　　　　 ニズムの理論的枠組みを著した古典的名著。企業の境界の性質についての考察とそれら
　　　　　 を経営・管理上の活動という観点から定義している。
奥村宏（2006）『株式会社に社会的責任はあるか』岩波書店。
　　[note] 会社実在論と会社擬制論との論争を下敷きに，会社の本質を考えるのに深い示唆を与え
　　　　　 る。企業の利潤追求を全面的に支持はしていないものの，法人格の責任能力の限界を指
　　　　　 摘し，同時に利害関係者たる経営者，従業員，労働組合の責任についても考えさせられる。

コラム　会社における「原理」と「現実」

　会社は利益を求めるために組織された機関である。それ以外の性格を持ってはいることも確かではあるが，どの方向からアプローチしても，やはり最後には，そして多くの人々にとっても，このような位置づけが主流になるであろう。

　ところで，現代を生きる私たちは，デジタル化の進展とともに生活の上でも曖昧さをできるだけ排除して行為するようになってきている。他者との権利義務関係に敏感になり，彼（彼女）らを構成する様々な要素，属性あるいは背景を頼りに彼（彼女）らを認識したうえで，それらとの関係性を気にかけながら自己の行為の最適化を図るようにもしている。数値化，可視化の動向は一層進み，その結果，様々な場面で社会は二項対立の概念で捉えられるかの如く，そこかしこで線引きされるようになってきた。損か得か，勝ち組か負け組か，役に立つかあるいは立たないか，等の指標である。効率や合理性の徹底と言い換えてもよいかもしれないが，明示性・透明性の追求とその評価とは，残念なことに従来よりも短期的な視点に基づくようにもなってきている。また，合法か非合法かといった線引きは，一方で先鋭化しつつも，他方では相変わらず公にならなければどこかに埋没し，人々を機会主義的行動に走らせる遠因のひとつとなってしまっている。

　会社でも（極端な言い方にはなるが）「その案件は利益になるのか？」「ムダを徹底的に排除せよ」「立派なお題目ばかり唱えていないで目の前の仕事を効率よくかたづけろ」等々，その言い回しに硬軟はあるだろうが，事業を遂行する上での経済的効率や合理性が追求されており，日々，市場占有を目指す戦略，競争優位性を確立するための方策，組織が自在に動けるような仕掛け等々が編み出されている。それらは決して忌避されるものではない。事業を展開する上で，経済原則の貫徹は当為であり，美徳とさえ言えるのだ。

　しかしそうはいっても―組織の行動原理が経済原則一辺倒で一分の隙もなく構成されていたとしても―，組織を構成し，経営実践のための行動指針を策定し，それに基づいて実際に経営業務に携わるのは働き手たる人間である。そして彼（彼女）らは，ビジネスの現場における経済的「原理」と，自らの生活を営む上での様々な「現実」との狭間で苦悩しながらも，その両面を同時に内包しながら生きている。働き手は組織から影響を受ける一方で，他方では自らが所属する組織へも影響を及ぼしうるのだ。

　会社は利益を求める機関である。だが，その利益を獲得するまでのプロセスには働き手自身が深く関わっている。組織の力は強大で，個人の力には限界があることは厳然とした事実ではあるが，そうはいってもこの組織構成員としての個々人が，「組織の論理」に押しつぶされることなく，様々な社会的課題の解決への貢献を意識しつつ行動し続けることこそが，社会に受け入れられる会社を創っていくのだろう。

演習問題

序章　現代社会と経営学

【問題1】　パナソニック（旧松下電器産業）やソニー（旧東京通信工業），京セラ（旧京都セラミック株式会社）は，設立当初は中小企業から出発し，その後，躍進を遂げ，グローバル企業にまで成長してきました。各社のホームページを参照しながら，その成長の軌跡を辿り，なぜこうした成長を遂げることができたのかを調べてみましょう。

【問題2】　戦後日本の発展過程において，欧米で生まれたビジネスや技術をベースに日本企業が独自に進化させた事業にはどういうものがあるか，調べてみましょう。例えば，サウスランド社のセブン-イレブンと日本のセブン-イレブンとの違いにはどのようなものがあったのでしょうか？　ソニーの発展の基礎をなしたトランジスタ技術を欧米企業はなぜ見逃したのかを調べてみましょう。

【問題3】　日本で発展してきた経営学は，米国の管理論・組織論・戦略論としての経営学とドイツの経営経済学とどのような関連を持っているのでしょうか？

【問題4】　学問を学ぶ意義，さらには経営学を学ぶ意義は何でしょうか？　仲間と一緒に議論してみましょう。

第1章　企業とは何か，社会の中でどのような役割を果たしているのか

【問題1】　企業は「株主のもの」だとする一元的企業観と，企業は「社会の公器」であるとする多元的企業観との違いを整理するとともに，その意味するところを述べてみましょう。

【問題2】　ミルトン・フリードマン（M. Friedman）は「企業の社会的責任は利益を追求することである」と述べています。この主張の意味について考えてみましょう。

【問題3】　企業の社会的責任（CSR）はなぜ企業の存続や発展のために求められるのでしょうか？　戦略的 CSR（「積極的 CSR」）と戦術的 CSR（「受け身」の CSR）とはいかなる相違が存在するでしょうか？

【問題4】　日本の長時間労働を克服するためには何が求められるのでしょうか？　そのカギは生産性向上や創造性・独創性の発揮のための仕事のあり方とも絡んでいます。日本的雇用慣行の改革と絡めて論じてみましょう。

第2章　企業にはどのようなものが存在するのか

【問題1】　なぜ私的セクターと公的セクター，共的セクターは社会にとって必要なのか？　各セクターの貢献と負の側面を中心にまとめてみましょう。

【問題2】　日本の私的セクターでは，株式会社がどのような特徴を持ちながら経済発展を導いてきたか？　欧米との違いを意識してまとめてみましょう。

【問題3】　日本の公共セクターでは，公企業が公共性のさらなる発揮に加えて，どのような方向性に向かっているか？　またその企業性と公共性の両立がなぜ難しいのかを述べてみましょう。

【問題4】　日本の共的セクターでは，どのような非営利組織がどのような課題に直面しながら活躍しているか？　具体例を挙げながら述べてみましょう。

第3章　企業はどのような理念や文化を有しているのか

【問題1】　有名な会社の企業理念を調べてみましょう。中には，ある時期に企業理念を修正・変更している会社もあります。どのような理由で修正・変更したのかを調べてみましょう。

【問題2】　自分が所属する組織に固有の文化がどのようなものかを考えてみましょう。また，組織のメンバーは，どのようなプロセスで同じ価値観を共有するようになったのでしょうか？

【問題3】　企業文化の逆機能が働いたと考えられる企業不祥事には，どのようなものがあるでしょうか？　企業不祥事の様々な事例を調べてみましょう。

第4章　企業（の経営者）を規律づける仕組みにはどのようなものがあるのか

【問題1】　今日の大企業は「所有と経営の分離」という現象が顕著になっています。では「所有と経営の分離」ならびに「所有と支配の分離」とはどのようなものなのでしょうか？　現代の企業の株式所有構造を踏まえ，株主と経営者との委託・受託関係の側面から説明してみましょう。

【問題2】　現代の巨大公開株式会社の中には，数万人の従業員を抱え，数兆円に届く売り上げを誇り，株式時価総額が小国のGDPを遥かに超えるような会社があります。小さな町や村の首長が選挙によって民意を問われるのに対して，強大な人事権と予算権とを持つ巨大公開株式会社のTOPは，従業員の「選挙」によって選ばれるわけではありません。では企業の存続・発展との関係性に鑑みると，専門経営者の職能とはどのようなもので，それはどのような権利によって正当性を付与されているのでしょうか？

【問題3】　日本企業の中には，社長の任期が終わると会長に，会長の任期が終わると名誉会長に，そして名誉会長を辞めると相談役に，さらに相談役の役目を終えると顧問に，というように，社長のさらに上にポストを用意し，社用車や個室ならびに秘書を付けている企業が多数ありました（現在ではかなり減っているようです）。もちろん創業者である場合もあれば代表権が付与されていない場合もあります。しかしこうした状況下では，社長が「大先輩」を気にかけて経営上の大胆な意思決定ができないこともあるでしょう。あなたが社長なら，こうした「大先輩」をどのように扱うでしょうか？

第5章　企業は不祥事を未然に防ぐために何を求められているのか

【問題1】　アルバイト先，インターンシップ先，勤務先であなたが直面した倫理的ジレンマについて，具体的な例を挙げて説明してみましょう。

【問題2】　あなたの勤務先で自分の良心に反する仕事を上司から指示されたら，あなたはどのように対応しますか？

【問題3】　社内や職場で起こりうる不正を具体的に設定して，「自分がもし当事者だったら，どのように状況を判断しどう行動するのか」「経営者や職場のリーダーがその事実を知った時にはどんな決断を下すべきなのか」について，グループ単位でディスカッションしてみましょう。このことについては，自社の視点だけでなく，業界や社会全体に与える影響なども含めて，あらゆる角度から検証してみましょう。

第6章　企業はいかに成長し，競争に勝ち抜くことができるのか

【問題1】　経済的価値と社会的価値の調和を目指す経営戦略に関して，具体的に日本企業の事例を取り上げ，これがなぜ企業の持続可能な成長を可能とするかについて説明してみましょう。

【問題2】　日本企業は，シナジー効果とリスク分散効果に依拠した多角化の論理に基づいて多角化行動を行ってきました。「総合家電」を掲げ，広範な事業領域を有していた，わが国の家電業界がなぜ「凋落」したのかについて論じてみましょう。

【問題3】　日本企業が今後，競争優位性を確立するためにどのような競争戦略が求められるのかについて，論じてみましょう。

【問題4】　企業は激しい競争に勝ち抜き成長するために戦略を策定し，実行します。こうした競争を逃れることでも成長できる戦略はありうるでしょうか？また，激しい企業間競争がもたらす効果について論じてみましょう。

第7章　企業はどのように資金を調達し，資金を運用しているのか

【問題1】　次の文はキャッシュ・フロー計算書について説明したものです。文中の①～③にあてはまる語句を入れてみましょう。

＊キャッシュ・フロー計算書の目的は，企業の（　①　），支払能力，投資活動の状況を明らかにすることである。そして企業の管理者および（　②　）に対して企業の状況を報告するものである。さらに，キャッシュ・フロー計算書は，（　③　），投資活動，財務活動の3つに分類される。

【問題2】　Z社のROEを算出してみましょう。（小数点第2位を四捨五入）

Z社の業績　　（単位：億円）

売上高	74,570	流動資産	200,500
営業利益	65,490	固定資産	350,500
経常利益	55,400	流動負債	150,500
当期純利益	40,000	固定負債	250,500

注：ROEを算出する際には，自己資本に関しては，純資産の数値を活用してください。

第8章　企業はなぜ合併・買収（M&A）を推し進めるのか

【問題1】　アメリカ・欧州・日本のM&Aの動向と同3地域でのコーポレート・ガバナンスに与える影響とは同じでしょうか？

【問題2】　プライベート・エクイティ・ファンドが行っているM&Aの事例を調べてみましょう。

【問題3】　経営への介入を行ったM&Aの持分比率とその介入内容について，事例も含めて調べてみましょう。

第9章　企業はなぜイノベーションを必要とするか

【問題1】　製品アーキテクチャのモジュール化がオープン・イノベーションを
促進すると考えられていますが，この理由について事例を用いながら検討して
みましょう。

【問題2】　破壊的イノベーションの事例を捉えながら，既存の企業がどのよう
な状態に陥ったのか説明してみましょう。その上で，既存の企業の破壊的イノ
ベーションへの対抗策について検討してみましょう。

【問題3】　オープン・イノベーションにおいて，企業が協力する組織は同じ業
界の競合他社である場合があります。このような競争（Competition）と協調
（Cooperation）とのマネジメントをコーペティション（Co-opetition）経営と
いいます。このコーペティションの関係がイノベーションに与える影響につい
て検討してみましょう。

【問題4】　ドミナント・デザインの確立による，製品イノベーションから工程
イノベーションへと移行するプロセスについて，事例を用いながら説明してみ
ましょう。

第10章　企業はどのようにして製品やサービスを販売するのか

【問題1】　任意の業界を取り上げ，デモグラフィック変数，サイコグラフィック変数，行動変数を組み合わせていくつかのパターンで市場細分化を行い，そこから導き出される市場細分に対して有効な製品やサービスのコンセプトを考えてみましょう。

【問題2】　同じ業界内で異なった流通チャネルを構築している企業を比較し，なぜそのような流通チャネル形態を構築しているのか考えてみましょう。

【問題3】　企業の社会的責任において，マーケティングが果たせる役割について考えてみましょう。

第11章　企業はどのような仕組みで動いているのか

【問題1】　製品開発のプロジェクト・チームにおいて軽量級プロジェクト・マネージャーと重量級プロジェクト・マネージャーの役割を詳しく述べてみましょう。その上で，どのような環境において，軽量級もしくは，重量級プロジェクト・マネージャーが適切に機能し，有効となるのかを検討してみましょう。

【問題2】　事業部制組織，カンパニー制組織，ホールディングカンパニー形態をとっている企業あるいは企業グループを取り上げ，なぜ，そのような組織構造を採用しているのか理由を考えてみましょう。

【問題3】　組織管理原則での権限と責任との関係において，従業員の権限と責任とが一致せず，従業員が責任だけとらされる不条理は組織において頻繁に見受けられます。このような事例を捉え，これを防ぐための組織としての対策を検討してみましょう。

第12章　企業はどのようにモノづくりを行っているのか

【問題1】　テイラーの科学的管理の基本的な考え方は現代でも用いられています。具体例を挙げて，その効用と限界を指摘してみましょう。

【問題2】　規格量産型モノづくりとトヨタ生産方式のモノづくりと比較して，それぞれのモノづくりが持つ固有の長所と短所について論じてみましょう。

【問題3】　「大量生産・大量消費」社会がもたらす光（プラスの面）と影（マイナスの面）を示すとともに，「3R」社会を実現するためにわたしたちにできることは何かを考えてみましょう。

【問題4】　グローバルな事業展開を視野に入れた場合に，ますますマーケット・インの発想の下で現地の顧客ニーズに対応したモノづくりが要請されるし，ますます環境・安全規制の制約は厳しくなっており，製品開発にも数多くの制約が課せられ，製品の複雑性はますます高まっています。こうした複雑性を削減する上で，マス・カスタマイゼーションの意義について説明してみましょう。

第13章　企業にはワーク・ライフ・バランスを推進する上で何が求められているか

【問題1】「リモート」という言葉が非常に多くの場面で使われるようになりました。働き方を考える上でも非常に重要な概念です。さまざまな場面でリモートワークを効率よく行い，これを根付かせるには，企業の現場でどのような取り組みが必要でしょうか？

【問題2】　欧州での「働き方」に対しては比較的肯定的な評価が多く見られます。しかし，かつては西欧でも性別役割分業の意識が強く，女性の社会進出は北欧に比較して進んでいなかったので，その意味では WLB も十分なものではありませんでした。では，どのようにして WLB に対する今の高い評価を得られるようになったのでしょうか？　調べてみましょう。

【問題3】　働き方改革には job description（職務記述書）の導入が有効との見方があります。これは，働き手の役割・職務の内容を文書化し，明確化することで「労働の内容」と「賃金」とを繋げる，欧米では一般的に使われている雇用管理文書です。こうした職務内容の明確化によってどのような変化が起きるでしょうか？　社内のみならず，社会全体に与える影響なども含めて，あらゆる角度から検証してみましょう。

第 14 章　企業は海外でどのように経営しているのか

【問題1】　国内における企業経営と比較して，国際経営の独自の問題について考えてみましょう。あなた自身が国内企業の経営者であり来年から海外に工場を設立すると仮定して，どのような問題に直面するかについて考えてみましょう。

【問題2】　海外子会社の知識や能力を引き出し，本社へ貢献させるために，本社はどのようなマネジメントを実践すべきかについて考えてみましょう。

【問題3】　日系企業が現地の有能な人材を採用して，自社へ長期的に貢献してもらうためには，どのような研修制度と報酬制度を整えるべきかについて考えてみましょう。

終章　求められる新しい企業像

【問題1】　第1章では企業と社会との相互関連の視点を確認し，第5章では企業倫理を，第6章では企業戦略を学びました。企業は常に競争環境におかれ，同業他社のみならずさまざまな競争相手に囲まれています。こうした条件下で，企業は存続をかけて戦略的経営の実践を志向しますが，それが倫理的に問題を孕む場合も生じます。どのようなケースがあったのか，過去の事例を調べた上で，第1章で学んだことを踏まえて検討してみましょう。

【問題2】　第2章，第8章ならびに第11章では，企業形態とM&A，そして企業組織とについて学びました。企業経営の現場では，組織改編がしばしば行われますが，M&Aを実施した企業では，その前後でどのように組織を改編したのか，実際の例をいくつか調べてみましょう。

【問題3】　第3章では企業文化や企業理念について学びました。一方，第13章はWLBについて述べられています。WLBの達成は望ましいことですがなかなか進展しません。この両章での議論を踏まえ，企業文化や企業理念はWLBの実現度合いと関連しているのか，あるいはしていないのか，実際の企業の例を調べてみましょう。

【問題4】　日本企業は長い不況期，特に2002年頃から2013年頃まで賃金の上昇（ベースアップ）を抑えてきました。これにはさまざまな要因がありますが，第4章と第7章とで取り上げたコーポレート・ガバナンスとコーポレート・ファイナンス両者の視点から，従業員の賃金が上昇しなかったこの10数年の現象を説明してみましょう。

【問題5】　第10章と第14章とでは，マーケティングと国際経営とを学びました。ここで得られた知見を活かして，日本企業が自社の製品を国外の市場でどのように販売しているのか，また外国企業が日本の市場で製品を販売する際にはどのようなことをやっているのか，調べてみましょう。

【問題6】　ビジネスを展開する上で，イノベーションは欠かせません。第9章と第12章で得られた知見をもとにどのようなイノベーションが生産の現場でおきているのか，調べてみましょう。

索　引

【さ行】

著者紹介 （執筆順）

風間 信隆（かざま・のぶたか）
明治大学名誉教授　担当：序章，第1, 6, 12章

小島　愛（こじま・めぐみ）
立命館大学経営学部教授　担当：第2章

山口 尚美（やまぐち・なおみ）
香川大学経済学部准教授　担当：第3章

松田　健（まつだ・たけし）
駒澤大学経済学部教授　担当：第4, 13章，終章

水村 典弘（みずむら・のりひろ）
埼玉大学大学院人文社会科学研究科経済経営専攻経営学研究領域教授　担当：第5章

布施 雄治（ふせ・ゆうじ）
千葉商科大学商経学部専任講師　担当：第6章

森谷 智子（もりや・ともこ）
元・嘉悦大学経営経済学部教授　担当：第7章

清水 一之（しみず・かずゆき）
明治大学経営学部教授　担当：第8章

西　剛広（にし・たかひろ）
明治大学商学部准教授　担当：第9, 11章

深澤 琢也（ふかざわ・たくや）
東京富士大学経営学部准教授　担当：第10章

臼井 哲也（うすい・てつや）
学習院大学国際社会科学部教授　担当：第14章

編著者紹介

風間 信隆（かざま・のぶたか）

明治大学名誉教授　博士（商学）
1951 年新潟県長岡市生まれ
明治大学大学院博士後期課程退学（3 年間在学）
明治大学商学部助手，商学部講師・助教授・教授を経て現職

主要業績
『ドイツ的生産モデルとフレキシビリティ』（単著）中央経済社，1997 年。
『コーポレート・ガバナンスと経営学』（共編著）ミネルヴァ書房，2009 年。
『変革期のモノづくり革新』（共編著）中央経済社，2017 年。

松田　　健（まつだ・たけし）

駒澤大学経済学部教授　博士（商学）
1969 年新潟県新潟市生まれ
明治大学大学院博士後期課程修了
明治大学助手，駒澤大学経済学部准教授を経て現職

主要業績
『ライン型資本主義の将来』（共訳）文眞堂，2008 年。
『コーポレート・ガバナンスと経営学』（共著）ミネルヴァ書房，2009 年。
『EU 経済の進展と企業・経営』（共著）勁草書房，2013 年。
『よくわかるコーポレート・ガバナンスと経営学』（共著）ミネルヴァ書房，2018 年。
『CSR の終焉』（共訳）中央経済社，2019 年。

実践に学ぶ経営学【改訂版】

2018 年 3 月 31 日	第 1 版第 1 刷発行	検印省略
2021 年 4 月 10 日	改訂版第 1 刷発行	
2023 年 8 月 31 日	改訂版第 2 刷発行	

編著者　風　間　信　隆
　　　　松　田　　　健

発行者　前　野　　　隆

発行所　株式会社　文　眞　堂
東京都新宿区早稲田鶴巻町 533
電　話 03（3202）8480
Ｆ Ａ Ｘ 03（3203）2638
http://www.bunshin-do.co.jp/
〒162-0041 振替00120-2-96437

製作・㈱真興社
©2021
定価はカバー裏に表示してあります
ISBN978-4-8309-5119-0　C3034